高校教育教学管理实践与创新发展

贾祥瑞 宋青楠 著

北方联合出版传媒（集团）股份有限公司
辽宁科学技术出版社

图书在版编目（CIP）数据

高校教育教学管理实践与创新发展 / 贾祥瑞，宋青楠著. -- 沈阳：辽宁科学技术出版社，2024.6.
ISBN 978-7-5591-3652-7

Ⅰ．G647.3

中国国家版本馆CIP数据核字第202487GE84号

出版发行：辽宁科学技术出版社
　　　　　（地址：沈阳市和平区十一纬路25号　邮编：110003）
印　刷　者：辽宁鼎籍数码科技有限公司
经　销　者：各地新华书店
幅面尺寸：185mm×260mm
印　　张：11.5
字　　数：260千字
出版时间：2024年6月第1版
印刷时间：2024年6月第1次印刷
策划编辑：王玉宝
责任编辑：孙　东　李亮亮
责任校对：刘翰林　修吉航

书　　号：ISBN 978-7-5591-3652-7
定　　价：88.00元

前　言

随着时代的进步与发展，社会各个领域都发生了重大的变化，人们对教育的重视程度也有所提高。这意味着高校教育教学管理相应地发生了一些变化。不仅如此，在教育改革不断深入的背景下，人们对高校教育教学管理质量也提出了更高的要求。因此，新时代高校教育教学管理必须做到与时俱进，且在推动高校朝着现代化方向发展的同时，应提升高校人才培养的质量，从而满足社会发展对优秀人才的需求。

目前，我国高等教育的宏观背景和微观环境已发生了重大变化，培养具有创新精神和实践能力的人才成为社会对高等教育教学的必然要求。教育教学管理作为高校管理体系中的重要环节，是高等学校各项管理工作的核心，也是高校人才培养质量的重要保障。但随着我国高校规模的不断扩大，高校教学管理的缺陷也日益显现。因此，在新形势下必须加强高校教学管理建设，发挥教学管理工作在高校教学管理中的主导作用。深入开展高校教育教学管理实践与创新发展研究，剖析新形势下高校教学管理建设的重要意义及存在的主要问题，努力探寻解决相关问题的有效途径和方法，对促进高校教育教学管理工作健康、持续、良性发展有着十分重要的现实意义。

由于笔者水平有限，本书难免存在不妥甚至谬误之处，敬请广大学界同人与读者朋友批评指正。

编者

目 录

第一章　高校教育教学管理概述 ·· 001
第一节　高校教育教学管理的概念与特点 ·································· 001
第二节　高校教育教学管理中的矛盾分析 ·································· 005
第三节　高校教育教学管理的原则 ··· 011
第四节　高校教育教学管理的现代理念 ····································· 014

第二章　高校教育教学管理的理论研究 ·· 020
第一节　高校教育教学管理现状 ·· 020
第二节　高校教育教学管理的观念 ··· 022
第三节　高校教育教学管理信息化 ··· 025
第四节　高校教育教学管理流程 ·· 028
第五节　以人为本推进高校教育教学管理 ································· 030
第六节　大数据下高校教育教学管理 ·· 033

第三章　高校教育教学管理模式探究 ·· 036
第一节　高校公共机房管理模式 ·· 036
第二节　高校研究型教学模式 ··· 039
第三节　高校实验室管理及教学模式 ·· 044
第四节　高校教学档案管理的创新模式 ····································· 048
第五节　高校导师制与学长制教育管理模式 ······························· 053

第四章　高校教育教学管理的实践应用研究 ·································· 056
第一节　激励理论在高校师资管理中的应用 ······························· 056
第二节　计算机技术在高校教学管理中的应用 ···························· 059
第三节　柔性管理在高校教学管理中的应用 ······························· 062
第四节　社交软件在高校教育教学管理中的应用 ························· 066

第五节　高校实践教学质量管理平台的建立及应用 …………… 070
　　第六节　目标管理法在高校教学档案管理中的应用 …………… 074

第五章　我国高校教育教学方法与创新思路 …………………… 078
　　第一节　高校教育教学方法创新 ………………………………… 078
　　第二节　高校教育教学方法创新评价 …………………………… 081
　　第三节　高校教育教学创新的思路 ……………………………… 084

第六章　现代高校课程管理的创新发展 …………………………… 095
　　第一节　课程与高校课程 ………………………………………… 095
　　第二节　现代高校课程管理的基本原则 ………………………… 100
　　第三节　现代高校课程管理的基本原则 ………………………… 102
　　第四节　现代高校课程管理创新发展的策略 …………………… 104

第七章　现代高校学生管理的创新发展 …………………………… 122
　　第一节　现代大学生的特点 ……………………………………… 122
　　第二节　现代大学生成长成才的路径探索 ……………………… 127
　　第三节　现代高校学生管理的特征与作用 ……………………… 131
　　第四节　现代高校学生管理创新发展的策略 …………………… 135

第八章　高校教育教学创新实践研究 ……………………………… 147
　　第一节　高校形势与政策教育教学模式创新 …………………… 147
　　第二节　教育机制在高校艺术设计教学中的应用与创新 ……… 152
　　第三节　高校法制教育教学模式创新 …………………………… 155
　　第四节　Web2.0时代高校教育教学的创新 ……………………… 158
　　第五节　基于高校教学改革的教育教学协同创新 ……………… 163
　　第六节　慕课背景下的高校教学管理创新 ……………………… 170

参考文献 ……………………………………………………………… 177

第一章　高校教育教学管理概述

教育教学管理作为一种教育现象，是推动教育发展的动力。我国对高校教育管理的理论研究始于改革开放以后。目前，我国高校教育教学管理的理论研究已经取得了一定的成果。并且随着教育改革的不断深入，高校教育教学管理的改革也正逐步深化。

第一节　高校教育教学管理的概念与特点

一、高校教育教学管理的概念

高等教育教学管理与高等教育密不可分。高等教育是指建立在中等教育基础之上的，以培养高级专门人才为主要任务的社会实践活动，是一种专业性教育。高等教育教学管理是指管理者组织教育队伍，对高等教育资源进行合理配置，从而高效实现高等教育目标的活动。具体而言，它表现为高等教育管理者施于高等教育管理对象的一种活动。

从概念范畴来说，教育是对高级专门人才进行培养的一种活动。它的对象是受教育者；它的目的在于发展受教育者的身心，并根据社会的不同要求，培养出对社会有用的人；它的过程是在教育者有目的的指导下，使受教育者积极主动地学习基础文化知识、掌握基本的学习和生活技能，使他们的个人能力得到发展和提高，使他们个人体质得到增强，最终形成良好的思想品德的过程。除此之外，此概念范畴也包括大学里的科学研究活动。而教育教学管理的管理对象是教育资源，其目的是合理调配有限的教育资源。其过程是对教育教学管理活动进行计划、组织、指挥、协调和控制等，以实现教育教学管理目标的动态过程。教育教学管理活动不仅组织、协调、指导着教育、教学、生产、科研等活动，并为这些活动的开展提供着丰富的资源、创造良好的环境，而且将各种资源和内外部条件有效地结合起来，让它们最大限度地发挥作用。

通过上述的比较可知，在大学里，存在着三种活动，即教育活动、科研活动和组织教育科研活动的管理活动。与之相对应的是三种过程，即教育过程、科研过程和管理过程。就三者的关系来看，管理过程与教育过程、科研过程是不同的，却是密切相关的。在大学的工作中，教育过程一直处于中心地位；科研过程有时可以说是教育过程的一部分，与教育过程是相互配合、相互补充的。管理的职能是对教育、科研等活动进行组织并提供相关服务，为的是保证教育和科研的顺利进行并实现最终目标。

教育教学管理要遵循教育规律。能够反映出教育规律的教育理论对于高校教育管理实践有重要的指导作用。因此，就理论来讲，高等教育教学是大学教育管理学的理论基础。其实，管理本身也是一种社会实践活动。它与三大社会实践活动（科学实验、生产实践、社会实践）共存，并且对三大社会实践产生影响。脱离了三大社会实践活动的管理没有任何意义；同样，这三大社会实践活动脱离了管理，也不可能有序地进行并取得成效。与其他一般社会活动的管理相同，教育教学管理也是遵循自身规律的。因此，教育教学管理的规律不能被教育规律完全替代。也就是说，高校教育教学管理者除了要掌握教育规律外，还要深入研究教育管理的规律，更不能把教育管理理论与教育理论看作同一种理论。平常大家常说要遵循教育规律办事，这里的"事"更多地是指教育教学管理活动，当然也包括教师的教育实践活动。

二、高校教育教学管理的特点

通常情况下，管理要解决的矛盾是资源和目的二者之间的矛盾，注重的是将有限的资源进行合理分配，最大限度地获得更大的效益。这是管理区别于其他活动的特殊属性。而合理协调、配置和使用有限的教育资源是教育教学管理的任务，因此教育教学管理也具备了这一特殊属性，但是这也仅仅说明了它具备一般管理所具有的共性。而高校教育教学管理的本质，即高校教育管理过程中各类矛盾的特殊性，才是大学教育事业宏观管理的基础和条件。因此，高校教育教学管理理论的研究，应着眼于大学管理活动的特点分析。

（一）高校教育教学管理目标的特点

培养人才和取得科研成果是高校教育的主要任务，具有很强的学术性。因此，与一般管理相比，高校教育教学管理的目标具有其特殊性。

1. 以高校教育目标为主要制定依据

任何社会实践活动都有其预期目标。高校教育的目标是保证培养的人才的数量与质量，提高人才的品质与学术水平。而高校教育教学管理目标是充分利用现有的教育资源，培养出数量更多、质量更好的专门人才，创造出数量更多、作用更大的科研成果，进而取得更加良好的效益。因此，高校的教育目标是高校教育教学管理目标的主要制定依据。这也是高校教育教学管理目标最主要的特点。这个特点要求在制定管理目标时，高校的各位管理者必须优先考虑用有效的管理来计划、组织教育活动，从而实现教育目标。此外，想要做好高校教育管理、实现最终的教育目标就必须制定明确、科学的管理目标。

2. 方向性特点

方向性是各种管理都具有的共性，高校教育教学管理也不例外。它的目标方向性也十分明显，并且深受传统文化影响。因为培养人才是高校教育的主要任务，所以高校教育教学管理比一般管理的方向性更强。一方面，培养人才是受一定的政治观念和价值取向支配的有意识的活动。高校教育采用什么样的教学方法，确立什么样的教育目标，选择什么样的教学内容，最终使学生形成什么样的价值观等，都与人的思想和意识有着千丝万缕的联系，而且这些都受各国传统文化的影响。因此，高校教育教学管理具有政治方向性。基于此，高校教育教学管理者要保证全面目标领导着教育目标；要使教育目标与国家其他部门所确立的目标相一致；要确立全面的、政治政策允许的、符合实际的教育目标。另一方面，高校教育要服务于经济和社会发展。鉴于教育周期相对较长，所以人才培养计划必须超前安排，才能更好地适应经济和社会发展的需求。在中国，社会主义是高校教育管理必须要坚持的。

3. 社会效益性特点

与一般管理一样，高校教育教学管理的目的也是提高效率和获得更好的效益。而在衡量高校教育教学管理的效率时，高校教育教学管理者必须要充分考虑到高校教育工作的特点，想有效地管理教学和研究活动，只能依靠这些教育活动的参加者。因而，充分调动教师工作的积极性、学生自身的积极性与主动性，是提高教育管理效率的关键。

（二）高校教育教学管理对象的特点

教师和学生是高校教育教学管理的主要对象。在高等教育系统中，教师起主导作用，学生则为主体性成员，他们都有着各自的特点。

1. 教师的特点

教师是以掌握专门知识为标志的群体。在对教师进行管理时，管理者应注意他们的心理活动和以脑力劳动为主的集体生活特征，要使管理方式与他们这些特征相匹配。同时，教师面对的学生都是具有主观能动性的有意识的个体，因此教师既是被管理者又是管理者。

2. 学生的特点

学生一般都是受过完全中等教育的青年。在管理学生时，管理者要明白他们的身心发展是分阶段的，而且各个阶段都有其特征。因此要注意，采取的管理方式应该与他们各个发展阶段的特征相符合。教育过程和管理过程深受学生主动性的影响。学生在被教师塑造的同时，又参与了自身的塑造和研究活动。从这个角度来讲，学生不仅是教师的管理对象，也是学校的管理对象。而且，从提倡加强学生的自我管理这个意义上说，学生也扮演着管理者的角色。

无论教师还是学生，他们都是脑力劳动者，他们主要进行的都是学术性活动。因此，他们的工作性质要求他们需具有创造性思维，而且也决定了他们的工作方式个体化程度比较高。高校教育教学管理能否合理配置财力、物质等教育资源，也与教师和学生自身以及他们的工作和学习有着密不可分的联系。因此，调动教师和学生内在的主动性和积极性，并且创造有利于他们独立思考的环境，提供有利于他们自由发挥的条件，是高校教育教学管理的一个相当重要的任务。

（三）高校教育教学管理活动的特点

1. 学术性特点

高校教学、科研是分专业、分学科进行的。传授、创造和应用知识是教育教学管理的基本职能。学术水平和应用价值可以用于衡量高校所培养的各类专门人才和高校取得的各种科研成果质量的重要标准。教学活动和科研活动的媒介都是知识。也就是说，在任何高等教育系统中，知识材料，特别是高深的知识材料都处于核心位置。此外，在高校教育教学管理活动中不仅有行政管理，还存在大量的学术管理。与行政管理相比，学术管理有着不同的规律和特点，但是学术管理和行政管理又经常交织在一起，很难区分开来。

2. 人际交流特点

一般的管理都重视管理者与管理对象之间的相互交流，都重视人的因素和行为。而在高校教育管理过程中，人的因素起到十分重要的作用。因为这一管理过程是管理者、教师、学生三者之间相互交流的过程。教师要充分地了解学生，用恰当的方式启发学生思维，使学生积极主动地学习，才有可能产生良好的教育效果；师生之间要加强交流，才有可能共同进步；管理人员也必须加强与各专业和各学科教师之间的交流，才有可能进行有效的学术管理，进而达到良好的成效；当然，管理人员与学生之间要经常相互交流，才有可能取得对方的理解和支持。这说明管理者在高校教育管理过程中要十分重视人的因素。

3. 综合性特点

高校教育过程是十分复杂的，具有综合性的特点。众所周知，高校中有很多个专业，但无论什么专业，都要体现出德、智、体、美等多方面的综合素质要求。高校教育的根本任务是培养人才，但是除了这一根本任务之外，高校教育还要开展包含多种社会职能、涉及多个不同方面的工作，如科学研究工作、传播社会主义精神文明工作等，并且各项工作之间既相互联系又相互制约。以上这些就要求管理者在管理工作中要善于调动相关人员的积极性，要通过集体的力量推动高校管理活动有效运行；此外，还要注意从整体上综合地分析和处理问题，防止出现"按下葫芦浮起瓢"的现象。

4. 管理过程难以控制的特点

高校教育管理过程的一个特点是难以控制。主要体现在以下三个方面：

①高校教育工作的周期相对较长，管理效能有滞后性，管理工作即使出现失误也难以及时地进行反馈。

②教育工作的具体过程很难控制，因为教师的工作方式具有很强的独立性。

③虽然学生素质培养有一定的质量标准，但与物质产品相比，学生很难定型化、标准化。而且，社会供需变化和社会环境等对学生的素质也有很大影响。学生素质要经过很长一段时间才能得到真实的反映。因此，学生的素质很难得到检验。更何况学生具有很强的可塑性，每个学生的性格、思想等也千差万别。因此，管理者在管理过程中也要注意因时制宜、因材施教。这又大大地增加了控制的难度。

（四）高校教育教学管理会受到环境的影响

社会系统中各种因素对高校教育教学管理都会产生一定程度的影响。教育是受一定社会因素（如经济、政治、文化、科学技术等）的制约，又反作用于一定的社会因素。社会生产力和生产关系的变化、经济基础和上层建筑的发展变化必然会影响高校教育教学管理。而且高校教育教学管理的影响因素也是相当多且十分复杂的，如政治、经济、科技、自然环境、地理条件等。除了这些物质环境以外，人文环境也是高校教育教学管理的重要影响因素。高校教育教学管理中有一项特别重要的任务，那就是创造良好的人文环境。因此，管理者必须意识到高校教育事业并不是孤立于社会大系统之外的独立系统，而是整个社会大系统中的一个子系统。所以，管理者应在此前提下去认识高校教育的种种现象，并对它进行有效管理。在高校教育管理中，管理者必须充分重视各种环境因素对高校教育教学管理的影响。

第二节 高校教育教学管理中的矛盾分析

一、集权与分权

选择集权还是选择分权？这个问题十分复杂。从国家层面来说，集权就是集中权利，是指把高等教育的管理权力集中在中央，由国家统一管理高等教育的一种管理模式，是进行统一管理和指挥的主要手段。它的作用是减少下级高等教育权力机关权限。高等教育集权的范围很广泛，如计划、招生、学位等，其途径一般是规定下级组织裁决问题范围的一般标准，即规定管什么、不管什么，哪些事可以自己决定、哪些事须上报批准后再做等。分权即分散权力，是指国家或者上级管理部门将某些权力下放给地方或者下级管理部门，使地方或者下级管理部门拥有更大的决策权和自主权。我国高等教育的集权和分权主要涉及两个方面的关系：中央和地方的关系；政府与学校的关系。

（一）集权、分权各有优劣

在一定程度上保证决策的权威性是集权的优点。实行集权时，国家可以结合自身的发展需要对全国高等教育实行统一规划和领导，从而保证高等教育适应国家政策和社会的政治经济环境，满足国家和社会对高等教育的要求。但是过度集权容易产生"管得过多、统得过死"的弊端，会导致高等教育管理不能灵活地适应复杂多变的社会环境，不能很好地调动地方办学的积极性，也不能有效地激发各个高校办学的主动性和积极性。

分权的优点主要有两点：一是可以减轻上级管理部门的工作负担，将上级部门从具体事务中解放出来，从而使其更专注地从事统领全局的工作；二是可以使各级管理部门都负有一定的责任，增强他们的责任感，从而激发其办学的积极性、主动性。分权的缺点：在宏观上容易发生失控，地方盲目地发展高等教育，割裂部门、分离条块、不规范办学等，从而导致办学效益和教育质量下降。因此，从管理的体制上来说，管理部门要把握好一个度，也就是集权和分权的度。

过度集权就是什么都管，上级管理部门的大包大揽必然会扼杀下级工作的积极性和主动性。而过度分权就是什么都不管，这样的话上级就会对下级失去控制，谁也管不了谁。通常来说，管理部门应该从管理问题的性质上去考虑如何把握集权和分权的度；对待全局性、根本性、长远性的战略问题时，应尽可能地追求协调、集中和统一，上级指挥下级，下级必须向上级报告，从而达到令行禁止的目的。集中也要有一定的度，在对待某些一般事务和问题时，上级部门应让下级拥有较大的权力，让他们能按照具体的变化情况独立决策。总之，管理部门应遵循国家宏观调控下的学校自主办学的原则来把握集权和分权的度。同时，为了使责权分明，必须通过法律的手段予以确定，以便执行时做到有法可依。

（二）集权和分权的转化

集权和分权的转化有两种形式。

一是被动转化，就是在过度集权和过度分权管理阻碍教育管理活动的情况下，由过度集权向分权或由过度分权向集权转化。目前来讲，世界上很多国家的高等教育管理都存在着这种转化的趋势。例如，美国正在由过度分权的高等教育管理向适度集权的方向转化，我国则正经历着从过度集权向适度分权的高等教育管理体制的方向演变。

二是主动转化，即在出现管理体制可能有碍于管理实践发展的问题之前，就注意调整集权与分权的关系，在动态中把握两者变化的度，以消除由于两者的不平衡所造成的损失，从而保证整个高等教育系统健康、协调发展。但从集权和分权的关系看，两者的平衡或适度、不平衡或过度现象则是经常出现交替的状况。

由于高等教育管理活动的复杂性，管理者很难十分恰当地把握集权和分权的度。自新中国成立以来，高等教育领导和管理体制的改革发展历程就充分说明了这一点。1949—1952年，我国高等教育管理体制处于由新中国成立前分散、混乱的状况逐步向集中统一过渡的阶段。1953—1957年，我国高等教育管理体制处于高度集中管理阶段。1958—1960年，国家下放很大一部分高等学校管理的领导权到地方。1961—1966年，高等教育管理体制明确了统一领导、两级管理的方针。1976—1985年，我国基本恢复到1963年时的高等教育管理体制。1985年后，高等教育实行中央、省、中心城市三级办学的领导管理体制。所以，我国高等教育管理体制转化的趋势是分散—集中—适度分散。而这种转化过程是否是一种被动的转化过程是值得研究的。因此，主动地控制集权和分权的转化，在动态中调节以求适度平衡才应该是最佳途径。与此同时，在实施的过程中还要注意防止走极端。我们强调的是调整的"度"，而不是笼统的、简单的集权或分权。集权和分权都是必需的，两者应相互补充、相互协调。

二、个人与组织

高等教育系统是一种社会系统，是以人为主体的系统。在这个系统中，个人是指在高等教育活动中具有自己的意志和行为、有个人利益和需求的人。首先，他们在这个系统中的存在形式是个人。其次，他们每个人都有着各自的思想和情感，都有着各自的需求、利益和行为活动等。这些个人在高等教育管理活动中可以划分为管理者与被管理者。但是这种划分不是绝对的，而是相对的。因为在高等教育管理中，管理的层次决定个人的身份，某个个人可能具有双重身份，他有可能是管理者，也有可能是被管理者。每一个人虽然有所不同，但都是组织中的一员，无论谁都不能脱离一定的组织而独立存在。

一个组织可能是一个行政的组织，也可能是一个学术的组织，是由多个个人结合而成的一个实体。当然，这些个人是具有相同的高等教育目标和相互协作关系的。相同的高等教育目标将具体的个人（如教师、学生、管理人员等）结合在一起；而具体的个人之间的相互协作又保证了可以最高限度地实现高等教育目标。在高等教育管理中，个人和组织既是统一的又是对立的。从本质上说，两者之间矛盾主要是利益与责任、需要与满足需要之间的矛盾。

个人和组织对立的一面主要在以下两个方面得以体现。

第一，组织利益凌驾于个人利益之上。组织利益不等同于个人利益，它是个人利益的集中表现，所以肯定会高于个人利益。在高等教育系统中，每一个高等教育组织的利益最终都要通过高质高量地出人才、出成果和为社会服务来体现，而每个人的利益可能千差万别，其中既有与组织利益一致的，也有与组织利益不一致甚至矛盾的。

第二，高等教育组织的功能是组织内所有个人功能变化了的一种新质的功能。高等教育组织通过其内在的结构和活动可以产生个人分散活动所不能产生的新结果。仅就培养一个人而言，它是通过许多教师的辛勤教育，管理者的活动，以及服务人员的努力劳动，再加上学生的认真学习而得以实现的。由此可见，组织力量不是简单地将组织内所有个人力量相加起来而得到的总和，而是一种大于这个总和的新质力量。任何个人，不论教师与学生或管理者与被管理者，要想有所作为，都必须依靠组织。

实际上，高等教育管理中个人与组织对立的一面是次要的，它们之间统一的一面才是主要的。高等教育管理中个人与组织之间的统一主要表现在高等教育活动中，高等教育组织中任何个人都无法脱离高等教育组织而存在，教师、学生、管理人员因具有一定的功能而成为高等教育组织中的一员，而这种功能的发挥也有赖于高等教育的组织。没有高等教育组织，这些功能不能得以很好地发挥，每个人的功能也不能被综合为高等教育的整体功能。高等教育组织也离不开个人，个人是构成高等教育组织实体的最小单位。高等教育组织中没有教师、学生、管理人员是无法想象的。在高等教育教学管理中，每一个组织中的人数有多有少，这与组织的任务有关。人数的多少各有利弊，但更多地取决于管理的水平和性质。高等教育组织中个人利益与组织利益是紧密相连的。利益能反映出人的物质和精神需要能否得到满足及得到满足的程度。在高等教育组织中，个人的文化知识层次各不相同，甚至差异较大，既有高层次的知识分子，又有一般的员工，还有即将步入社会的学子。其需要各不相同，利益也各异，如经济利益、文化利益、政治利益等。利益在高等教育活动中体现着个人和组织同精神文化生产活动的关系、与人才培养活动的关系，但更重要的是它体现着在享受这些活动带来的利益时，组织和个人二者之间的关系。组织利益与组织内各个成员的利益是一致的，是组织内全体成员个人利益的升华，组织利益源于成员的个人利益。这就要求管理者在管理过程中，在维护组织整体利益的同时要保护个人利益，努力满足个人的正当的需求，营造一种积极向上、团结一致、同甘共苦的组织氛围。为满足各自的需求，不同的个人相互协作，用组织利益来代表成员的个人利益。于是个人利益同组织利益紧密相连，在组织利益得以实现的时候，为组织利益做出贡献的个人的利益也得以实现。总之，在高等教育管理活动中，管理者只有兼顾组织利益和个人利益，把两者很好地结合起来，使两者相得益彰，才能促进高等教育系统的健康发展。

三、稳定与改革

稳定是由高等教育系统运行的相对稳定性决定的，它是高等教育管理活动的相对常态的标志。教育系统的相对稳定性使得高等教育系统在一定程度上依赖于自身的规律，按照其内在的逻辑发展表现出来。例如，高等教育管理的目标、模式、原则等需要具有相对稳定性，否则，高等教育管理活动就无法正常进行，相关的研究者也无法对管理要素和管理过程进行研究。但高等教育管理活动的相对稳定是有条件的、暂时的。首先，当我们说某些要素处于稳定状态时，只是相对于一定的管理系统和特定的时间、地点、空间而言的。例如，在某一个高等学校系统中，校长作为一所学校的最高管理者与学校其他被管理者的划分是相对的，当这个特定的高等学校子系统进入整个高等教育大系统后，情况就会发生变化。其次，稳定包含着高等教育管理活动中的量变。当高等教育管理过程中某一阶段或某一体制没有发生质变，仍保持其自身的性质时，我们就说它是相对稳定的。但同时，它在性质不变的情况下仍有量的变化。例如，计划过程在没有向组织过程发生变化之前，计划过程本身会发生着由目标设定向预测、决策方面的变化。因为这种变化并没有改变计划过程的性质，所以计划过程是稳定的。在我国高等教育管理体制由高度集中的计划管理体制向以市场为导向的管理体制转变之前，虽然其内部也在发生各种变化，但我们仍可以说这种体制是相对稳定的。

改革是由高等教育系统的开放性所决定的，它标志着高等教育管理活动中的质变，其实质是对未来的反应。高等教育管理活动要根据外界环境的变化制定新的目标和政策，改变原本的管理模式和体制，给过去的教育赋予新的职能。例如，随着高等学校职能由教学、科研向社会服务延伸，高等教育管理的范畴也将延伸，不仅包括教学、科研管理，也包括高等学校的社会服务活动管理，具体包括科学技术成果及产品推广、相关产业活动管理等活动。这就使得管理活动的内容发生了部分质的变化。因为科技成果推广、产业活动管理，无论在内容上，还是在形式上都与教学截然不同。随着我国经济体制由计划经济体制向社会主义市场经济体制转变，高等教育管理体制也正经历着由高度集中统一的、以行政手段直接干预的管理体制向着统一领导、分级管理，以宏观调控手段间接干预为主的管理体制转变。

在高等教育管理中，稳定和改革是对立统一的。

一方面，稳定和改革是相互渗透、相互包含的。这里的改革是指高等教育管理体制发生全面性的变化、根本性的变化。在改革之前，管理活动虽然处在一个相对稳定的状态，但局部的改革总接连不断发生。例如，自新中国成立以来，在实施相对稳定、高度集中统一的高等教育管理体制的过程中，其体制内部的局部性改革一直没有停止过。但所有改革都是偏重于体制自身而进行，并没有冲破这一体制。高等教育管理过程的稳定性标志着人们对高等教育管理活动中计划、组织、协调、控制过程的充分认识和把握。但在任何一个具体的管理过程中，改革也无时不在进行，如调整目标、变化组织、改变领导方式等。改革本身就是动态管理的基本特征。所以，管理者要根据客观条件的变化，及时改革一切不适应系统发展的因素。所以，稳定中有改革的因素。此外，改革中也有稳定的因素。改革本身也是一个过程，改革也有一定的步骤和阶段。改革中推行的政策、体制、模式，改革中采取的措施都应具有一定的稳定性，以便于观察、评价，最终进入一种新的稳定状态。

另一方面，稳定和改革具有相互转化的趋势。高等教育管理的体制和过程的相对稳定性，使整个高等教育管理活动在一定时期保持着相对平稳的状态。高等教育系统根据其自身的发展规律不断运转，但这并不能说明高等教育系统会自发地、永久地运转下去。实际上，在系统平稳运转的同时，各种各样的矛盾也在不停产生。当这些矛盾积攒到一定的程度时，必然会导致改革发生。如果改革冲破了旧的体制，建立起新的体制，发生质的变革，重新与外界的环境与高等教育系统发展相适应，则又进入了一种新的稳定状态。

总之，稳定—改革—稳定的转变过程，预示着高等教育管理活动不断由低级向高级发展，保证了高等教育系统的健康运转。如果这种转变过程的结果不是发展，不是前进，那么，这种变革就是错误的，甚至是失败的。

四、社会效益与经济效益

在市场经济体制下，高等教育的经济效益是存在的。这是一个客观事实。高校教育教学管理者要正确认识高等教育中的经济效益，并将它放在一个正确的位置上。如果从教育系统的外部来讲，经济效益可以指高等教育培养出来的人才为社会经济发展创造的财富；如果从教育系统的内部来讲，经济效益可以指在单位时间内，高等教育培养出来的人才的数量和质量与成本之间的关系。在整个社会系统中，高等教育系统主要被归结为非物质生产部门，而如果这样的话，就不能着重强调它的社会物质服务性了。但是，如果将它归结为物质生产部门的话，它的经济效益又远远不如物质生产领域那么显著。因此，我们可以认为高等教育系统既可以产生一定的经济效益，又可以产生大量的社会效益，其中更主要的是社会效益。

高等教育活动对整个社会系统长期的、整体的影响就是社会效益。社会效益不仅影响经济的发展，还影响社会政治、文化等多个方面的发展。受过高等教育的人对社会活动更能产生巨大且深远的影响。因为高等教育是培养高级专门人才的一种社会活动，同时人又是各种社会活动的主体。此外，科学技术既决定着生产力的发展，又是社会发展的关键。这就要求高等教育不仅仅要让人掌握科学技术，还要将科学技术发展到更高水平。与此同时，让人在认识和改造自然的过程中不断地完善自身是高等教育的目的。以上这些情况都可以说明，高等教育会产生非常巨大的社会效益。

高等教育的经济效益在一定程度上是可量化的。有关研究发现，知识进展的五分之三是教育的作用，故教育对国民收入增长率的贡献是35%。再如，美国经济学家舒尔茨运用教育资本储量分析法，探讨了教育对经济发展的影响，发现教育水平的提高对国民经济增长的贡献是33%。这方面的国际研究还有待继续深化。而国内研究尤其薄弱，主要是因为这方面不受国内研究者的重视。高等教育的社会效益很多方面往往是难以量化的。例如，高级专门人才在为社会创造更多物质财富的同时，对社会精神文明发展所做的贡献，以及在社会政治、法制、民主上所做的贡献，科学技术成果，尤其是人文、社会科学领域内成果的社会价值等，都是难以完全量化的。因此，我们既不能用可以量化的高等教育的经济效益来简单地替代整个高等教育的效益。过分强调经济效益而忽视社会效益是不可取的，同时，也不能以高等教育的社会效益不可量化为理由，简单地否定高等教育经济效益的相关研究。与其他经济现象比较，经济学也不能测量整个工业化的社会效益。虽然数量化是经济学很重要的部分，但经济学也只是部分数量化的学科。教育亦是如此，当然，在程度上两者存在着很大的差异。

在高等教育管理中，社会效益与经济效益具有辩证统一的关系。

①社会效益与经济效益相互促进。在高等教育管理中，社会效益才能体现办学效益的高低。但经济效益和社会效益又是相互联系的，良好的经济效益是社会效益的重要指标，也保证了社会效益的提高；好的社会效益也为提高经济效益创造了前提条件。社会效益在高等教育管理中表现为一种长期的行为，与之相对，经济效益在更多情况下表现为短期行为。要想在提高社会效益的过程中追求合理的经济效益，就必须把该短期行为变成长期行为中的一个部分。

②经济效益被包含在社会效益之内。因此，在谈社会效益时，不能脱离经济效益。高校在管理过程中，特别是在教育资源十分有限的条件下，要加强对成本的管理，努力提高经济效益，从而更好地实现社会效益最大化。

这些矛盾虽各有自己的特殊之处，但又都反映着高等教育管理过程的本质，是我们理解高等教育管理活动中各种复杂关系相互作用的钥匙，指导着我们认识这些矛盾运动及发展，并最终指导着高等教育管理的实践。

第三节　高校教育教学管理的原则

一、高效性原则

高效性原则直接体现了高等教育管理本质，也是高等教育管理的具体化表现。它要求用最少的高等教育资源，培养出更多的合格高级专门人才，取得更多的、高水平的研究成果。这一原则揭示了良好的办学效益就是高等教育管理所追求的目标，主要体现在经济效益和社会效益两个方面。高等教育所培养的人才和取得的研究成果是否对社会、文化、经济等的发展起到最好的促进作用，高等教育在实施过程中是否能实现各种资源利用最大化、资源浪费最小化，应该作为办学效益的评判标准。提高办学效益的前提条件是，高等教育在确定总体发展规划、设置具体专业、聘用相关人员等诸多方面，必须要有足够的灵活性和活力。

二、整体性原则

高等教育系统的整体性和高等教育目的共同决定着高等教育管理应遵循整体性原则。整体性原则可被理解为，在充分考虑到各种社会环境因素影响的情况下，围绕培养人才这一中心，科学地组织各项工作，使它们有效配合起来。

整体的功能大于各个部分之间的总和是高等教育系统最大的特点。在实际的管理工作中，局部和全局之间经常会发生冲突。有时候从局部看，确实能产生一定的效益，但是从整体来看，损失远远超过局部产生的效益。因此，我们一直强调局部服从整体。有研究表明，人只有在有具体目标时才会发挥自己的潜能，也只有在达到这个具体目标后，才会获得成就感和满足感。要使整体性原则的目标真正发挥统领全局的作用，就必须使这个目标具体化，并且使目标渗透到整个管理过程中。

与一般系统一样，高等教育系统中也没有任何一个人或组织可以不依赖其他的人或者组织而单独满足自身的需要。合作行为如果没有管理目标作指导，那么这种行为就没有管理的整体性。因为社会与组织的分工不同，所以高等教育系统中工作目标也各不相同，但它们都依赖于高等教育总体目标，并在总体目标的指导下相互配合。整体性原则的体现方式在不同功能的组织中也是各不相同的。通常，经济组织一般以功利性为主，强调竞争；军事组织以强制性为主，强调服从。

三、民主性原则

高等教育管理的学术性决定了高等教育管理的民主性。高等教育管理者只有发扬民主，充分激发师生的创造性和积极性，才能办好一所封闭又开放的高等学校。高等教育领域人才济济，思想活跃，追求和强调学术自由。因此，高等学校在开展学术活动时要充分体现这一点。从本质来讲，高等学校的教学和科研活动都是学术性活动，而这些活动不可能离开民主与自由而得以顺利开展。从前面的论述中可知，高等教育系统中充满利益和权力的冲突，一个决策的制定和实施往往需要多种力量的协商和妥协。在这里，任何独裁式的决策都有可能降低高等教育的学术价值。

承认个人价值是民主的基础。因此，在学校重大事件的决策过程中，每一位师生都有权力发表自己的意见。领导和组织必须以听取师生意见为前提，依据科学的程序做出恰当的决策，这也是学校民主的体现。民主与公正是密不可分的，人们在享受公正待遇的同时也在享受着民主。高等教育管理者要做到公正，就要建立严格透明的规章制度，平等待人，不徇私舞弊，而且要接受民主的监督。

民主性原则要求高等教育管理者在高等教育管理中制定决策、执行决策、检查决策执行情况和评定决策执行结果时，都要充分发扬民主精神。

四、动态性原则

动态性原则是指高等教育管理者在高等教育管理活动中，必须要根据不同的情况，采取不同的措施进行动态调节，从而使高等教育具有一定的适应性和针对性。为了在动态的环境中保持协调发展，动态性原则十分重视高等教育管理的创新与发展。高等教育承前启后的社会职能决定了其工作不仅仅具有稳定性和继承性，还具有发展性和创造性。在高等教育管理中，高等教育管理者应该以稳定和继承为基础和条件，以发展和创造为目标和动力，在相对稳定的前提下把握发展，在运动发展的过程中寻求稳定。

动态性原则要求高等教育管理者必须重视旧体制、旧办法的改革。但改革的前提是基本不打乱教育稳定性。任何改革的稳定性都是相对的。不过，必要的改革有一定的标准：改革不能脱离实际，必须与实际相贴合，必须适应社会的发展需要；学校的教育目标、管理政策、发展计划等要具有灵活性。这样，改革才能顺利进行。为了保持管理系统的稳定性，改革一定要遵循循序渐进的原则，不能冒进，不能急于求成。

五、导向性原则

导向性原则是指管理者用管理手段引导所有组织成员向已经确定的目标持续努力。管理者制定的各种方针政策、采取的各种工作措施、营造的工作氛围等都具有引导作用。

从政治导向上来说，相关研究者提出导向性原则的主要依据是高等教育管理的两重性规律。其中，两重性指的是自然属性和社会属性。自然属性表现为普遍性、共同性和技术性，该属性决定了我国高等教育可以按照对外开放政策，学习国外先进的科学技术和管理经验；社会属性表现为历史继承性和政治性，该属性决定了在借鉴各个国家的教育管理经验时，不能全部照抄照搬，一定要考虑不同的社会形态。一个国家的高等教育必然会受到这个国家的政治制度的影响，而且一定会在管理上有所体现。在阶级社会中，各个国家之间的社会活动都被深深打上了阶级的烙印。国家的教育方针已经十分明确地规定，高等教育活动培养的人是传承和发展国家及民族文化的接班人和建设者。从宏观的角度看也好，从微观的角度看也好，对于一个国家或民族来讲，高等教育都应该把育人的方向性放在首位。这是由阶级社会的政治性决定的。

从管理工作导向上来说，其主要包括措施导向和条件导向。在管理者的指导下，组织成员自觉或者不自觉地工作。这里还存在着利益导向问题和心理导向问题，在此不做过多的赘述。

六、依法管理原则

《中华人民共和国高等教育法》是指导和约束中国高等教育活动的根本大法。《中华人民共和国高等教育法》总共八章，全面规范了高等教育活动。

从管理体制来说，全国高等教育事业由国务院统一领导和管理。各个省、自治区和直辖市的人民政府负责管理主要为地方培养人才的高校和经国务院授权给地方管理的高校，还负责统筹该行政区域内的高等教育事业。国务院的教育行政部门主要负责管理全国高等教育工作和国务院确定的主要为全国培养人才的高等学校。国务院的其他有关部门在规定的职责范围内，负责相关的高等教育工作。

在高等教育管理的活动中，我们已经感受到了依法办事的重要性。这是因为，我国正在逐步向法制化国家的轨道迈进，而且高等教育活动中的矛盾只有通过法律法规的程序才能得到妥善处理，特别是国家与国家之间的矛盾、高等教育内部与社会其他部门之间的矛盾、高等教育组织法人与其他法人主体之间的矛盾、高等教育组织内部法人与法人之间的矛盾、高等教育内部成员之间的矛盾等。因此，依法管理的原则也显得越来越重要。

依法管理的原则，指要依据相关法律，还有教育行政主管部门规定的法规，来规范高等教育活动。从微观高等教育管理来讲，依法管理原则要求要依法治校，建立健全各种规章制度，依法行政，通过制度来规范管理者的行为。

第四节　高校教育教学管理的现代理念

一、现代教育理念的内涵

所谓的教育理念，就是一种关于教育方法的观念，也可以说是有关教育一般原理和规律的一种理想的观念。教育理念是对未来教育的"远见卓识"。当然，它必然是以前人的教育思想为基础，以未来社会对人才的需要为前提的。科学的教育理念可以正确地反映教育的本质特点和时代特征，为教育的发展指明方向。基于此，现代教育理念作为社会文化的典型代表，除了为我们提供了教育的理想模式之外，还始终保持着对社会各方面发展的前瞻性。

二、高校教育管理的十大现代理念

在对教育实践和教育理论进行了长期深入的研究之后，人们赋予了现代教育理念比较深刻的思想内涵。从理论层面上来说，现代教育理念突破了以以往教育经验为导向的思想束缚，改变了传统教育更加侧重应试教育这一特征，使教育内容更加系统且更具有针对性。现代教育理念也表现出了客观、可信的科学特征，也被赋予了开拓精神、创新精神、批判精神、冒险精神等思想内涵。从操作层面上来说，在指导教育实践过程中，现代教育理念则表现得更加成熟，也体现了包容性、可行性、持续性的特征。这必定会对高等学校的教学起到十分积极的导向作用。下面将对高校教育教学管理的十大现代理念展开详细论述。

（一）以人为本理念

在经济、科技等高速发展的今天，社会已经从注重科学技术发展的时代进入到以人为本的时代。在这个时代，坚持以人为本的教育理念也符合当下的时代要求。因为人既是教育的出发点，又是教育的归宿。所以，教育作为一种培养和造就合格人才以满足社会发展需要的崇高事业，自然要全面体现以人为本的时代精神。因此，现代教育应强调以人为本，在教育教学的整个过程中，全方位地贯彻重视人、尊重人、提升及发展人等重要精神；同时，现代教育也应重视开发人的禀赋、挖掘人自身蕴藏的潜能，关注人当下的现实需要和未来的发展需要，更应重视人自身的价值及如何使他们实现个人价值，并且应致力于使人自尊、自爱，增强人自立、自强的意识。正是由于现代教育坚持以人为本的理念，所以人们的精神品位和生活质量也在持续提高，人的生存能力和发展能力也得到了提升，进而人的自身也得到了发展与完善。鉴于此，现代教育不仅成了增强民族凝聚力的重要手段，也成了提升综合国力的基础，并渐渐地融入时代的潮流之中，备受受人们的青睐。

（二）全面发展理念

促进人的自由全面发展是现代教育的宗旨。因此，现代教育十分注重人发展的全面性和完整性。从宏观上说，现代教育是面向国家全体公民的教育，是注重民族整体的全面发展的国民性教育。它要使社会上的每一个成员都能通过正规或者非正规的渠道接受一定的教育。它的根本目标是全面提升整个民族的思想道德修养，大力发展整个民族的科学文化素质，提高民族的知识创新能力和技术创新能力，增强国家的综合国力。从微观上说，现代教育是面向全体学生的教育。它要使每一个学生都能在原有的基础上得到一定的发展，使每一个学生都能达到社会规定的合格标准，使他们成为社会需要的合格人才。它的根本任务是促进每一个学生在德、智、体、美等方面的全面发展，将学生造就为全面发展的人才。这就要求人们在教育观念上，要将传统的应试教育观念改变为素质教育观念，将精英教育、专业性教育转变为大众教育、通识性教育；在教育方法上，要改变只注重提高成绩、不注重学生身心发展的方式方法，而采取促进学生德、智、体、美全面发展的，整体育人的方针政策。当然，全面发展并不是平均发展，它会给予每个学生平等的个性发展机会和自由选择机会。

(三)素质教育理念

传统教育的教育思想和方法只重视传授和吸纳知识,不利于学生的全面发展。因此,现代教育摒弃了这种教育模式。现代教育重视的是在教育过程中转化知识,即将知识转化为能力,内化为学生的良好素质。它强调的是知识、能力和素质三者在整个人才结构中的相互作用、相互渗透与和谐发展。传统教育过于重视知识的传递和考试分数,往往忽视了学生的实践能力和综合素质的发展。针对这一弊端,现代教育更加强调锻炼学生的实践能力,培养学生的综合素质。针对这一点,现代教育认为,与知识相比,能力和素质要更重要、更持久、更稳定。现代教育把培养与提高学生的综合素质作为教育教学工作的核心任务,把帮助学生学会学习和提高学生个人素质作为基本的教育目标,为的是将学生蕴藏的多种潜能全面开发出来,使学生的知识、能力和素质共同发展、和谐发展,提高学生的整体发展水平。

(四)创造性理念

实现将知识性教育转变为创造力教育,是传统教育转向现代教育的重要标志之一。因为在以知识为基础、以脑力劳动为主体的知识经济的概念下,人的创造性作用体现得更为明显,人的创造力潜能也成了最具价值的重要资源。现代教育充分强调教育教学过程应该是一个极具创造力的过程,要以培养学生的创造力为基本目标,积极挖掘学生的创造力潜能。现代教育主张在营造教育教学环境时,要运用创造性的教育教学手段,同时还要结合优美的教育教学艺术;在培养人才时,要培养学生的创造力,将学生培养为创造型人才。现代教育认为,创新精神和创业精神二者相结合形成的生态链,才是完整的创造力教育的构成要素。因此,加强创新教育和创业教育并且促进两者相互融合,培养出创新、创业型人才也成了现代教育的基本目标。

(五)主体性理念

现代教育其实是一种主体性教育。因为现代教育对人的主体价值给予了充分的肯定,积极弘扬人的主体性,有效激发教育主体的能动性,并使其在一定程度上得到提高,同时也增强人的主体意识,提升人的主体能力。这使受教育者不再被动接受外在的、客体实施的教育,而是自主地进行自我教育活动。尊重每一位学生的主体地位是主体性理念的核心。主体性理念主张始终以"学"为中心来开展"教"的活动,最大限度地激发学生的内在潜力和学习动力,将学生转变为积极主动的主体,而不再是被动的接受性客体。真正的教育过程应是学生自觉自主的学习过程和自我构建的过程。因此,主体性理念要求将以教师、教材、课堂为中心的传统教育模式转变为以学生、活动、实践为中心的现代教育模式。这种新颖活泼的主体性教育模式倡导的是快乐教育、自主教育、成功教育以及研究性学习等。这种模式才能点燃学生学习的热情，才能更好地培养学生的各种兴趣，才能促进学生养成良好的学习和生活习惯，使学生的学习能力不断提高，促进学生积极主动地学习和发展。

（六）个性化理念

多元的个性发展才是创造精神和创新能力的重要源泉。我们处在知识经济这个创新的时代。这个时代需要大批的人才来支撑，而这些人才必然是具有丰富且鲜明个性的个性化人才。正因如此，个性化教育理念才应运而生。现代教育强调的是尊重个性、正视个体差异；它不仅允许学生发展的不同，而且鼓励学生的个性发展；它会采用不同的教育方法和评判标准来对待学生不同的个性特点，会创造出更有利于学生个性发展的条件。现代教育注重的是学生的身心素质，特别是人格素质的发展。因此，它要求教育教学的每个环节都要贯彻培养和完善个性的理念。首先，在教育实践过程中，个性化理念要求创设个性化的教育环境，营造个性化的教育氛围，搭建个性化的教育平台；其次，在教育观念上，个性化理念提倡精神宽容、地位平等和师生互动，承认并且尊重不同学生之间的个性差异，为每一个学生的个性展示提供平等的机会，为每一个学生的个性发展提供有利的条件，鼓励每一个学生展示自己的个性和长处；最后，在教育方法上，个性化理念注重因材施教，实行个性化教育，要求针对不同个性的学生采取不同的教育措施，最终达到将共性化教育转变为个性化教育的目的，为学生个性的健康发展提供足够的成长空间。

（七）开放性理念

现如今，我们正处在一个空前开放的时代。科学技术高速发展、日新月异，为我们的生活带来了便利，也让我们的世界逐渐成了一个联系更加密切的有机整体。一种全方位开放式的新型教育打破了传统教育的封闭式格局。这种新型教育从教育资源、教育内容、教育目标、教育观念、教育方式、教育过程和教育评价等方面全面取代了传统的封闭式教育。

①教育资源的开放性。即充分开发、利用一切可以利用的教育资源，以服务于教育活动、激活教育实践。这些教育资源可以是现实的、物质的、传统的、民族的，也可以是虚拟的、精神的、现代的、世界的。

②教育内容的开放性。即所设置的教育教学环节和课程内容要面向未来、面向世界、面向现代化，要消除教材内容封闭化的弊端，使教学内容变得新颖、开放、生动，而且更具有包容性。

③教育目标的开放性。即教育应该不断地开启学生的心灵世界，激发学生的创造潜

能，不断地提升学生的自我发展能力，不断地拓宽学生的发展空间。

④教育观念的开放性。即一个民族的教育要广泛汲取世界上所有的优秀的教育思想、教育理论和教育方法。

⑤教育方式的开放性。即教育走的道路应该是国际化的道路、产业化的道路和社会化的道路。

⑥教育过程的开放性。即教育要从学历教育拓宽到终身教育；要从课堂教育延伸到实践教育，再延伸到信息网络化教育；要从学校教育拓展到社区教育，再拓展到社会教育。

⑦教育评价的开放性。即改变单一的文本考试这一传统的教育评价模式，建立多元的教育评价体系，使教育评价机制更富有弹性。

（八）多样化理念

现代社会所处的时代是一个多样化的时代。高度分化的社会结构、复杂多变的社会生活和多元化的价值取向，使教育的发展趋势也呈现了多样化的特点。教育多样化首先体现为教育需求多样化。现在的经济社会的发展十分迅速且千变万化，所以对人才的各方面要求必然会随着社会的发展而变得多样化。其次，办学主体、教育目标和管理体制等也体现出了多样化趋势。最后，教育的形式和手段也变得灵活多样，教育质量和人才质量的衡量标准也逐渐变得弹性化、多元化。以上这些都表明，相关部门或教育机构在管理教育教学过程和设计教育教学活动时，会面临更多的挑战。多样化理念要求相关部门和教育机构根据不同的办学层次、不同的办学类型、不同的管理机制柔性设计与管理教育教学活动。它推崇的是弹性教学与管理的模式，这种模式与教育教学实践更加契合。为了促进教育事业的繁荣发展，它主张建立更加多元的社会政策法规体系，营造更加宽松的舆论氛围。

（九）生态和谐理念

在大自然中，植物、动物、微生物等都无法离开良好的生态环境而自由生长。当然，人也一样。而且社会生态环境对人的成长的影响是十分重要的，只有宽松和谐的社会生态环境才能促进人才的健康成长。现代教育主张将教育活动作为一个有机的生态整体。从教育活动的内部条件来说，这个整体的和谐性体现为教师与学生的和谐相处、课堂与实践的有机统一、教育内容与方法协调一致等；从教育活动的外部条件来说，这个整体的和谐性体现为教育活动与整个育人环境的协调统一，教育活动与文化氛围的亲和融洽等。现代教育要求教育者在教育的每个环节都要营造融洽、和谐的氛围，以形成完整统一的教育生态链，让人才健康成长所需要的养分、土壤等各因素之间产生和谐共鸣，最终达到生态和谐地育人的目的。因此，现代教育倡导的是和谐教育，追求构建有机的生态教育环境，在整体上努力做到教学育人、管理育人、环境育人等，为人才的健康成长创造出最佳的生态环境，以促进人才的生态和谐发展。

（十）系统性理念

随着知识经济和学习化社会的到来，现代教育也实现了终身教育。对个人来说，教育都是其一生中最重要的活动之一；对国家来说，教育是国之大计、党之大计。因此，教育不仅是学校的事情，也是整个社会进步与发展的核心；教育不只是为了提高个人素质，更重要的是提高整个国家的国民素质；教育也不仅是满足个人精神文明需求的活动，更是国家精神文明建设和两个文明协调发展的战略性任务。教育是一项复杂的社会系统工程，由多方面的各种要素构成，涉及多个部门、多种行业。因而，如果想要搞好教育，就必然需要整个社会全员参与，共同奋斗。我国正在形成的社会大教育体系，与传统教育体系明显不同，它要以系统工程的理念为指导，进行统一规划、统一设计和一体化运作。它的目标是培养学生的自主学习能力，提高学生的生存发展能力。它主张在社会系统内部各部门和各环节协调运作的基础上，完善健全教育社会化网络的工作，并把该工作作为构建教育环境工作的重心，进而促进大教育系统工程的良性运转。

第二章　高校教育教学管理的理论研究

第一节　高校教育教学管理现状

高校作为人才培养的基地，有承担社会人才输出的重任，尤其是随着近些年教育体制改革的不断深入以及学校生源数量的不断增加，高校教育教学管理工作就显得愈发重要。对此，在本节中，笔者将从当下高校教育教学管理现状分析出发，并提出以下解决策略，希望能够更好地推动我国高校发展。

在高校办学发展的过程中，高校教育教学管理是办学水平的根本保障，同时也是高素质人才输出的基础。因此，高校教育教学管理工作规范化就显得尤为关键。但是从现阶段的高校教育教学管理现状分析，还存在着很多的问题，这些问题无疑影响了高校的长远发展，对于高校而言，未来的工作重点就是加强教育教学管理，从而切实地提升高校教育教学管理水平。下面针对高校教育教学管理现状及对策进行详细分析。

一、高校教育教学管理现状

在教育改革机制不断深入的过程中，高校对于教育教学管理工作也日益重视，但是，从现在的高校教育教学管理现状分析还存在着很多不尽如人意的地方，这对高校办学发展造成了一定的影响。首先是教学计划管理存在限制性。在高校教育教学管理过程中，教学计划管理是人才培养目标的总体设计，同时也是院校活动的组织依据。但是在调查过程中，笔者发现，很多高校在进行教学计划管理时，采用的是一种自上而下的管理方式，教学计划制定并没有征求院校教师的意见，教师缺乏话语权，存在着很大的强制性，这严重地影响了教学计划管理实行的科学性。而且有的高校教学管理人员观念陈旧，不与时俱进，这不利于教师和学生的发展。其次是院校师资结构不合理。在高校教育教学管理过程中，教师是知识文化的输出者，同时也是教育管理的实行者，因此，高校必须要有完善的师资结构，但是很显然现在的多数院校之中存在师资短缺现象，并且多数教师素质能力水平有待提升，这对高校教育教学管理水平提升造成了一定的阻碍。最后是教学质量监控存在不足，完善的教学质量监控体系是衡量高校教育教学管理水平好坏的标志，但是从笔者的调查中发现，现下多数高校缺乏教学质量监控建设认识，同时没有相关的监控评价标准，这是导致高校教学质量下降的主要原因，同时也是高校教育教学管理弊端的一种重要体现。

二、高校教育教学管理现状解决对策

（一）优化教学计划管理机制

教学计划管理是高校教育教学管理规范化的基础保障，对于高校而言，只有能够将教学计划管理不断优化，才能更好地进行高质量人才输出，从而将院校人才培养蓝图规划更加具体化。而从上文中笔者的分析研究可以发现，当前高校教学计划管理存在的最大问题就是限制性太强，教学计划制订权掌握在管理者手中，这严重影响了教学计划管理的科学性。为了能够从本质上杜绝这种教学计划管理弊端，就必须要优化教学计划管理机制。为此院校在制订教学计划时，应该征求教师、学生、院校行政管理人员以及课程专家学者等多个方面的意见，这样才能保障学校制定的教学管理计划真正地符合学生发展需要，对教学资源更加充分地利用，提供科学性的保障。其次，当教学计划管理机制制订后，必须要严格执行，要保障教学计划的严肃性，同时在执行的过程中，还应该根据市场行业发展变化，适当地做相应调整，这样才能保障教学计划管理机制的适应性。相信在教学计划管理机制不断优化的过程中，高校教育教学管理也会朝着更高的水平发展。

（二）加强高校师资队伍建设

随着教育改革机制的不断深入推进，高校生源数量不断扩充，在这个过程中，高校无论是教师人数，还是教师素质能力都无法满足院校的教育教学发展需求，院校师资结构不合理现象十分严重。而对于高校而言，合理的师资结构建设呈现出"梯队"状态，才能让高校教师专兼结合、优势互补，从而更好地提升人才利用度，这是合理师资结构的一种体现，同时也是高校教育教学管理的基础保障。因此，加强高校师资队伍建设至关重要。高校可以从以下两个方面做起：首先是结合现有的师资资源，全方位、多层次地建立教师培训体系，从教学和教研两个方面出发，对教师进行立体化的培养，这样才能使高校教师师资队伍素质朝着更高的方向发展；其次，提升高校教师招聘工作要求，从学历、教学能力、管理能力等多个方面入手进行综合考察，从而在院校内打造一支高素质的人才队伍，并且在这个过程中还应该不断地完善激惩机制，在为教师创建更好的教育教学管理环境的同时，规范教师教育教学管理工作行为，相信在高校师资队伍建设下，一定可以为高校教育教学管理注入不竭的动力。

(三)完善教学质量监控体系

在高校教育教学管理工作开展过程中,教学质量监控体系是提升管理水平的保障,可以对高校教育教学管理工作进行更有效的监督。因此,完善教学质量监控体系是有必要的。为此,高校可以从以下三个方面出发。首先是高校要认识教学质量监控体系完善的重要性,只有形成有效的监控机制,才能督促教学管理水平提升,为教学工作质量提供坚实保障,因此,在进行教育教学管理工作时,必须要确保教学质量监控体系建设的重要地位。其次是在完善教学质量监控体系的过程中,要构建相关的评价标准,并且要保障评价标准的公平性与客观性,这样的评价体系建设才有意义。最后是教学质量监控体系要与反馈机制与奖励机制相结合,从而实现高校教育教学管理工作的良性发展和循环。

本节主要针对高校教育教学管理现状及对策进行了相关方面的分析和探讨。通过本节的研究,我们了解到,当下高校教育管理工作还存在着一定的问题。为了能够更好地推动高校教育教学发展,加大高校社会优质人才输出,高校必须要从现阶段的教育教学管理工作现状研究入手,有针对性地制定解决措施,进而推动高校长远发展,同时也实现我国教育的优化改革,培养更多高质素人才。

第二节 高校教育教学管理的观念

随着时代的进步与发展,社会各个领域发生着重大的变化,高校教育教学管理也不例外。在教育大众化的背景下,对高校教育教学管理质量也提出越来越高的要求。因此,面对全新的发展形势,高校加强对教育教学管理观念的变革与创新是非常必要的。这不仅有助于推进高校朝着现代化方向发展,还能提升高校人才培养的质量,从而满足社会发展对优秀人才的需要。本节从教学管理观念、管理制度、管理体系以及评价体系等多个方面探讨高校教育教学管理观念变革的实践创新,希望能够为有关专业人士带来一定的参考与借鉴。

21世纪是互联网广泛应用与普及的时代,信息技术与计算机技术的应用改变了人们的生活方式与教育方式,给高校教育教学管理既带来了机遇,也带来了挑战。新形势下,高校要具备与时俱进的意识,紧跟时代的发展步伐,根据社会发展需要变革教育教学管理理念,全面落实人才培养工作,将学生培养成为社会发展需要的复合型人才,从而为我国社会经济建设进步与发展奠定坚实的人才基础。

一、顺应时代发展需要，加强对教育教学管理观念的创新

随着经济全球化的深入，高校要紧跟时代发展步伐，加快变更教育教学管理观念的变革，根据市场发展需要制定人才培养方案。一直以来，我国高度重视高校教育教学改革工作，并出台了相关的支持政策。在国家大力支持下，高校的质量意识不断增强，积极地推进教育改革步伐，并制订科学的人才培养计划。由此可以看出，高校教育教学改革工作要与时代相接轨，根据社会发展需要形成现代化管理思想，大力创新教育教学管理方式与内容。同时，高校要以时代发展为基础，建立可持续管理制度，在保证管理质量与水平的同时实现教育教学目标。

二、建立健全教育教学管理系统，加强对教育教学管理制度的创新

高校在开展教育教学改革过程之中，应重点以工作决策、工作执行、工作监控以及信息反馈等方面为着力点，从整体上优化教学管理工作。对于高校的教育教学管理而言，关键是要注重各个系统优势的发挥，加强各系统的协调与互动，确保系统整体功能的有效发挥。高校可以从以下几个方面入手，建立健全教育教学管理系统，具体如下：

首先，提高教学管理设计水平，落实检查、监控、评估以及反馈等方面工作；其次，加强教学评价管理，充分发挥教学评价的重要价值；再次，加大对教学质量监控力度，强化对学生的引导，重点激发出学生的学习兴趣；最后，教学管理工作要体现出学校主体性，充分发挥学校的主导作用。

高校在教育教学创新与改革中要重点加强对管理制度的创新，制定出弹性管理模式，保证教育教学管理工作质量与进度。就目前而言，绝大部分高校一直沿用传统落后的管理制度，阻碍着学校的进步与发展，影响人才培养方案的制定。所以，高校要积极转变教育教学管理理念，摆脱传统管理思想与制度的束缚，积极树立起现代化管理思想，全面推进制度的改革与创新，以学生为中心开展教育教学管理活动。

三、树立起整合思想，加强对教育教学管理体系的创新

（一）构建教学改革系统

高校教育教学改革要着眼于全局，从代表性专业入手逐渐分化至各个学科与教学内容。同时，应当根据学校的教育方式与自身特点建立健全教学改革体系，确保体系全面覆盖教学方式、教学内容以及课程设置等多方面内容，在实现对人才培养方案优化的同时，形成现代化教学管理理念，以保证学生的知识水平以及综合素质的全面提升。

（二）建立人才培养系统

高校肩负着为社会发展培养高素质人才的重要使命，人才培养一直以来是高校的核心工程，这就要求高校要从思想上提高对教学工作的重视，加强对教师队伍的建设，在教学中贯彻落实"以生为本"的基本思想，通过开展高效率的教学工作，全面提升高校的教学水平，积极推进高校改革的进程。同时，高校要加强教学管理工作，以此为核心推进学校其他各项管理工作的顺利开展。

（三）形成教育管理系统

高校要重视建立健全教育管理系统，树立起现代化管理思想，实现管理与建设以及研究与改革的紧密结合，从而有效地促进整体的提升。研究中首要任务是明确改革目的与方向，通过建设与管理，充分地体现改革精神。建设是保证改革成果的重要基础，而管理是保证建设质量的关键，加强管理有助于实现改革的目标。

四、建立健全高校教育教学工作的评价体系

（一）构建教学质量评价体系

高校在变革教育教学管理观念时，应根据高校的发展特点，从高校发展实际情况出发，遵循可行性、系统性以及科学性等基本原则，建立健全教学质量评价体系。同时，对于全体教职工的评价要坚持公平、公正的基本思路，实行对教职工教学质量的全方位的评价。需要注意的是，由于每个教师所负责的教学工作有所不同，这就需要在充分了解各个学科特点以及教学具体要求的基础上对教师进行评价，在保证评价合理性与科学性同时，区分出各个教职工的层次，并以此评价为基础进行教学岗位绩效考核。

（二）构建教学状态评价体系

对于高校的教育教学管理而言，构建完善的教学状态评价体系是非常有必要的。高校在开展教育教学管理中，要将教学过程、教学质量、教学建设以及教学改革等方面作为重点管理内容。同时，要保证评估的科学性、合理性以及系统性。此外，高校要以人才培养为核心加大教学投入，科学合理地制订教学计划，在保证教学工作全面推进的同时，切实保证教学质量与效果。除此之外，高校应建立起奖惩制度与激励制度，对于教学中表现优秀的教职工，要给予物质上与精神上的奖励，同时对于教学中态度散漫，工作不认真且存在失误的教职工，有必要进行批评教育，促使其积极改进教学工作，从而保证高校的教育教学改革的顺利进行。

(三)构建学生素质测评体系

对于学生而言,构建学生素质综合测评体系具有重要意义。一方面可以点燃学生的学习兴趣,调动学生参与课堂教学的积极性与主动性;另一方面可以全面提升学生的学习质量与效率。因此,高校在教育教学管理观念变革中应建立健全学生素质综合测评体系,并在此基础上构建奖优制度与创新制度,以学生为中心采取先进的教学模式,注重培养学生的自主学习能力,同时要采取科学方式定期展开对学生的知识水平、学习水平与综合素质等的测评。其中,对于学习成绩优秀且表现突出的学生要给予奖励与表扬,鼓励学生大胆创新与思考,并激发学生的学习兴趣。

总而言之,随着社会的进步与发展,对优秀人才的需求量也不断地增加。因此,高校要肩负起为社会发展培养高素质人才的重任,以市场需求为导向,做好人才培养工作,做好高校的教学工作,保证高校的教学质量与水平,从而塑造出良好的学校形象,提升高校的知名度。同时,基于教育大众化的背景,高校要积极改变传统落后的教育教学管理思想,形成现代化教育教学管理理念,建立健全管理制度,推动高校的健康长远发展,促进我国高等教育事业迈向更高的台阶。

第三节 高校教育教学管理信息化

为了更好地引导高校教育教学管理信息化建设工作向着更加健康和积极的方向发展,应该保证对这项工作进行合理、准确的评价。通过探索更为有效的方式,利用先进技术对高校管理水平进行提升,不断地促进高校教育教学管理信息化的建设和发展,以更好地满足时代发展需求。

随着经济、文化和社会的多元化发展,用人单位对于人才有了更高的标准。高等学校在教育过程中不仅要注重对学生的知识传授,更需要注重对社会传输优秀的人才。为了满足这一条件,高校需要转变自身教育中的传统观念,通过不断地改革谋求生存与发展。通过对传统教育观念的改变,将更有效地认识到信息技术在当前教育中的积极意义,对教育中存在的各种问题进行解决,引导高校教育教学管理向着现代化的方向进步。可以说,教育教学管理信息化建设也将是今后我国高校的主要发展方向。针对这种情况,本节将对高校教育教学信息化建设展开进一步研究,并提出相应解决策略,希望对这项工作的开展有更大的帮助。

一、高校教育教学信息化特征

（一）教育教学中的信息呈现"碎片化"状态

在高校内部，围绕教师或是学生进行服务与管理所产生的相关数据大多具有"碎片化"的特点。这些没有经过处理的碎片数据也是对大数据价值造成影响的主要原因。高校在日常建设过程中，需要对大量的数据和信息进行处理，这些信息内容通常被分为教学管理、学生工作和师资团队建设等。因此，需要对各个环节进行有效的搜集和加工，高校就需要对信息化建设工作引起更高的关注和重视。

（二）教育教学数据信息具备持续性特征

高校教育教学信息数据的持续性主要体现的是校园科研工作和管理工作的规律，高校教育教学信息化管理工作并非一蹴而就，而是一项需要长期坚持的数据统计工作。如果在这个过程中仅仅依靠短期数据对教学实践进行辅助，将难以起到帮助作用，工作的开展也将缺乏科学性和全面性。

（三）教育教学数据信息呈现多维度

所谓的信息数据多维度，指的是能够代表校园参加活动的完整个体状态。比如在学生进行图书借阅的过程中，可以充分掌握学生日常的兴趣爱好；而学生在对一卡通进行使用的过程中则可以掌握学生的家庭情况。这些数据的产生都将为学校提供十分有效的信息。那么高校也应该对这一资源优势进行有效利用，以加强教育教学信息化建设工作。

二、高校教育教学管理信息化发展现状

目前我国高校教育教学管理信息化虽然已经得到了显著的进展，但是经过笔者的实际研究，认为现阶段现状并不乐观。

（一）缺乏系统性规划

教育教学管理的信息化是当前高校信息化建设中十分重要的环节。因此，应该与学校的办学理念进行结合，通过对目标的定位和发展战略的研究，促使高校决策层对其进行科学规划与论证，有效地将其融入学校发展规划中。但是经过笔者对高校教育教学信息化建设工作的分析来看，发现有的高校并没有建立起全局性战略目标和思想，导致这项工作的开展长期缺乏规划。

（二）缺乏有效的整合与调整

高校教育教学具备明显的长期性和复杂性特征，因此，在实际建设实施过程中，会对学校现存的管理思想、制度和方式产生一定的影响和冲击。目前，很多高校没有建立起相应的信息化体系，不同的部门之间很难将信息进行有效的整合和规划，部门和部门之间很难进行相互监督制约，这也在某种程度上给信息化管理带来了很大的阻力。

三、提高高校教育教学管理信息化水平的策略

高校开展教育教学信息化管理工作的主要目的是将学校的功能进行充分发挥，对高素质的综合性人才进行培养。此种前提下，要求学校的管理水平也要随着时代的发展而进步，这样教育教学信息化管理工作才能得到更好地提升。

（一）对管理机制建设进行加强

高校的教育教学信息化管理主要包含的是教育教学系统和信息化系统。在对高校进行教育教学管理信息化系统工作的过程中，还包括对研究生、本科生、专科生教育教学信息管理等信息的管理。通过整体系统规划，很多部门中的职能进行相应调整，通过对信息、数据格式的进一步规划与统一，对实现不同管理部门的无缝对接将产生十分重要的帮助。比如，对于不同水平的教育工作可以实现在一个平台上的教育，也就是通过对信息的共享，更好地促进教育信息化管理。

（二）对管理队伍的建设进行强化

管理队伍综合素质的提升对于促进教育教学信息化进程将起到十分明显的帮助作用。人的进步和发展不仅是学校实现信息化的前提，更是学校进行信息化建设的主要目的。所以，教育教学信息化建设工作更需要树立以人为本的意识和理念，并对管理队伍建设进行充分重视。在开展这项工作的过程中，还需要对以下工作环节引起高度重视：首先是对教师队伍的信息化建设引起重视。通过对各种形式培训力度的加强，为教师的学习创造更多有利的条件，帮助广大教师摆脱传统教育思想的束缚，不断更新教育观念，积极帮助和引导教师对先进的网络信息技术进行学习，这对于提升其信息技术水平将起到更大的作用。其次是对管理队伍的信息化建设工作。为了确保信息化基础设施能正常运行，高校需要相应组建一支技术维护人员队伍，通过这种方式对网络、计算机设备出现的问题进行及时处理，对于掌握更多先进的网络技术将起到十分重要的作用。

综上所述，教育教学管理工作的信息化建设应该是一项逐渐完善的工作，不可能一蹴而就。这就要求高校中的相关管理人员要实现更有效的工作配合，这样才能在信息化社会

转变的过程中，更好地利用资源与优势，实现管理工作的科学性，同时也要保证每一项工作的准确性，为高校教育教学管理信息化的开展提供有效的帮助。

第四节　高校教育教学管理流程

我国高校教育教学管理流程存在管理层思想不统一、重视程度不高、行政管理效率低下、管理流程再造技术落后等突出问题。高校需要建立互通互联的师生关系，培养适用于社会的专业人才来把握管理流程再造的重点目标。本节围绕建立管理再造理论体系，优化重组行政管理机构，明确教学目标，搭建信息管理平台系统，改革人事考评机制等几个方面，提出了再造与优化的对策。

当前，我国的高校教育在管理流程、管理体制、规章制度等方面发展不成熟，亟待进一步健全和完善。为顺应教育改革时代潮流，做好管理流程再造，采取有效手段，对教育组织结构、管理流程进行重新规划、优化定位。这对高校的改革与发展具有重大意义；对学生素质教育与培养也大有裨益。本节将重点指出高校教育教学管理流程中存在的突出问题，对流程再造及优化对策展开分析，并提出相关建设性的意见。

一、流程再造的相关涵盖与现实意义

培养学生个性，增强自主创新能力。高校教育教学管理流程再造应打破传统的教育理念和教育方式，建立"高效、顺畅、有序"的新兴教学管理流程，实现教学管理流程信息化、便捷化、规范化、制度化。在教学质量方面，注重学生的个性培养，以增强自主创新能力为教育核心。

教育教学改革创新的必然趋势。当前，我国高校教育教学管理模式、体制、流程、制度等方面，存在诸多矛盾与问题，无法适应当下教育改革创新的新形势。高校教育教学管理流程再造，破旧立新，是顺应教育改革创新时代的必然趋势。

保障教育质量的客观要求。随着高校扩招政策开放，高校教育承受着前所未有的压力，如何不负国家事业的重托，不负每个家庭的殷切希望，培养合格的、有用的社会人才，成为全社会普遍关注的话题。高校教育，为保障教学质量不下滑，完成为国家、为社会输送适用人才的艰巨任务，迫切需要对管理流程进行再造与优化。

二、高校教学管理流程再造亟待解决的关键问题

管理层思想不统一，重视程度不高。传统的、垂直化的、单一化的管理组织构架使得

高校的管理层自上而下形成固定的思维方式，常年受制于接受命令，执行命令下的管理机制，这与信息化、高效化的改革趋势相悖。在变革管理方式、开展管理流程再造工作时，高校管理层的变革思想不统一，支持程度不高，参与性不强，无不给流程再造的进程造成严重阻碍。

行政管理效率低下。我国高校现行的管理模式，是呈"金字塔"形的层级管理，级别分层多、分工过细、结构臃肿。行政审批流程烦琐，无用、重复性劳动，造成人员工作积极性不高。此外，信息化程度不高，信息传播迟缓滞后，也造成人员工作效率低，应变能力不强。高校行政管理体制下，内设多个职能管理部门，部门与部门之间划分过于明确，缺失沟通合作和相互协调的工作氛围，容易造成各自为政、只注重局部利益而忽视整体利益的不良后果。

管理流程再造技术落后。高校管理流程再造，绝非纸上谈兵，它是一项长期的、复杂的、系统的工程，需要有充足的技术条件做支撑。然而，现有的信息化设备、工具等严重缺乏，技术条件已相当落后，导致流程再造工程无法落到实处。

三、高校管理流程再造，把握重点目标

建立互通互联的师生关系。高校教育和中小学、高中教学相比较，高校师生关系的关联度、紧密度要少之又少。高校教师更多的是按点上课，打考勤、出试卷、学期末授学分，对学生个体的了解、个性的培养、综合素质的考量往往放任和忽视，师生之间的沟通和互动严重欠缺。高校管理流程再造，重点需要把握的目标之一就是加强师生之间的互通互联，建立共享、共通、互动、融洽的师生关系。

培养适用于社会的人才。高等教育教学管理的终极目标是为国家为社会输送有用的人才。通过在学校几年的专业学习，成功步入社会，找到工作岗位，实现个人价值，为社会作出贡献。就目前的高等教育而言，专业设置与市场严重脱轨，重理论、轻应用，毕业生进入企业后，难以快速适应岗位要求，甚至拿着毕业证书和简历，根本找不到得以发挥才干的岗位。这就要求高校教育教学管理流程再造过程中，更加注重教学质量，跟紧市场的脉搏，与市场经济接轨，合理设置专业和课程，为国家、为社会培养有实用价值的人才。

四、高校管理流程再造的优化策略

建立管理再造理论体系。高校教育教学管理流程再造，可以借鉴西方BRP企业流程再造理论，组织管理人员，开展深入研究与学习，紧密结合教育实际工作，科学合理地加以运用，逐步建立高校教育管理流程再造理论体系。

优化重组机构，明确教学目标。高校要对下设的行政管理部门进行重置，精简结构层次，明确分工和职责，完善管理结构。加强部门与部门之间的沟通与合作，提高管理人员

工作效率。构建畅通高效的信息传递模式,为学生提供更优质的服务。高校应加强与社会的联系,科学、有效地设置专业和课程,教学内容与市场应用相结合,注重学生的个性化培养,打造专业化、实用性、创新能力强的人才队伍。

搭建信息管理系统平台。高校教育教学管理流程再造,需要加强信息化管理。高校要充分利用现代信息化技术手段,整合调动一切教育资源,构建一套完备的、高效的信息管理系统平台,做到信息实时滚动、及时更新,成功搭建起学校与社会的桥梁。

改革人事考评机制。高校不仅要调动教师的工作积极性和学生的学习热情,还要改革人事考评机制,调动管理人员和教师的工作积极性。一方面,改变仅依赖期末考试成绩评定学生综合表现的评价方式,设置学期述职、绩效考核等教师管理体系,设置日常作业、实操训练等学生素质提升途径,进行全面考察,综合评定;另一方面,加强对管理人员日常考评,定期开展服务度、满意度调查;结合科研成果、科研论文、教学效果等方面,对高校教师进行综合考评,激励教师积极上进,提高教学质量。

综上所述,高校教育教学管理流程再造与优化是时代浪潮的必然趋势,是高校需要勇于面对的问题。然而,改革的成功绝非一朝一夕,未来仍存在一定的困难。相信通过对高校管理流程问题的剖析,把握重点目标,积极探索解决问题的思路与方法,我国高校管理流程定会走上制度化、规范化、高效化、信息化的道路,使其真正成为服务于教师和学生的成长发展所需。

第五节 以人为本推进高校教育教学管理

创新教育教学管理模式是推动教育事业更好地发展的保障。以人为本的管理理念顺应了当代社会发展的趋势,将其运用到高校教育教学管理中,对教育教学管理的创新与发展具有重要的意义。为此,笔者以"以人为本推进高校教育教学管理创新"为课题,从开展以人为本推进高校教育教学管理创新的原因入手,对实现以人为本,推进高校教育教学管理创新策略进行深入探究。

一、开展以人为本,推进高校教育教学管理创新的原因

众所周知,高校教育教学管理是高校工作的重要组成部分,对于促进高校发展以及在给学生创造一个更和谐、更有序的生活和学习环境中具有极其重要的作用。而要实现推进高校教育教学管理创新,首先应该保证能够坚定不移地以科学发展观为理论指导,并且始终坚持以人为本的教育理念,这样才能真正达到教育的目标。

以人为本是高校教育教学管理的根本诉求。以人为本的理念早已被提出，要想坚定不移地落实科学发展观，必须贯彻以人为本的核心要求，并且意识到为人服务、对人有利才是发展的根本目的和基本要求，还要保证所取得的发展成果能被人民享有并且惠及人民。高校是有计划、有组织并且能够开展系统性教育工作的机构，其目的就是为社会的发展提供保质保量的人才，以教育促进社会发展，也让社会的发展为教育提供教学指南。与社会上的企业相比，高校教育是一种为教书育人而设立的机构，其不以盈利为目的，但对学生有一定的要求，要求他们能够遵守相关的规章制度。而高校的教育者不仅需要掌握扎实的理论知识、教学技能和专业技能等，还必须具备高尚的职业道德操守，需要尽可能地拉进与学生之间的距离，实现与学生心灵上的交流和沟通。在高校领导、教职员工和学生这三个层级构成的群体中，人不仅是高校开展教育活动的主体，同样也是客体。人的双重身份使得教育管理更应该坚持以人为本。高等学校是对所有渴望获得知识的人开展高等教育的机构，同时也是培养各个行业人才的重要场所。设立高校的根本目的就是培养具有创新能力的高级别人才。为了能够使高校教育达到这一标准，必须保证师资力量，从而保证所培养出的学生符合高级别人才的需要。"教授"与"学习"都是一个很耗费时间和精力的活动，既需要相对自由的学术氛围，又需要教学环境有一定的宽容度，从而满足以人为本的管理要求。

以人为本能满足高校教育教学管理的实际需求。很多年以来，我国很多高校都致力于实现以人为本的管理理念的要求，不断积极地探索现代化教育教学管理模式和机制，并且从目前的情况来看，已经取得了初步成效。然而，总的来讲，目前以人为本开展的教育教学管理工作并未从本质上使问题得到解决，人性缺失现象还较为突出。而产生这种现象的原因主要有三点：一是，教育教学管理目标不够完整。很多高校管理者经常讨论的话题不外乎教学评估、如何升格、申请硕士和博士以及争创名牌等，教学管理的重点都放在了设备更新、维护、多媒体教室的建设和食堂、操场建设等问题上，而对"人"的问题关注得非常少。不可否认，这些问题都属于高校发展中的重要组成部分，但是对于学生、教师这些主体，高校所开展的工作就显得相形见绌。以人为本的重点在于对人的尊重，学会换位思考和理解他人，才能依托于对人的全面管理，来实现高校的稳步发展；二是，教育教学管理体制和机制行政化。高校是一个以教育为目的的场所，在开展教育教学管理工作时要认清这个问题，不能使教育教学管理体制和机制朝着行政化的方向发展。很长一段时间以来，受到计划经济体制的影响，我国高校教育教学管理一直遵循着自上而下的直线式管理，强调的是上级领导下级，并进行统一指挥，要求绝对服从，甚至存在以行政性管理替代学术性管理或者弱化学术性管理的趋势。基于当前高校的这种教育教学管理现状，使得教育教学管理不仅不能充分体现出各层级教学组织的价值和意义，而且也很难调动教师工作的积极性和学生学习的热情；三是，教育教学管理制度呈现僵化的特点。很多高校在开展教学的过程中逐渐形成了一整套涉及教育教学管理的规章制度体系，在改善教育教学管理工作方面发挥了一定的作用。然而，由于受到这些制度的条条框框的影响，教师在真正想对教学工作进行改革创新时，会受到很多限制，不利于教育创新的实现。不仅如此，在这种约束下，还使教育教学活动展现不出活力，从而使整个教育教学管理工作的效果受到影响。

二、实现以人为本推进高校教育教学管理创新策略

要想真正地实现以人为本，推进高校教育教学管理创新的目标，就必须清楚地认识到以人为本教育教学管理理念的重要性。逐步强化以人为本的管理理念，探寻更为人性化的管理模式，并且及时地构建服务型的管理队伍，从而为教师和学生提供更高质量的管理服务，满足他们的实际需求，促进高校健康的发展。

探寻更为人性化的管理模式。所要探寻的更为人性化的管理模式，首先应该满足一定的要求：首先，弱化行政功能，强化学术功能。高校是开展教育的场所而不是办公的场所，所以，应该有意识地淡化官本位和行政权力，坚持专业化的治校理念，始终维护教授在教学管理中的核心地位和核心作用，赋予他们在高校教育教学管理中的权利和相关权益，避免"外行人指挥内行人工作"情况的发生；其次，由集中向民主型转化。高校在开展教育教学管理的过程中要体现出民主性，不能独断专行，要保证教师能够享有基本的教学自由，来开展教学改革创新工作，从而改变当前教育现状，为学生提供更优质的教学环境；最后，能够由被动接受型转向激励型。管理分为被动接受型和激励型。激励属于更高级别的管理方式，其取得的管理效果更好，同时对管理者的管理能力要求也更高。这就要求高校能够尊重师生，不断地完善教育教学管理规章制度，努力在原有的被动接受型管理方式中融入激励型管理因素，逐步实现由被动接受型管理向激励型管理的过渡。

构建服务型的管理队伍。即使传统教育教学管理在不断的发展过程中表现出了一定的优势，但是面对现代信息化管理还是存在一些过于烦琐、呆板的问题。身处信息化时代，高校教育教学管理应该以现代化教学管理理论为导向，对传统教学管理体制和机制进行改革创新，使教学活动向实现教学管理现代化不断靠近。管理并不意味着压迫和绝对服从，其更倾向于一种服务性质，是以为教师和学生服务为目的的。这就要求管理队伍能够树立起以人为本的服务理念，在处理问题时要做到热情、耐心和细致。当然，为了提高服务的质量，还应该不断地提高管理人员的专业素养，提高他们的综合素质和业务能力，增强他们的职业道德感。与此同时，还应该构建并完善教学管理人员的目标管理责任制，激励并引导教育教学管理人员严格要求自己，以身作则，在对师生进行管理的同时，不断深化教育教学管理的功能。

以人为本作为当代社会的一种新的管理理念，其顺应了时代的发展。将以人为本的

管理理念运用到高校教育教学的管理中，有利于高校教育教学管理的创新与发展。由此可见，"以人为本推进高校教育教学管理创新"这一课题具有重要的研究意义。

第六节 大数据下高校教育教学管理

随着信息技术的不断发展和互联网络的普及，大数据时代已经到来，对于数据信息的集成化处理已经成为各行各业发展的一大趋势。在大数据时代下，高校的教育教学管理工作在模式和方法上应当进行一定的优化和创新，通过教育教学管理的信息化建设来实现高效的管理水平和管理效率，为我国高等院校的现代化发展以及学校综合实力的提升奠定重要的基础。本节主要围绕高校教育教学管理信息化建设的有效途径进行相应的分析和研究。

随着我国教育事业的不断发展以及育人水平的不断提高，高等教育正在实现普及。同时，为了满足当前社会对于多元化人才的需求，高校在专业设置、课程划分上作出了一定的调整，办学规模逐渐扩大，学生人数也逐年增加。这无疑给学校的教育教学管理工作增加了不小的难度。大数据技术给高校教育教学管理工作提供了新的思路和方法，可以应用数据集成化处理的模式来进行相关教育教学信息的收集和整理，构建相应的教育教学管理信息平台，从而提高高校日常教育教学管理工作的效率。

一、大数据时代高校教育教学管理实现信息化的重要性

（一）有利于构建全面的教育教学管理系统

教育教学管理是一项十分复杂的工作，其中涉及的主体既有学校的教育工作者、管理者，又有学生。内容从教学计划的编制到教学活动的开展，从教学后勤保障工作到教学环境的优化完善，这些都属于教育教学管理的范畴。在这个过程中涉及大量的管理信息，通过应用大数据来构建一个教育教学管理系统，将这些信息数据进行集中的整合和处理，能够实现对师资、学生信息、教学质量监管、教学信息收发等全面的科学化管理，为教育教学管理工作提供极大的便利。

（二）有利于提升高校教育教学管理效率和规范化水平

做好教育教学管理工作是保障良好教学秩序的关键所在。在教育教学管理工作中所涉及的大量的繁杂事物和信息内容如果无法进行科学化的处理，那么将会严重降低教育教

学管理质量和水平。而通过教育教学管理的信息化建设，能够将教育教学管理工作的各个流程和环节进行有机的联系和渗透，不管是教学方面还是学生管理方面，都可以借助于相应的信息系统或者是平台来完成规范化的管理。就比如我们在完善学生的学籍信息的过程中，就可以拟出一份规范化的信息完善流程，让学生统一登录到学校的管理平台之中，按照流程一步步进行操作并且完成信息的提交，而学校教育教学管理工作者只需要对这些信息进行汇总和审核就可以完成这项工作，大大提高了工作效率和管理的现代化水平。

（三）有利于实现教育教学资源的共享

通过构建相应的教育教学管理信息化平台，不仅可以让学校的教务部门掌握与教学活动、与学生最密切相关的一些基础数据，同时还可以借助这一平台来进行数据分析和处理，根据不同层次人群的需求来整合相应的教育教学资源和信息。对于教师而言，其在教育教学活动中所需要的一些课程资源学校就可以利用信息化系统进行共享，让教师根据教学需求浏览或者下载。同样的针对学生这一层面来说，可以在教育教学管理平台及时发布一些就业资讯、考务信息等，从而体现信息的共享性和多元化应用价值。

二、大数据时代高校教育教学管理信息化的有效途径研究

（一）保证教育教学管理系统的实用性和可操作性

大数据时代高校教育教学信息化管理，最关键的就是要保证这一教育教学管理系统的实用性和可持续操作性。只有将教育教学管理平台真正地应用到教务管理过程中，才能发挥其相应的作用和价值。因此，这就要求高校一定要重视相关系统软件的研发，联合高校的计算机专业，聘请相关领域的专家同教学管理人员组成系统规划设计小组，对于这一系统的模式架构、功能延伸和性能保障进行深入的分析与研究。同时，学校要设立专门的教育教学管理系统管理员岗位，负责日常的维护及运营管理工作，协助解决学校各部门在实际操作应用中存在的问题，以提高教育教学管理信息化建设质量和水平。

（二）重视对基础信息的收集与整理

我们在应用教育教学管理信息化系统的过程中，最重要的就是实现对基础信息数据的准确收集和分类整理。我们要保证数据信息的准确性和真实性，就必须要对基础信息的录入等相关工作进行严格的审核和监督。例如，每学期各专业课表的设置、学生考试成绩的录入、学籍信息的核对与变动等，在进行这类基础数据上传的过程中，学校的各个院系都必须要进行严格的检查。如果出现相关的数据异常，学校可以按照规定对相关院系和主管部门进行追责。这样做能够保证信息的完整性和真实性，同样也督促我们的工作人员要更

加细致地完成信息收集与整理工作。

（三）加强对教育教学管理系统的维护与安全防护体系的构建

大数据时代下信息数据的安全更应当引起高度重视。高校在构建教育教学管理系统的过程中，为了确保此类信息数据的安全，必须要完善相应的安全防护体系，并重视日常系统维护工作的开展。首先，学校在构建教育教学管理系统之初，就要在技术人员的指导下完善内外部的安全防护体系，安装防火墙，避免系统受到攻击以致数据泄露；其次，在进行日常系统维护的过程要做好数据的备份整理工作，数据只要发生变动或者更新就要及时进行备份；最后，根据层次化的需求要对教育教学管理信息化系统设置相应的权限，教师管理层和学生层通过层级加密的方式来保证信息的安全性。

大数据时代下实现高校教育教学管理的信息化，体现了高校管理工作的创新，能够实现高校教育教学管理效率和质量的提升，为今后教学管理工作的顺利开展创造良好的条件。

第三章　高校教育教学管理模式探究

第一节　高校公共机房管理模式

在计算机应用技术水平日益提高的背景下，高校开始广泛运用计算机，所以公共机房就成为高校重要的教学设施。公共机房的用途比较广泛，可以用来开展基础课、专业课、课程设计、毕业设计以及考试等任务，因此，公共机房的管理是比较重要的。当前，一些高校的公共机房管理存在的问题比较多，影响了公共机房的使用率，甚至影响了学生的正常学习和考试效果，只有解决了这些问题，才能更好地发挥公共机房在教学中的作用。由此可见，公共机房管理是高校一项重要的工作任务。

一、高校公共机房普遍存在的问题

高校公共机房存在的问题是比较多的，包括使用环境问题、电脑损坏问题、感染计算机病毒问题，这些问题严重影响了学生的正常使用，也影响了教学的顺利开展。如果公共机房存在的这些问题不能被解决，将会造成严重的后果。

公共机房的使用环境问题。高校在对公共机房进行管理时经常忽略公共机房的使用环境。一些公共机房的使用环境比较潮湿且脏乱，这样的使用环境对计算机的运行、寿命、网络系统都产生了巨大的影响。如果公共机房的环境比较潮湿，很容易导致计算机死机；如果公共机房使用环境的温度比较高，则会烧毁主板芯片。因此，高校在对公共机房进行管理时，需要对其使用环境进行全方位管理，营造一个洁净的环境，这样才能保证计算机的正常运行，延长计算机的使用寿命。

电脑损坏的问题。公共机房在高校的用途是比较广的，所以其在工作中是满负荷运行的，机器发生故障是常有的事。通过研究发现，计算机在使用中经常出现插件接触不良、显示器亮度下降、鼠标和软驱等易耗品损坏等问题，当然，计算机出现故障还可能是学生故意损坏。很多学生在学习之余擅自操作计算机，使计算机的一些零件损坏。电脑损坏的问题是比较严重的，不仅影响了教学效率，也给高校造成了一些损失。

计算机感染病毒的问题。高校公共机房通过校园网链接到Internet，因为网络的开放性，计算机很容易感染病毒。互联网中的计算机病毒、木马程序都是计算机网络存在的安全隐患。一旦计算机感染了病毒，一些重要的信息就会被窃取，重要的数据会被破坏，严重时计算机软件会出现故障，系统会瘫痪，硬件也会被损坏，导致无法开展正常的教学活动。

二、高校公共机房管理的重要性

高校做好公共机房的管理工作，无论对教学、计算机网络还是计算机使用寿命都是有益的。因此，高校应该重视公共机房的管理工作，认真落实工作中每一个环节，这样才能提高管理效率和质量。

高校公共机房管理可以提高教学效率。只有做好公共机房的管理工作，才能避免计算机感染病毒，为计算机网络构建一个安全、洁净的环境，教学活动才能顺利开展，提高教学效率。在公共机房进行教学时，计算机运行是比较快的，是可以辅助学生学习和教师教学的。例如，学生可以运用计算机进行实践操作，教师可以给学生进行高效的在线指导。当学生在操作中遇到难题时，既可以向教师请教问题，也可以利用互联网查询，这样的学习效率是比较高的。倘若公共机房的计算机经常被病毒感染，系统经常瘫痪，硬件也被损坏了，那么教学活动是无法顺利开展的。所以，高校对公共机房进行科学、合理的管理是至关重要的。

高校公共机房管理可以为计算机网络构建一个安全的环境。高校对公共机房进行全面管理后，可以避免计算机网络被病毒侵入，从而保证计算机网络环境的安全性，这样也可以保证高校的一些重要的信息和数据是完整的。倘若高校没有对公共机房进行有效管理，那么计算机很容易感染病毒，导致一些数据和信息被破坏，给高校带来巨大的损失。例如，一些高校把学生的学籍信息录入电脑，如果公共机房的计算机感染了病毒，办公室的计算机也可能会被感染，学生的信息会丢失，甚至会落入犯罪分子手中，从而为学生的人身和财产安全带来巨大的威胁，这样的后果是比较严重的。

高校公共机房管理可以延长计算机的使用寿命。高校要想提高计算机的使用率，延长计算机的使用寿命，就需要做好公共机房的管理工作。因为高校在对公共机房进行管理时，会对计算机的零件进行全面检修，这样可以及时地发现并解决计算机零件存在的问题。定期检修和保养计算机零件可以延长计算机使用寿命，这样高校就可以减少计算机零件的采购，从而节省了资金。

三、高校公共机房管理模式分析

（一）高校建立健全公共机房管理制度

高校规范日常管理规章制度。高校应该结合公共机房使用情况和实际教学情况，建立一套完善的管理制度，包括《主任岗位负责制》《技术管理岗位职责》《安全防范制度》《学生上机守则》等。学生在使用计算机时应遵守这些规章制度，上机操作时应精心爱护计算机。这些规章制度是学生在使用计算机时的行为准则，可以约束学生的行为。

高校建立故障机学生报修制度。由于一些公共机房中有故障的计算机之所以不能被及时修理，是因为缺乏报修制度，导致计算机在出现故障后无人问津。高校为了及时解决故障机的问题，可以制定一个学生报修制度，每学期统计学生的上机座位。如果学生在进行实践操作时计算机出现了故障，学生要及时报修，这样教师就可以知道哪些计算机是有故障的，并及时处理问题。

高校建立故障机维修登记制度。高校应该建立一个故障机维修登记制度，维修人员需要详细记录计算机的故障现象和处理故障的方法，这样可以积累大量的工作经验。维修人员在以后的维修中如果再遇到类似情况，就有参考依据，可以提高维修效率。

（二）高校综合应用各种技术管理公共机房

高校使用硬盘保护技术管理公共机房。高校可以使用硬盘保护技术使计算机运行处于良好状态。硬盘保护分为两种方式：一种是软保护；另一种是硬保护。高校可以对容量小的硬盘采用软保护的方式，以节约资源。当硬盘中的数据出现问题后，可以采用硬保护方式，以此保证数据的完整性。这两种硬盘保护方式都是重要的硬盘保护技术，都可以有效地保护硬盘数据。

高校使用网络克隆技术管理公共机房。公共机房可以采用网络克隆技术提高软件安装效率。网络克隆技术的原理是在机房随意找一台计算机做样机，在样机上安装所需要的软件，利用网络把样机的硬盘做成镜像文件，然后存放到Ghost服务器中，当需要文件时，再利用网络把镜像文件恢复到机房所有计算机硬盘中去。使用网络克隆技术可以提高工作效率，减少工作负荷。

高校使用防病毒技术管理公共机房。公共机房使用防病毒技术可以避免计算机被病毒侵袭，保证教学活动顺利开展。高校可以使用诺顿企业版网络杀毒软件进行防毒和杀毒工作，为计算机网络构建安全的环境。

（三）学生参与机房维护

高校的公共机房管理也需要学生的参与。因为高校公共机房的计算机数量比较多，仅仅依靠维护人员很难达到理想的效果，所以需要依赖学生的力量。教师应该鼓励学生在平时使用计算机时妥善维护计算机，严格遵守公共机房的使用规定，定期打扫公共机房，给计算机创设一个洁净的环境。高校可以在班级中选拔出两名电脑基础好，而且对计算机感兴趣的学生，对这两名学生进行计算机软件和硬件的专业培训，以便学生对计算机进行定期维护，当计算机在使用中出现问题后，可以及时处理故障。这样，即使计算机维护人员不在场，学生也可以自己解决问题。

高校公共机房的管理工作对计算机基础教学和其他课程教学有着极大影响，因此应该受到高校的重视。高校公共机房的管理是一项复杂的工作，也是一项重要的工作。高校公共机房的管理工作需要高校不断探究科学的管理方法。因此，高校在进行公共机房管理时，应该不断总结经验，提高公共机房的管理效率，为教学创建一个良好的环境，为教学提供高质量的设备，从而提高教学效率。

第二节 高校研究型教学模式

在复杂多变的社会环境下，人才是取得竞争优势的关键因素。在世界竞争格局下，国家对人才的培养愈加重视。然而，传统培养模式下所培养出的人才难以满足现今产业发展的需要。因此，高校应积极改革过时的培养方案，为国家培育高能力、高素质的创新型人才。研究型教学模式是适合我国当前教育背景的教学体系，积极推动传统教学模式向研究型教学模式过渡是当今高校的必然选择。为此，笔者提出了研究型教学模式的基本构建方式，旨在推动研究型教学模式改革。

随着知识经济时代的到来，人才的教育与培养必然成为国际竞争的新焦点。党的十九大报告提出了"聚天下英才而用之""青年兴则国家兴，青年强则国家强"等重要论述。面临国际竞争新格局，人才是振兴民族、取得竞争优势的战略资源。加快建设人才强国已然是我国当今的重要战略部署。在国家逐步发展成为人力资源强国的进程中，高校虽不断为国家各个领域输入高尖端人才，但仍存在教学模式过于传统的问题，在培养人才的过程中忽视了学生的主体地位，这种人才培养方式已不能满足我国当前对高素质人才的需求。国家教育事业要想取得长足发展，高校必须从教学理念、教学方法、教学策略等多方面进行改革创新。

国务院印发的《国家中长期教育改革和发展规划纲要（2010—2020年）》明确指出，改革创新是教育发展的强大动力。2019年全国两会政府工作报告中提出，教育改革的目的在于提升教学质量，高校应完善教学模式的创新。目前，研究型教学模式受到广大学者关注，它与国家近年提出的研究型大学高度契合，顺应了国家高等教育改革发展的要求。教育部在《关于进一步加强高等学校本科教学工作的若干意见》中也曾提出，高校要积极推动研究型教学模式。从国内研究型教学模式的发展情况来看，少数高校已经进行了相关的实践，并取得了一定成果，如清华大学的"寓学于研"的研究型教学体系、东南大学的"四位一体"教学模式以及上海交通大学的本科生研究计划等。但从实践成果来看，关于研究型教学模式的推进还不够深入，并未将研究型教学模式作为一个理论体系而进行系统、全面地研究。随着教改的不断深入，高校应加大对研究型教学的探究力度，推动我国成为教育强国。由此，本节提出了高校研究型教学模式的基本构建方式，以加快研究型教学模式的建成。

一、中国情境下研究型教学模式的探索

研究型教学最早起源于19世纪，德国学者洪堡提出了高校的教学应与科学研究相结合的理论，这一理论的提出得到了高校的认可，自此国内外高校进行了研究型教学模式建设的实践探索。国外教育界对研究型教学模式的研究起步较早，在经历了大量的探索与改革后，国外高校研究型教学模式的建设已经成熟并颇有特色。相比之下，我国对研究型教学模式的探索尚处于起步阶段。在对西方成熟的研究型教学模式借鉴的基础上，我国学者结合我国教育现状，对中国研究型教学模式也进行了探索与实践，力图为高校构建健全的研究型教学模式做出指导。

从研究型教学模式本身的角度，赵韩强等认为研究型教学模式是高水平研究型大学必备的教学理念，它从知识、能力、素质等多方面对学生进行全面培养，通过与科研相结合的教学内容来开发学生的科研能力以及创新意识。黄勇樽认为，研究型教学模式可以在课堂活动中通过创设一种类似科学研究的情境，让学生主动设问和研究，从而发现规律，获取知识并进行各种体验。学会如何去收集、分析和判断信息以及探讨解决问题的方法，培养应对突发状况的能力和创造力。张炜等认为研究型教学模式是以学生为主体、教师为主导，强调师生之间的互动，颠覆了传统教学模式下的师生关系。汪铭等认为研究型教学模式应在学术共同体理念下，不断推进"教"与"学"的关联性。

从研究型教学模式必备条件的角度，袁方认为研究型教学模式的实施需要同时具备两个条件：一是教师课程内容更具引导性而非灌输性；二是学生具备一定的知识积累，此时教师可以引导学生运用知识，提升自主发现、研究、解决问题的能力，从而在教学活动中不地积累知识、培养能力和锻炼思维。窦志杰等认为研究型教学模式覆盖整个教学活动，

其实施应具有科学性，由此，研究型教学模式的实施应具备相应的考核评价系统，通过设置多样的考核方式、考核内容来保证研究型教学的科学性。

从构建研究型教学模式的角度出发，邓元媛认为研究型教学模式更适用于本科高年级阶段学生（该类学生具备扎实的基础知识），这时，高校以小班规模、多学科平台、师生讨论互动等活动对学生进行培养，更容易提高学生的科研创新能力和科研实践能力。胡旭东等认为研究型教学模式的构建需要从教学理念、教学内容、教学方法三方面出发。王莉等在探讨本科专业研究型教学模式基本特征的基础上，提出建立包含执行机制与保障机制的，学校、教师、学生三位一体的研究型教学实施系统。

相较于传统教学模式，研究型教学模式进一步深化了教师的"教"与学生的"学"。教师以研究、启发、互动等教学方法为主，促进了学生的兴趣学习、自主学习以及合作学习等。研究型教学模式是在学生掌握本学科基础知识的基础上，教师通过科研导向性的教学内容引导学生的科研意识和知识运用，从而培养学生的自主科研能力。这一过程充分突出了教师的教学主导地位以及学生的学习主体地位。为保证研究型教学的科学性，研究型教学模式应具备相应的评价体系。由此，笔者进一步认为研究型教学模式是集合了教学理念、教学方法、教学内容、教学评价的全面的教学体系。

二、研究型教学模式的基本构建

进入21世纪以来，随着国家教学改革的不断深入，我国教育事业已得到长足发展。高校规模不断扩大、招生数量逐年增加，如何"增量保质"是我国教育发展不可忽视的内容。目前，我国高校研究型教学模式发展处于起步阶段，难免存在标准模糊、落实不彻底的现象。为保证研究型教学的有效推广，如何构建研究型教学模式就尤为重要。笔者从教学理念、教学内容、教学方法、教学评价四方面探究研究型教学模式的基本构建。

（一）教学理念重构

为加快建成创新型国家的进程，高校需要不断地为国家输送高质量人才。相较于过去，国家对战略、科技、创新型人才的需求不断提升。此时，传统"填鸭式"教学培养的人才与国家的需求不匹配，传统教学模式难以推动国家教育事业的发展。研究型教学模式以教学为根本、研究为形式，将研究与教学相结合，注重学生的综合全面发展，继而培养学生的创新意识。张华曾指出，研究型教学不是简单的知识的传递，其本质在于新观点的产生。相较于传统的教学模式，研究型教学模式更注重知识积累与学生综合素质并行发展。事实上，高校已经认识到研究型教学模式的重要性，但仍存在"一流理念、二流效果"现象，根本原因在于理念构建不清晰。其一，本科生研究型教学模式的根本在于教学，应区别于硕、博的研究模式。调查发现，部分高校将本科生参与教师的科研项目界定为研究型教学的实施，这说明高校对研究型教学模式的认识存在"重研究轻教学"现象；其二，研究型教学模式的目的是提升知识传播效果，培养学生的综合能力。研究与研究型教学不能混为一谈。单就研究来看，它与教学并不直接相关，研究型教学的目的通过类似研究的过程提升学生的知识水平。

所以高校在实施研究型教学模式之前，首先要认清两点：研究型教学的本质是什么？研究与教学如何结合？也就是说，高校在明确研究型教学目标的基础上，应采取何种方式将研究或类研究的过程融入学生的教学实践，进而培养学生的发散思维，增强学生的知识接受效果，在此过程中学生的创新能力、科研能力等均会得到提升。

（二）教学内容深化

布鲁贝克曾说，学生不能享有充分的学术自由，他们的知识获取来自教师的教授。事实上，布鲁贝克的理论在一定程度上忽视了学生的自主权利，违背了新时代对教育的需求。当今时代，教育的本质应是在不违背教育规律与科学逻辑的基础上，给予学生充分选择的权利，进而满足其需要，所以高校教学应以学生为主体，教学内容应全面面向学生，以满足学生知识获取的需求。研究型教学模式教学内容的设计应满足以下几点：第一，以核心理论为基础，贯彻研究型教学思维。传统的"重知识轻能力"一直是传统教学模式的一大误区。事实上，知识教学与能力教学缺一不可，二者存在相互制约、相互促进的关系。然而，在传统教育模式中，高校过分看重知识教学，这就使"高分低能"的现象得以存在。卢俊曾说，教育的本质不是告诉学生什么是真理，而在于教会学生如何在学习过程中发现真理。过分强调知识教学而忽视学生能力发展的教学模式已然违背了教育发展的本质，面面俱到的教学内容在一定程度上也会约束学生思维能力的发展。研究型教学模式应兼顾知识教学与能力教学，保证学生具有一定的理论基础，继而培养学生解决问题的能力等。第二，构建多元知识体系，培养学生的创造力。随着人类社会的发展，全球化竞争越发严峻，国家对创新型人才的需求增加，旧知识结构体系难以满足学生的发展需要。在旧知识结构体系下，学生发展的困境在于单一知识难以解释复杂情境中的问题。这要求高校教学应从单一知识结构体系向多元知识结构体系发展，多元知识结构体系应包括学科内的知识的整合以及多学科间知识的融合。单一知识来源影响了学生的思维方式，多元知识是学生思维发散的重要前提。教师需通过构建多元知识体系，培养学生的多元思维能力，以及在多变的环境下具有应变能力，进而提高学生的创造力。

（三）教学方法选择

就我国当今教育事业发展状况来看，高等教育逐步由精英化向大众化转变。虽然教育规模的不断扩大推动了教育事业的长足发展，但高校学生数量激增也带来诸多弊端，如大班制授课方式难以避免、课堂教学质量难以保证等。为保障课堂教学质量，培养学生的学习兴趣，在研究型教学模式中教师采用何种教学方法就显得尤为重要。近年来我国教育理念不断突破，推动了高校对现代教学方法的应用与改革。然而，课堂教学质量不高的现象并未得到明显改善，其主要原因在于：第一，研究型教学模式注重师生的共同参与，而大部分教师对教学方法的理解仍局限于注重教法而忽视学法，限制了学生学法的形成。事实上，研究型教学模式教法与学法并重。在教学中，教师应在充当知识传授者的同时，引导学生主动思考，使学生逐步摒弃被动接受知识的观念，转变成自主学习的个体，培养学生的学习兴趣及独立解决问题的能力。第二，教师虽采取现代化教学方法，但总的来看，课堂中教师采用的教学方法过于单一，这导致学生容易疲劳且削弱了学习兴趣。为保障研究型教学模式的贯彻落实，以提升学生的学习兴趣，培养学生能力为宗旨，教师应融合问题发现式、启发式、研究式、案例式等多种教学方式，让学生融入学习情境，激发其学习积极性。同时，适当的小组讨论、合作学习、辩论式学习等，有利于调动课堂气氛并促使课堂活跃，让学生成为课堂参与者、互动者。第三，教学方法的有效性尤为重要。大部分高校基本完成了从传统教学方法到现代化教学方法的转变，但先进的教学方法并不意味着课堂效率的提高。现在仍存在这样的现象，即高校盲目地引进先进的教学方法而忽视了学生的基本素质以及学科知识内容体系，其结果是课堂学习效率并未提高甚至有所降低。所以，高校应将着眼点放到教学方法的适配性上，正如《论语》所讲："各因其材之高下与其所失而告之"，研究型教学模式要做到因材施教和对症下药两点，也就是说教师应结合学生的基本素质与其学习状况并根据不同学科的知识内容体系找到适当的教学方法，充分发挥教学方法在教与学方面的桥梁作用。

（四）教学评价

教学评价体系不仅是考核学生学习效果的重要标准，也是衡量研究型教学模式推行进度的关键措施。在研究型教学模式中，构建教学评价体系构建的关键在于高校对研究型教学的认识。只有正确完整的评价体系，才能保证研究型教学的实施具备实际效用，而不流于表面。受中国传统文化的影响，国人对知识的考核分数的过分看重导致了学生考试成绩一直在传统教学评价中占据主导地位，而研究型教学既保证学生的知识汲取又注重学生的能力培养，仅以考试成绩为主的评价方式显然违背了研究型教学的宗旨。研究型教学评价要兼顾过程考核与结果考核，二者缺一不可。结果考核能体现学生对知识的存储与利用程度，过程考核则更能展现学生的多方面能力的高低，只有结果与过程相结合的评价体系才能考查学生的综合素质。对于学生的考核应涉及以下几个方面：其一，研究型教学强调教与研的结合，注重知识的运用能力。在对知识的考核过程中，应减少单纯的概念定义性质的考题比重，适当地以案例情境式的考核方式以考查学生对所学知识的运用程度。其二，过程评价难以量化是研究型教学评价的一大难点，多元化的考评方式是量化过程评价的有效手段。在过程考评中要保证考核方式和评价方式均具备多元性。多元的考核方式能考查学生的全方面能力，在过程考核中可以采取实验、论文撰写、小组合作等多种形式来考核学生的阶段性学习成果。同时，基于个体的有限理性，多元的评价方式可以降低个体主观上的不理性行为，例如论文撰写可以采用多位教授的共同评价结果。小组合作的评分标准不仅是教师对小组任务完成度和成员分工任务的评价，还应参考组内成员的互评（一般组内个体成员的评价结果应符合正态分布）。其三，过程可能大于结果，结果也可能大于过程。有关过程和结果哪个更重要的问题应辩证地来看待，基于不同情境，过程考核和结果考核的比重也大不相同，同时不同学科的特性也是这一问题的重要参考因素。另外，研究型教学模式注重教师的教学环节，合理有效的课堂教学有利于研究型教学模式的稳步发展。教师对"学"考核的同时，学生也应对"教"进行评价。关于学生对教师的评价主要考查教师是否贯彻研究型教学的宗旨以及教学内容是否合理、教学方法是否有效。

在当今教育形势下，对本科生的培养不应局限于传统的书本教育，然而我国高校的本科生教育仍存在这一问题。一个合理的人才培养模式有助于高校在复杂的竞争环境下不断突破创新，研究型教学模式为我国教学改革发展道路提供了方向。研究型教学模式以教学为目的，赋予了类研究的过程，其一方面继承了传统教学中以知识教学为主的培养模式，另一方面侧重于学生思维、能力等多方面素质的综合培养。这种教学模式利用灵活的教学方法、多样的学习过程、合理的评价方式，培养学生的综合能力，有助于提高高校本科生课堂质量，进而提升教学效果。

第三节　高校实验室管理及教学模式

在高校教学体系中，高校实验室发挥着重要作用，是高校科学研究和实验教学的主要场所。实验教学是培养学生创新思维能力和提高动手能力的重要教学方式。不少高校把实验教学作为一种辅助性教学，但实验教学内容和计划的安排不够合理，流于形式；严重缺乏专业人员进行科学管理，导致实验教学资源浪费现象严重，不仅影响人才培养，同时还阻碍了高校发展。本节主要分析高校实验室管理的重要性以及目前高校实验室管理及教学存在的问题，针对性地提出具体措施。

一、高校实验室管理的重要性

在高校中，实验室是推动科技发展、开展科学研究和实验教学的重要场所，更是高校科学科研的重要组成部分，所以，实验室管理水平将直接影响到高校人员培养的质量。当下必须高度重视实验室管理工作。

高校的科研水平和教学水平将直接影响到高校办学水平。从教学方面看，高校必须注重对学生实践能力的培养，因为学生在课堂上所获得的理论知识是书本上系统的知识结构，只有通过实践活动才能把这种知识转化为自身的素质结构和知识体系。从科研上看，教师的科研成果是一个高校科研水平的重要指标，这离不开实验研究和实验设备的支持。科学技术的不断进步在一定程度上推动了社会经济的发展，使得社会对技术人员的需求量不断增大，同时也对高校人才的实践能力提出了更高的要求。因此高校在实验管理和教学过程中必须对人才培养计划不断进行创新和完善，以满足社会需求。

二、高校实验室管理及教学中存在的问题

实验室管理人员整体素质偏低。在高校中，相对于其他教师职务来说，实验室管理人员的福利待遇整体性偏低，在这种情况下，高校实验室很难留住高素质人才，即使是毕业生也不愿意从事实验室工作。因此，实验室专职教师就很难做到全身心投入，即使从事实验室工作，也希望在后期能够调到其他部门工作，从而提高福利待遇，这样就很容易导致实验室管理水平偏低。另外，实验室管理人员不仅无法参加教学类工作和科学工作，且很少有机会与其他教师进行更好地沟通与交流，很少有机会提升自己。如果实验室管理人员的素质得不到有效提高，实验室管理工作水平就很难提升，更不能为培养高素质人才提供支撑。

资金配置不合理，部分设备已经老化。随着科学技术的进步与发展，国家更加重视高校的科学研究，因此为高校实验室建设提供了一定的资金支持，但是资金配置不合理，且大部分已经老化的实验设备未能得到及时更新，尤其是专业的实验室。实验设备对于教学来说特别重要，部分重要实验设备缺失会导致专业性教学工作很难顺利进行。

随着教育改革的不断实施，国家对教育事业的资金投入也在不断增加，但是对于实验室建设与管理方面的资金却在不断减少，其主要原因就是资金配置不合理，被其他经费占用；另外，即使高校调整资金配置，并增加实验室设备购买资金，但是学生在不断增加，科研工作也在不断发展，实验室的设备数量和规模很难满足日益增长的需求。在这种情况下，只能依靠国家教育部的资金支持，但是毕竟资金有限，很难满足所有高校的需求。

教学方式比较传统。目前，大多数高校实验室教学仍采用传统的教学模式，不仅教学思想比较陈旧，且教学形式比较单一。现代化实验教学更加注重学生学习能力的培养，通过实验教学把学生所学习的知识与实验相互结合起来，在实验中让学生学习思考，通过理论去探究实验真理。而传统教学模式只停留在实验教学层面，实验是为了让学生把理论知识转换为实践，提供学生的动手能力和学习能力，所以，传统的实验教学模式很难满足当

下的需求。

实验室管理制度不规范。高校实验室管理工作应该以制度作为基础，实施整齐划一的管理标准和规范条例。建立开放式现代化实验室管理工作规范的同时，还要以严谨的制度作为约束，实现开放性和约束性的统一，合理进行教学资源分配，为人才培养奠定基础。实验室资源需要进行统一的制度化管理，才能满足高校教育管理工作需求。但是在现阶段的高校实验室管理工作中，实验室管理制度尚不完善，没有起到制约和规范管理的作用。实验课程之间缺乏专业划分，资源配置不够集中，不利于形成开放交流学习的格局，在很大程度上制约了实验室作用的发挥。在实验室仪器设备管理上，也存在多方管理责任主体的现象，导致出现问题无法准确问责，现有的制度已经体现出滞后性，无法在高校实验室管理工作中发挥应有的作用。

三、加强高校实验室管理及教学模式的措施

提高实验室管理团队和教学的整体素质。实验室管理和建设的重要内容就是不断加强实验室团队建设，全面提高实验室教学人员的整体素质，这样才能有效保证实验室科学高效运转。我国大多数高校实验室管理人员并非专业出身，尤其是实验员，对实验技术和实验操作管理了解甚少，不仅影响了实验教学工作的顺利进行，还导致实验教学质量很难提升。所以需要从三个方面进行管理：首先，引进专业的高等学历专业人员，如能力较强的硕士和博士，从而实现全面提高实验室工作的整体水平；其次，对实验室管理人员不断进行培训和教育，通过激励制度鼓励实验室管理人员主动学习，不断提高学历层次和知识结构，从而提高管理水平；最后，对实验室人员和教师定岗定编，并明确岗位职责和任务，防止出现工作脱节，此外还需要从待遇和制度方面稳定实验室团队的发展。

加强对实验器材的管理。实验器材是实验工作的基础，所以必须加强管理。建立实验教学平台，并由专业人员对其进行有效的管理，特别是大型的精密仪器，以逐步提升实验器材的利用率。实验室管理平台需要根据实验课程进行合理的安排，从而实现统一管理的目的。对于精密度高且先进的实验器材，必须由专业人员对其进行有效管理，并制订仪器设备保养和维护计划，确保仪器设备能够正常使用。

构建实验室优质网络服务平台。在实验室管理中，传统的管理模式已经不能满足专业化和精密化仪器设备的需求。因此，需要打造高效的实验室软件管理模式，从而实现网络和精细化管理。根据实验仪器设备和物品建立网络化管理平台，能够实现信息网络化的动态管理；能够准确地掌握每个实验仪器设备的使用情况，以及实验仪器设备的使用范围，从而在网络平台上全面掌握仪器设备的所有信息，包括放置的具体时间和使用情况；能够实现预定实验工作需要的实验材料和仪器设备等功能，同时还能掌握整个学校的实验室运行情况。此外，还可以在网络服务平台上建立网络服务信息系统，实现网上答疑和在线沟

通交流，有效提高实验器材的有效管理和实验教学质量。

创新实验教学模式。实验教学开展的目的就是有效地拓展和补充理论课教学，所以高校教师必须认识到实验教学的重要性。在传统实验教学过程中，教师占据主导地位，过分注重实验演示，忽视了学生的创新实验和操作实验。一般情况下都是学生根据教师的指导进行实验操作，这种教学模式不仅影响了学生实验能力的提升，还影响了学生创新性实验能力的发展。所以必须要改变实验教学模式。高校的实验教学必须要围绕学生的创新能力发展，适当对学生开展综合性实验模式和设计性实验模式。创新实验教学模式不仅满足社会对人才的需求，更是提升学生创新能力的关键。在实验教学中，通过实验能够准确发现学生的不足和遇到的各种问题，然后对其进行全面的研究，并结合实验学科和实验教学方式，设计出一种全新的实验模式，引导学生进行设计实验和综合实验，从而不断提升学生的创新能力和实践能力。

实施双师制实验教学模式。一般情况下，在实验教学中，学生人数较多，所以会将其分为相应的实验小组，在实验过程中如果仅仅依靠实验教师一个人完成实验教学，则很难顾及到全班学生，在这种情况下就可实施"双师制"实验教学模式。所谓双师制实验教学模式，就是由实验教师和理论教师共同开展实验教学，在双师制实验教学模式下，通过两个教师对学生进行有效的指导，不仅可以准确和及时地发现学生在实验操作过程中遇到的问题和不足之处，并对其进行有效的更正和解答，还能对学生进行有效的监督，确保学生可以顺利完成实验，提高积极性，不断提高实验教学效率和质量。

开展科研对接工作。实验教学的目的就是让学生更好地理解理论并进行实践。实验教学不仅可以提高学生的专业实践能力，还能将枯燥乏味的理论知识变得生动有趣，从而提高学生的积极性和主动性。在高校实验教学中，学校一定要为学生营造更多的实践机会，通过与企业合作的方式，为学生提供更多的实习机会，并检验学生的学习效果。此外，高校应该积极与企业开展科研项目合作，这样高校不仅可以获取相应的实验基金，还能更好地发展实验室，既满足了提升学生实践能力的需求，又能促进实验室教学更多的发展。

随着社会的进步和发展，高校实验管理及教学模式必须不断进行改革创新，以提高实验教学质量和学生的实践能力、创新能力。在高校实验教学中，高校领导必须认识到实验教学的重要性以及目前实验室管理过程中存在的问题，采取有效的措施对实验室进行有效的管理，并建立实验室网络服务平台。同时，要创新实验教学模式，实施双师制实验教学模式，并与企业之间积极开展科研对接工作，帮助高校实验室发展获取更多的资金，有效提升学生的实践能力。

第四节　高校教学档案管理的创新模式

21世纪，随着电子信息技术的飞速发展，高校的教学档案管理工作也开始由传统的纸质档案管理模式向信息化、电子化的管理模式转变。由于高校教学档案关系到高校的教学管理工作，是高校教学活动过程的客观反映，也是高校教学水平和教学质量的客观标准，因此，探索新形势下高校教学档案管理模式的创新，提高高校教学档案管理水平具有较为重要的意义。

一、高校教学档案的特点

高校教学档案包括高校教学工作文件、教学大纲、教学日志、教学计划、教学改革、教学试卷、听课记录、教研活动等高校教学工作方方面面的内容，种类繁多，内容丰富，材料丰富，专业性强，归档时间各不相同。

（一）高校教学档案内容繁多

来源于高校教学活动的各个环节的教学档案数量庞大，是高校档案中数量最多、种类最为复杂的一部分。其中既包括专业培养方案、教学课程设置、教学改革文件等有重大保留价值的教学文件；也包括了各式各样的教学规定、教学条例、教学部门制定的规则、制度、办法等文件；还包括各二级学院的教学记录材料，如教学工作细则、教师教研活动记录、教师听课记录、教师备课情况、教师课件检查情况等。另外，还有数量众多的学生教学档案，如学生每门课程的成绩表、平时成绩单、期末考试试卷、学生毕业论文等。数量庞大、种类繁杂是高校教学档案的一大特色，这方方面面的教学材料忠实地记录和反映了高校的教学过程，是高校教学质量的集中体现。

（二）教学档案形式多样，归档方式各不相同

高校的教学档案形式多样，归档方式、归档时间各不相同也是其一大特色。由于高校教育分为研究生教育、本科教育、专科教育、继续教育等多个办学层次，不同的办学层次有着各自不同的办学定位、教学要求、课程设置及课程目标，由此带来了各具特色的管理方式。不同的课堂教学方式、不同的学生入学情况以及学生学习特点产生了各不相同的教学档案。同时，记录课堂教学的原始资料也各不相同，例如，从传统的纸质听课记录到现在的电子图形记录，由传统的备课本到现在的多媒体课件，由传统的纸质考试试卷到现在

的光盘拷贝，这些形式多样的教学档案的归档方式各不相同，有按教学年归档的学籍表、毕业材料等，也有按自然年归档的教学行政文件、学籍处理规定等，这样种类繁多、归档方式各异的高校教学档案亟待引入信息化的管理方式。

二、高校教育档案管理模式创新的必要性与目的

（一）教学档案是高校教学的重要环节

高校的教学档案是高校教学活动的重要表现形式，做好高校教学档案管理工作对于展现高校的教学发展过程具有较为重要的作用。高校教学档案中包括教学工作日志、教学课程设置、教学大纲、教学日历、教学进度、教研室活动等多项内容。通过教学秘书的详细记录，能客观有效地反映高校历年的教学活动，对展现高校教学历史与高校教学改革历程具有重要的参考价值。高校的进步和发展离不开档案管理工作。同时随着高校教学质量评估、专业建设评估等活动的开展，高校领导也逐渐认识到教学档案管理工作的重要性。这些在日常教学活动中逐渐形成、累积的教学档案为高校的健康发展和教学科研革新、领导决策等工作提供了重要的参考数据，是高校教学工作中非常重要的一环。

（二）高校教学档案创新的必要性

进入21世纪，电子信息的飞速发展将人类社会带入了"互联网+"的时代，计算机、校园网等网络信息技术在高校的普及对高校教学档案管理工作提出了新的要求。运用数字化手段创新高校教学档案管理工作势在必行。高校本身作为走在时代创新前沿的、知识更新较快、技术优势领先的科研教学场所，若教学档案的管理方式还在沿用传统古老的方式，是不能跟上高校前进步伐的，因此，高校教学档案管理工作必须进行数字化创新，通过建立数字档案信息系统，满足高校教学改革发展的需求。

（三）高校教学档案管理创新的目的

创新高校教学档案管理工作，是为了更好地为学校的教学与科研服务。高校利用现代化信息技术拓宽教学档案的编研内容，建立教学档案信息化管理系统，方便高校各职能部门、高校师生通过高校教学档案管理平台查询相关信息，做到高校教学和管理资源的共享工作。通过创新高校教学档案管理工作，提高高校教学档案规范化、现代化和标准化的管理水平，转变传统以纸张为主的档案管理、整理、收集形式，采用光盘、U盘、移动硬盘等形式处理高校教学档案中的内容，通过扫描上传，将高校教学档案以数字的形式进行储存，不仅极大地节约了高校教学档案管理所需的物理空间，也节省了纸张；同时，数字形式的高校教学档案更容易归档管理，还使高校教学档案管理更加规范化和标准化。

三、当前高校教学档案管理工作存在的问题

作为现代高校教学管理工作的重要信息资源，教学档案在高校教学活动中的地位举足轻重。然而，当前高校的教学档案管理工作无论是在制度上的完善，还是在部门之间的协调、部门管理水平等方面都存在着不少的问题。

（一）高校教学档案管理制度不健全

当前，不少高校的教学档案管理工作基本上是教学秘书在日常的工作中兼任，没有建立专门的教学档案管理制度，没有专门的人员从事教学档案管理工作，没有关于教学档案的相关文件规定，领导重视程度也不高，致使部分高校的教学档案内容不全。在教学评估、专业评估检查时甚至有部分高校采用临时补齐教学档案的方式来应付检查，这充分地说明当前不少高校亟待建立系统完善的教学档案管理机制，规范高校教学档案管理工作。

（二）教学档案管理部门工作职责不清

由于高校的教学档案内容繁多，涉及高校教学方方面面的内容，因此档案较为分散，高校各个教学职能部门均直接或间接承担着教学档案管理工作。这样的多头管理模式极易导致教学档案管理工作职责范围不清，一旦教学档案工作出现纰漏，各个部门容易出现推诿扯皮现象。各二级院系并没有将教学档案管理工作当作一项专门的工作，其教学档案的归档只是在教学管理过程中的一种自发行为，一旦涉及档案管理工作中较为专业的问题，则有可能存在档案遗失现象。

（三）专业档案管理人员较少

虽然部分高校成立了专门的档案管理部门，但受高校年年扩展的影响，档案管理人员疲于应付学生档案相关工作，无暇顾及高校教学档案的管理。另外，专门的档案管理部门也只是在整体上统筹安排高校的教学档案管理工作，各二级院系具体的教学档案收集、整理、管理工作并没有专业的人员负责，大多交给了教学秘书兼任。一旦教学秘书面临开学、补考、期末等繁重的教学管理工作时，极容易出现忽视教学档案的整理和归档，进而影响高校教学档案的完整性。

（四）高校教学档案应用价值没有得到充分体现

作为高校教学评估工作中重要的评估材料，高校教学档案不仅展现了高校的教学水平、教学日常管理工作，还是衡量高校教学质量的重要指标。同时，在高校日常教学管理工作中，可以通过教学管理档案查询高校历年来的教学工作进展，利用教学档案深化高校

教学内容改革，因此，高校的教学档案具有十分重要的应用价值。然而，当前部分高校的教学档案管理方式落后，教学档案管理依然以纸质的传统管理方式为主，部分教学档案收集不完整，整理不规范，教学档案基本上没有实现数字化管理，难以充分体现高校教学档案的应用价值。

四、创新高校教学管理模式的具体措施

（一）树立高校教学档案管理创新意识

面对信息时代电子计算机的飞速发展，高校应当及时树立高校教学档案管理的创新意识，从培养教学档案管理人员专业的档案管理知识能力入手，帮助其转变传统的"档案就是整理历史"的观念，树立面向未来的教学档案管理意识，让传统的着重于历史考察和历史凭证工作的档案工作转变为高校教学改革决策提供信息、为研究高校未来教学改革方向提供支撑。此外，高校应培养教学档案的开发与利用的意识，树立高校教学档案管理的创新意识，不断提高高校教学档案管理工作人员的业务素质，实现高校教学档案管理工作的跨越式发展，促进高校教学管理工作走向新的台阶。

（二）建立高校教学档案管理标准与管理制度

高校教学档案信息资源建设是高校教学档案管理工作的重点核心，在其建设、开发运用的过程中，实现信息化需要各项管理规定的保障，当前在高校教学档案信息资源管理中存在着管理方法、管理手段落后等一些问题，影响了高校教学档案的建设。为了提升高校教学档案的建设质量，需要制定相关学校和二级学院的管理标准或规范，为高校教学档案信息资源的质量管理提供参考依据。只有这样才能不断满足高校教学档案信息资源信息化建设的需要。

根据高校档案管理的规范化要求，结合高校自身实际，建立一套规范的高校教学档案管理工作规章制度，要求高校各教学单位统一执行，让教学档案的收集、整理、分类、保管等环节都按照统一的档案管理规章制度严格执行。

（三）规范高校教学档案内容及分类

由于高校教学档案的种类繁杂，档案收集工作贯穿整个学期，档案收集具有广泛性、复杂性、分散性和周期性的特点，因此一定要规范高校教学档案的内容及分类标准，才能顺利做好高校教学档案工作。总的来说，高校的教学档案内容一般包括以下几个方面：

①教学管理类文件，包括了教学计划、教学大纲、教师课程讲义、课件、教学执行计划、教学日志等；

②教学过程管理档案，包括新课申请审批表、教师听课记录表、学生作业评估情况、课程考试试题、课程评分标准、试卷分析报告、课程成绩表、学生实践教学论文等；

③学籍档案管理，包括学生学籍异动、学生奖惩情况、学生成绩汇总等；

④教研成果，包括院系的科研材料、教学改革材料、教改论文等。

高校要按照档案分类的标准，以教学档案的层次结构，根据教学活动的先后顺利进行分类整理。具体做好以下几个方面的工作：首先，要求教学秘书按照高校教学档案管理制度严格执行档案的收集工作，对于学校下发的各类教学相关文件，需严格进行文件档案的收发登记工作；其次，做好零星材料、文件的收集工作，同时改变以往教学档案只依靠教学秘书收集的情况，建立专兼职人员结合的档案管理队伍，共同做好高校的教学档案转折工作。

（四）加快教学档案管理工作的现代化建设

高校教学档案种类繁多，需要加强高校教学档案的系统化管理，建立现代化的电子信息建设。首先，院系应当重视教学成果材料的收集工作，确定院系教学中产生的各种教学档案均被收录，没有遗漏；其次，要做好档案的整理工作，对收集上来的教学档案进行科学的分类，特别重视有价值的学术材料、教学材料的归档工作，加快建立二级学院的档案类目，便于随时调阅；再次，要加快档案管理的现代化步伐，运用扫描仪、计算机、照相机、U盘、移动硬盘等设施做好高校教学档案的数字化工作；最后，加快高校教学档案的数据库建设工作，积极引进国外先进标准建立教学档案电子信息库，同时要及时地更新数据库，确保档案数据库的实施有效性。

（五）建立高校教学档案管理体系

对于当前教学档案管理部门工作职责不清的现状，高校应建立由学校领导、二级学院负责人、专职档案管理员组成的教学档案管理体系，明确每个岗位的工作职责，避免出现问题后的推诿扯皮现象；制定详细的教学档案管理评价体系，在二级院系内进行教学档案工作检查评比工作，同时将评比的结果作为衡量二级学院教学管理水平的重要依据；要确保二级院校的教学档案工作与教学工作同步进行，确保各项教学档案材料的累积程度与高校教学材料的产生情况一致，同时做好二级院系的教师教学档案整理工作，强化教学档案的监督职能，切实提高高校教学档案的管理水平。

（六）加强高校教学档案管理队伍建设

高校应做好高校教学档案管理队伍建设，提高教学档案管理人员素质。通过加强在职人员培训和引进高素质人才，切实增强高校教学档案管理队伍的能力；通过加强思想政治教育，提高高校教学档案管理工作人员的政治觉悟，帮助其认识到做好高校教学档案管理工作的重要性，培养一批忠于职守、踏实肯干、作风正派、爱岗敬业的高校教学档案管理工作者，切实做好高校的教学档案管理工作；通过加强在职人员的职业培训工作，提高其业务水平及数字化操作水平，使其能熟练操作扫描仪、照相机、计算机、U盘等电子设备，做好高校教学档案的数字化工作，同时，使其具有专业的信息素养，确保能够胜任现代化的教学档案处理工作。

（七）做好教学档案信息平台建设工作

逐步推行高校教学档案信息平台建设工作，实现高校教学档案信息化、系统化、网络化工作，改变传统纸质档案的现状，充分利用数字档案信息库，节省档案存放空间，方便高校职能部门、高校教师查阅教学档案，通过网络化的教学档案服务，实现高校教学资源的共享，提高高校教学档案的利用率。

第五节 高校导师制与学长制教育管理模式

导师制和学长制已经在国内很多高校实施，看似不相干的两种教育模式实际上有着密切的联系。导师在学长的确立过程中起到了决定性作用；导师制为学长制的实施提供了智力支持，学长制是导师制的延续，导师制和学长制在高校教学管理和思想政治教育工作中相辅相成。

一、学长制管理模式的实施办法

制定完善的学长制管理条例。学长制作为探索性与辅助性的学生管理机制，制度的约束与保障是工作有效推行的前提和保证。高校应根据学生工作体系的特点，从学长的选拔、管理、考核、评定、推广等各个方面制定严格的管理制度，确保学长的质量和数量。并从学长制工作的职责、任务、选拔聘任办法、培训机制、监督和管理机制、考核和奖惩机制等方面做出严格的规定，在实践中严格执行并不断完善。

完善学长的选拔与聘任机制。学长实行院系内的聘任制，任聘期为两个学期，聘任对象为政治觉悟高、专业基础扎实、有一定工作经验和口头表达能力的高年级学生。具体操作程序如下：每学年结束的前一个月内，全院（系）根据专业情况公开招聘学长；高年级学生提交申请表并附班级意见；院系学生工作领导小组对申报的学生进行公开答辩；以宿舍为单位，每间宿舍选聘学长1~2人；确定候选人并张榜公布以征求意见；给确定的学长颁发聘书，以示荣誉和责任。

建立健全学长的培训机制。由于学长制工作涉及生活、学习、心理等方面的内容，被选上的学长必须参加相应的培训，以端正观念，树立信心，明确自身的任务和职责，积极地去承担和完成这一任务。学长培训应采用全方位、分层次的方法。在学校层面上，学生工作处（部）、教务处、团委、心理健康中心等职能部门应共同举办学长培训班，对学长进行相关培训；在学院（系）层面上，学院（系）应结合自身的特点，根据本学院（系）的工作具体安排和要求，对学长辅导员们做进一步的培训，让其充分了解学校、学院的各项制度，以及工作中涉及的内容、方法、态度等，以确保每位学长都能为新生提供正面、科学的引导和帮助。

学长工作的考核与奖惩。学长作为学生自我教育、自我管理、自我服务的重要载体，不仅有相应的职责和任务，同时也必须有相应的待遇和奖惩机制，这就需要定期考核。考核工作应由学院完成，每月召开学长例会，了解学长工作情况，每学期对学长的工作进行考核，可由个人申报，学院推荐，学生工作处（部）考核，考核内容包括自我评价、学生投票、辅导员班主任评议、学院意见等指标，考核等级可分为优秀、良好、合格、不合格等。可根据学长的工作业绩评选出"十佳学长"给予嘉奖，并根据学长考核等级评定参与相关的评优评奖、推优入党等工作。对责任心差、不能完成工作或违反学长管理条例的学长，由院（系）学生工作领导小组讨论并提出批评教育；对定期不整改的学长，予以解聘。

二、导师制为学长制的实施提供了智力支持

学长是指从高年级学生中选拔出来的优秀学生，其任务是对低年级学生在学习、生活和思想等方面进行指导。要想让学长制最大限度地发挥作用，必备的前提是学长在校园生活的各个方面都有丰富的经验和积极向上的态度。而学长的这种经验积累和自我素质提高有赖于导师的悉心指导，因此，导师制为学长的实施提供了智力支持。

三、学长制是导师制的延续

因为导师制是个双向选择的过程，所以导师和学生都需要经过一段时间对彼此进行必要的了解，然后进行选择，因此，可以这样理解，导师指导的学生通常都是相对较高年级的学生，而非刚刚入学的新生。学长制中的学长也是从高年级的优秀学生中筛选出来的，他们一边接受导师对自己在生活和学习方面的指导，一边以"小导师"的身份帮助低年级学生。如果导师制和学长制在同一所高校实施，就可以理解为导师间接地指导了低年级学生，从这个角度来说，学长制是导师制的延续。

在关注大学生学习和心理健康这两方面，导师主要是沟通和教育两方面的作用，这种

引导性的作用往往是间接的；而学长在这两方面起到的作用则是直接的，他们可以用自身的经验和体会更好地对学弟学妹们进行体验式的教育。因此，在高校教学管理和思想政治教育工作中，导师制和学长制是双管齐下、相辅相成的，共同承担着这份重任。

第四章　高校教育教学管理的实践应用研究

第一节　激励理论在高校师资管理中的应用

伴随着社会现代化建设，传统教育模式已经跟不上社会发展的脚步。因此，我国教育部门根据这种情况开展了新一轮教育改革工作。教师作为高等院校中重要组成部分，对一所高校的发展来说有着不可替代的作用。因此，将激励理论融入高校师资管理工作中，才能激发教师对工作的积极性，从而提高教师的教学质量与学生学习效率，促进高校快速发展。基于此，本节对激励理论在高校师资管理中的应用进行了简单的分析。

现阶段，高校师资管理指的是一些高等院校利用科学合理的方法对教师进行管理，以追求更好的发展效果。高校在发展过程中可以将激励理论融入师资管理中，激发教师工作积极性，从而提高教师工作质量与效率。此外，激励理论主要包括激励、培训、考评、惩罚等方面，这些方面对师资管理的水平来说有着显著的影响。因此，高校在发展过程中需要将激励理论进行不断的完善，只有这样才能提高教师的教学质量。

一、激励理论在高校教师应用中坚持原则

（一）精神激励与物质激励互相支持的原则

现阶段，高校在进行师资管理过程中，要以精神激励的形式来满足教师在工作中的需求。做好精神激励有助于教师树立正确的人生观与价值观，并满足教师物质上的需求。同时，精神激励还在一定程度上保证教师的工作动力。但是人生活在客观世界中，每天都会因为一些琐碎的小事而产生烦恼，所以需要将精神激励与物质激励相结合，只有这样才能满足教师心理、精神、物质上的需求，从而更好地投入教学工作。

（二）奖励与惩罚相结合的原则

奖励与惩罚在心理学与科学中被称为强化刺激，对教师在日常工作中一些复杂、烦琐的小事进行反馈，并对事情结果进行分析，判断出对错。奖励激励常常被称为正强化，需

要根据社会发展现状来制定对应的奖励对策。惩罚又称为负强化，其主要原因是指在工作过程中一些事情不符合社会期望和组织的要求，从而导致所做之事出现失误。在这个经济快速发展的时代下，教师们每天都会处理一些大事小情，致使他们的心理十分复杂，可能会在教学过程中出现一些不稳定的状态。因此，各高校在对教师进行激励时，需要打破传统思想束缚，做到惩罚分明，只有这样才能真正地将激励理论在高校师资管理中得到广泛应用。

（三）内在动力与外界压力同时发挥作用的原则

教师在工作过程中，常常会产生一些内在动力与外界压力。内在动力主要是靠教师的精神力量与对工作的热爱而产生的动力。如果教师热爱这份职业，就会在教育工作过程中获得一定的成就感，使自身在教学过程中充满正能量。现阶段，教师在教学过程中常常会出现一些好强心理，因此，学校要跟上社会发展的脚步，结合教师的教学现状优化教学设备，为教师制定对应的教学目标，只有这样才能给教师的工作带来一定的压力，使教学工作变得具有挑战性，从而增加教师的成就感，提高教师的教学质量。

二、高校师资管理现状

（一）师资流动性大

高校教师显性流失是指教师离开原来工作高校，进入其他高校或者进入其他行业中。教师与原来高校之间终止合同，进入新的岗位。而高校教师流入到社会其他行业，主要的原因是社会其他岗位能够为教师提供更好的薪资待遇，例如很多大企业为在市场竞争中占据重要地位，聘请专业且技术高的教师加盟。对于改行的教师来说，他们冲破了观念上的束缚，去挑战新的行业。高校教师的隐性流失是指教师在编不在岗，很多教师在没有离开本职工作，却将大量时间与精力放到第二职业中。或者很多教师不安于本职工作，导致高校教学质量严重下降。例如，某些有名专家、名教授利用知名度，到其他高校中应聘名誉院长以及客座教授等，一方面挂名招收研究生；另一方面也申报科研课题。隐性的教师流动，实际上是一种消极怠工，教师对于本职工作的积极性不高。高校师资的这些问题，对师资管理带来严重的影响。

（二）师资管理激励机制匮乏

目前，由于很多高校师资管理机制中都是以学校发展角度进行管理，从而忽视了相应的施教者的精神与物质鼓励，现行的高校师资激励机制难以满足教师的教育教学需求，导致很多高校教师从经济欠发达或者不发达的地区，流动至沿海经济区域或者是国外。而经济发达地区并没有向经济落后地区进行人才补充，高校教师流动无序性加重，严重地破坏不同区域中的人才的平衡。促进高校发展，需要在高校师资管理中加入师资管理激励机制。

三、高校教师的有效激励方式

（一）目标激励

各高校应该结合各教师的教学现状，制定出一个对应的激励目标，只有这样才能调动教师的积极性，将教师往一个正确的方向引导。明确激励目标可以有效地提高教师的工作动力，并结合个体目标产生巨大的合力。高校在制定激励目标时，应做到以下两点：一是设置客观合理激励目标，该目标必须要以高校的教学条件与水平而设置，教师可以通过自己的实力来完成，并保证教学目标具有较强的挑战性；二是教师的个体目标与学习发展目标结合，将这两者目标相结合，把教师的眼光放得更加长远，使教师在工作过程中认识到自己的重要性，从而激发教师对工作的积极性，提高教学质量与效率。

（二）竞争激励

设置竞争激励环节可以为教师创造一个优胜劣汰的教学环境，使教师在工作中感受到一定的压力，从而激发教师努力奋斗。随着高等教育不断地改革深入，高校应该制定全新的人才招聘制度，并由一些资深教师承担考核工作，让教师认识到当前教学环境竞争的激烈性，只有这样才能使教师在日后的工作中发挥重要的作用。

（三）考评激励

考评激励制度是对教师工作日常的表现进行考核评定，并以一个科学、公平、公正、公开的态度进行考评，只有这样才能提高教师工作积极性与工作效率。教师通过考评制度可以发现自己在工作中的不足，并加以改正，提高自身的教学素质。同时，通过考核的反馈工作，开启优胜劣汰工作制度，使教师在工作过程中产生一定的压力与竞争意识，从而自觉地树立全新的发展目标，加大工作力度，为高校的发展作出巨大的贡献。

（四）环境激励

实现高校师资管理，并且稳定现有的优秀教师资源，需要高校为教师提供良好的发展环境。第一，生活环境；第二，教学环境。为了鼓励科研教师能够安心投身于教学研究中，高校应该为教师提供良好的生活环境，提升高校教师的生活质量。并且从多渠道筹措资金，为教师提供福利。当教师投身于教育与科研中时，为教师提供奖励，对他们在教学上的精力投入予以鼓励，以酬留人。在我国出台的"特聘教授"制度，就是提升高校教师待遇的典范。高校教师在这种资源待遇下，一方面提升了工作热情；另一方面也实现了精神上的满足。

在教学环境上，高校需要为教师创造浓厚的学术氛围，这样才能够有效吸引学术大师的加入。良好的学术氛围与其他的薪酬待遇相比，更具有吸引力，在浓厚的学术氛围中能够尊重个体发展，使优秀的高校教师能够在轻松的学术氛围中发挥出自己的特长，并实现个体与学校发展的同向性。从而在教师内部产生比较强的向心力和凝聚力。因此，在高校中营造浓厚的学术氛围，是高校实现教师合理流动的关键。

综上所述，本节对激励理论在高校师资管理中的应用进行了简要的研究，希望对激励理论在高校师资管理中的应用与研究作出一些贡献，从而提高教师的教学质量与学生的学习效率。

第二节　计算机技术在高校教学管理中的应用

随着教育改革的不断深入，各高校教学管理体制也不断完善，教学模式向多元化模式发展，致使高校对教学信息的处理与分析工作日益增多。传统的教学管理方式已经无法满足高校教育管理的需求。在这种背景下，为了实现高校教学目标，将计算机技术应用于高校教学管理中，通过计算机技术对教学过程实施科学、合理的管理，能够有效地提高高校教学管理水平，使高校教学管理从传统的单一化向现代化转变，计算机技术已经成为高校教学管理的重要手段之一。

高校是为社会培养人才的重要途径之一，教学是高校工作的核心，教学管理是教学的核心。教学管理为教育提供人力、物力、技术等方面的支持，对教育、教学有着至关重要的影响。高校教学管理水平也直接影响着院校本身的教学质量。随着教学改革的不断的推进，教学管理的难度也随之增加，而计算机技术在教学管理中发挥了重要的作用。本节对教学管理进行简要概述，分析计算机技术在高校教学管理中的具体应用，并探讨计算机技术在高校教学管理中的提升策略。

教学管理服务于教育教学，对教学起着重要的指导作用，是教学工作的基础保障。随着教学改革的不断深入，教学管理工作也日益向信息化发展。教学管理信息化以实现教学为目标，通过计算机技术对教学过程实施高效的协调、组织、计划等工作。高校教学管理信息化是现代化教学的发展方向。高校教学管理是教学管理的衍生，而高校教学管理信息化是将计算机技术应用于教学管理中。

信息技术的发展为高校教学管理水平的提升提供了重要的推动作用。但是随着教学管理信息化的不断深入，计算机技术在其中的应用也有很大的提升空间，这里所指的并非技术与资金的问题，而是管理意识的落后。首先，是对选用的软件无法作出准确的预期，造成软件使用后期无法进行有效的升级，就迫使高校更换新的软件系统，工作人员要重新熟悉软件的操作流程，从而降低工作效率；其次，高校教学管理没有进行科学统筹，造成不能实现各部门之间的数据共享，高校教学管理工作相对繁杂，如果各部门之间的信息无法做到共享，会严重增加工作人员的工作量。再次，计算机技术在教学管理中的应用缺乏合理的责任机构，没有配备专业技术人员，软件系统需要不断地更新和升级，管理工作也会由于一些工作的变更而对系统进行更改，这时需要专门的责任机构来完成，如果由不专业人员进行操作，会对整个系统产生威胁，甚至造成严重后果。

一、计算机技术在高校教学管理中的具体应用

高校教学管理的内容较为繁杂，需要各个部门交叉配合，主要以教学计划、学生学籍管理、教学质量管理为主，将这些环节通过计算机技术来管理，可以明显地提高工作效率。计算机技术可以应用于高校教学管理的多个领域，如对学生的学习内容和成绩的管理、对教师教学质量的评价和监督、对日常课程和教室的管理，等等。

（一）计算机技术在成绩管理中的应用

对学生的成绩管理是学习管理的重点部分之一，要求对所有学生所学课程的全部成绩进行管理。高校学生在校课程最少的也有30多门，大量的学生成绩数据处理十分烦琐。如果采用手写方式进行采集，工作量是难以想象的。计算机技术能够很好地解决这方面的难题，大大缩短工作时间，降低工作强度。在每一学期结束后，管理工作人员可以依照管理软件的要求，以班级为单位，通过计算机管理软件，将学生所学课程成绩进行录入，这样，学生的成绩就被完全采集，计算机可以自行计算出学生的总分、班级部分、及格率等多种数据，可以根据需求来查询所需资料，提高工作效率。

（二）计算机技术在教学评定中的应用

教学质量是高校发展的生命线，传统以学生答卷对教学质量进行评定的方式以无法适应当前高校的发展脚步，新形势下，各高校扩大招生，学生数量不断增加，随之教学管理的工作也不断增加，如果依然采用学生答卷、部门整理再反馈教师的方式会严重降低工作效率。通过计算机网络对教学质量进行评定和管理，能够做到反馈及时和综合分析。学生可以通过计算机对教师的教学效果给予评价，既方便又快捷。计算机对学生所输入的信息进行统计和整理，并作出综合分析，使教师能够及时查询学生对自己的评价，教学主管能

够及时地掌握教师的教学效果，是教师考评的重要依据。同时，计算机对教学质量进行监督管理可以面向不同用户，根据用户的不同角度为其提供相应的服务。教师可以在系统中查询本人教学质量的评价结果，从而根据评价对教学进行完善和提升。教学管理人员要在系统中查询所有教师的教学效果，对教师的教学质量进行比对，评选优秀教师，鼓励落后教师。学校可以鼓励学生积极地参与到评价活动中来，还可以对学生实施硬性评价。学生想要查询成绩或者选课，首先要完成对教师教学质量的评价，完成后才能够进行下一项活动。网络评价系统有效地推动教学改革，提升教学质量。

（三）计算机技术在日常教学管理中的应用

通常情况下，高校专业教师的工作时间都比较自由，除了规定的课时外一般都不在校内。计算机技术为教学管理部门对这些较为特殊的群体管理提供了更好的交流方式。管理人员通过计算机网络，只需发布教学通知等信息，就可以完成教师教学方面的管理。

对于教室的管理也十分的便捷，通过计算机对教室管理，能够全面地掌握全校的基础容量、多媒体设备安置、使用信息等情况，能够快速、准确地查询各教室的使用情况，从而合理安排课表，有效提高教室的使用率，更好地为教学服务。

二、计算机技术在高校教学管理中的提升策略

计算机技术在高校的教学管理的应用，大大提高了院校的管理水平和管理质量，使教学管理走向信息化。随着教育管理改革的不断深入，计算机技术的提升对高校教学管理水平的提升有着明显的效果。从计算机技术在教学管理的层面来看，提升教学管理系统开发技术、提高技术人员的综合素质以及加大教学管理的资金投入，能够有效地提升教学管理水平。

（一）资源管理的提升

计算机技术在高校教育管理的应用，成了高校提升教学质量有力的保障。高校在引进系统软件时，要结合学校自身的实际情况，作出整体规划，选择适用的系统软件，充分发挥高校自身内部的知识和技术资源。

教学管理需要院校每一部分的配合与参与，才能够统筹兼顾，实现资源共享。计算机技术对教学管理工作人才也提出了更高的要求，工作人员不仅要有扎实的教学管理知识和经验，还要具备计算机应用、信息处理的能力。

（二）组织管理的提升

高校管理具有多业务的交叉性，管理流程较为繁杂。因此，应在教学管理的所有环节

设定一个部门，构建基于系统数据流转的体系，使数据流贯穿工作业务，基于流程的指导方向，实现工作结构与组织结构的流程再造。

一些高校由于管理系统无法进行拓展，或者是升级后的系统不适用于本校的实际情况，只好进行信息系统的更换。高校可以设立专门人事技术管理的部门，可以针对学校自身的发展需要来选择引进或处理相关系统，实现高校的个性化和稳定发展。

（三）质量和管理的提升

计算机技术应用于高校教学管理，能够助推高校实现教学管理的程序化和标准化。高校应针对自身发展的实际情况来制定教学管理规章制度。有了规章制度的约束，才能够降低出错率。高校还应构建相应的评价机制，对高校各部门的教学活动进行评价、反馈和总结，以便能够对管理制度进行及时的修改和完善，使计算机技术更好地为教学管理服务。

（四）风险管理的提升

教学管理信息、数据存储的安全应得到有力的保障，任何数据的安全都以防范为主。高校应加强计算机技术的安全性，对教学管理数据进行备份。就目前而言，许多高校采用在服务器上运用RAID技术来进行硬盘数据冗余保护，不过这并不能从根本上解决数据安全问题。高校可以建立数据中心，利用云存储将数据进行集中存储，或建立异地存储中心，以防止由于自然灾害或其他原因引起数据丢失后无法恢复。

随着社会的发展及科技的进步，信息技术已经日益深入我们的生活，为我们的生活和工作带来了方便和快捷。同时，信息技术也逐渐深入到各个领域，教育部要求高校顺应时代的发展，以信息化来助推教学改革。以计算机技术为核心推动教学管理的现代化发展，在高校教学管理中运用计算机技术，一方面简化了管理工作人员的工作；另一方面也代表着现代教育思想的转变，提升了高校教学管理的综合水平。

第三节 柔性管理在高校教学管理中的应用

近几年，各个学校的教学改革不断推进，传统的高校教学课堂管理方式已经不能适应现代教育模式下学生的学习需求。高校教学必须寻求新的教学管理方式，提高学生的课堂学习积极性，培养学生思考能力、动手能力以及表达能力，建立良好的师生关系、同学关系等，使全体学生融入一个和谐共进的环境，使学生积极参与到课堂教学过程中，提高学生学习效率。柔性管理的实施有利于调动学生、教师对学习、工作的积极性和主动性，凸显以人为本的特质，最重要的是对推动社会文化发展起着积极的促进作用。本研究主要分析与探讨柔性管理在高校教学管理中的应用。

目前，许多高校都沿用刚性教学管理基本模式，强调以外在的规范，使人们有明确的行动方向。随着知识经济的到来，尤其对于高校教学管理来说，要寻求一种符合时代特征和社会发展规律的教学管理模式。对此，将柔性管理应用于高校教学管理中，对提高其教学质量和人才培养水平都有着重要的促进作用。

一、柔性管理的内涵

（一）体现个性化教育特征

个性化教育即承认学生在智力、生理、情感及社会背景等不同方面的差异性，需要充分了解学生兴趣爱好及特长，有利于区分学生特点，更好地开展教学，使其获得教育满足。因材施教即充分理解学生个性、价值、尊严，在教学中不断地发现学生的特长和闪光点，鼓励学生大胆思考，从探索中寻求知识。高校教师要尽可能地让学生成为自主学习和自我管理的主角，尊重学生在学习和生活中的主体地位，积极发挥其聪明才智和创造性，提高学习效率。

（二）具有激励作用

马斯洛的需求层次理论把人类需求分为不同层面，即尊重、社交、安全、生理和自我实现等，其中尊重需求和自我实现需求是人类需求中的最高层面，同时也是人类生活中的激励因素。

二、高校教学管理的影响因素

（一）教师自身因素分析

教师是学生的引导者，在教学过程中起着重要的作用。教师的教学观和学生观以及在教学活动中的行为对教学管理具有一定的影响。教师作为行为模范，如果不能摆正自己在教学中的态度和行为，就会影响师生关系，可能会成为教育过程中的主宰者，师生之间只能形成管理与被管理的关系，无法实现和谐共进的教育管理目标。

（二）家长方面的因素

家长的教育观和对学习的态度直接影响着教育的质量。家长是学生的法定监护人，如果没有正确的教育观、成才观，没有以正确的态度对待学习，势必会影响学生的学习态度，同时也影响和谐共进的教学管理措施的实施。

（三）学生自身方面的因素分析

学生是教学的主体，随着年龄的增长，学生在和谐师生关系中的影响逐渐增大。如果学生缺乏正确的学习观念、良好的学习习惯和学习态度，不仅会影响和谐师生关系的建立，同时也会影响着教学管理的实施。

三、高校教学管理应用柔性管理的价值

（一）高校现状需要柔性管理

到目前为止，国内很多高校没有形成科学完整的管理体系，过于强调和传统高校相同的教育规律，没有体现高校的自身特点。学校教师岗位配置和相关机构的设置也和行政单位相似。在实际操作过程中，管理格局没有实质性的推动，如学校管理体制和教学管理体制等方面的内容，只局限于领导体制和教职工管理体制。所以，高校在实现快速发展的同时，也面临着经费、师资和资源等问题。柔性管理的实施恰好可以应对此类学校面临的挑战，协调和组织各种教育资源，有效提高高校办学实力。

（二）符合文化市场需求

高校教育的主要任务之一为培养为文化工作的人才。因此，高校教育和高校体制改革是高校教育工作者首先要考虑的问题。当前，经营性文化产业和公益性文化事业是我国改革文化体制的主要方向，在上述两个思路引导下，文化交流、服务、管理及生产都会以不同于其他教育领域的方向开展，如教育改革如何与文化体制衔接、人才培养如何与市场需求衔接等都可借助柔性管理。

（三）师资队伍建设需要柔性管理

当前师资队伍素质一直是高校重点关注的问题之一。导致师资素质较低主要有两方面原因：一是没有较强的学科专业创新能力，部分教师面对快速更新的新知识、新技术只处于浅层阶段，学科也缺乏和专业最前沿接轨的领军人才；二是学历普遍偏低，大部分院校师资都为本校毕业生留校为主，存在严重的"近亲繁殖"现象。对此，高校应实施柔性管理建立一支结构合理、具有创新精神及素质优良的师资队伍。

四、柔性管理在高校教学管理中的应用

(一)建立以人为本的教学管理理念

高校教学管理主要对象为教师和学生,实施管理的目的在于坚持面对服务对象和教学第一线的首要原则,充分调动学生和教师的主观能动能性和积极性,贯彻"以人为本"思想。不管出台何种教学管理制度、政策及措施都要和上述要求相符。为提高学生主体地位,教师要鼓励学生参与,在教学管理中多发表意见,适当时并给予决策,这有助于高校学生将随时变化的社会环境转化成促进自身奋发进取的内在动力。此外,还要加强教师与学生之间的沟通,因为有效地沟通能使双方在理解的基础上达成共识,进而更好地开展教学管理工作。

(二)建立激励、流动机制的柔性人力管理资源

高等院校所建立的柔性激励机制在于根据教师工作环境制定宽松和谐的工作方式和激励考评方式,有利于真正实现高素质创新人才培养目标。科学合理的激励机制主要集中在教师业务水平考核、教师改革、教学岗位津贴分配等方面,能促使教师在改革方面积极主动地分析、思考、钻研各种创新活动。例如,在培养新型美术专业人才时,要进一步优化教师教育专业课程设置,构建有利于美术专业学生综合素质培养的课程体系,要采取各种形式及措施转变学生观念,重视综合性文化基础知识的学习,以培养具有创新意识的高素质美术专业人才。

(三)建立适应个人、社会需求的柔性管理

柔性管理体现以人为本的本质,强调在自由发展的基础上发挥自身潜力,极力维护人的尊严,与此不同,刚性管理则以"物"为前提。高校作为培养高层次人才基地,十分适合采用柔性管理方法,尤其该方法强调以德服人,通常会在潜移默化中促进人的行为改变。再加上目前高校教育逐渐往大众化方面转变,要求学生加强综合课程的学习,将传统的专业理论、公共课和专业课整合为具有职业基础和性能的课程,以有效增强学生就业能力。最后,应加强培养创新型教师人才,即对教师的教学方式、思想观念进行创新,通过此种方式对学生产生影响,促使学生发挥创造性和内在潜力。学校要为教师构建一个充分施展自身才华的平台,以激发教师的上进心和积极性,尤其激励教师大胆对教学进行改革,以培养各种创新型优秀人才。

在高校课堂教学管理中,我们应该结合现在的科技进行前沿的教学,从多种角度下进行思考,能够较好地完成一些管理措施,能确保措施管理的有序进行。所以在课堂上,

对学生的各种表面现象，也应该加以重视，确保学生的一切行为是不违反教学结构的，在对学生课堂行为观察中，还能够更好地挖掘课堂的行为规范，这样对于课堂的一些强化任务，也能够更快地完成。同时，教师应当积极观察学生课堂的表现，在确保学生是在进行高效率学习的同时，保证课堂秩序的平稳。

总之，随着我国经济水平的不断提升，教育观念、方式相对于以往也有所改变，目前许多高校都强调教学质量和管理，希望能提高人才培养质量。柔性管理的实施有利于调动学生、教师对学习工作的积极性和主动性，凸显以人为本的特质，最重要是对推动社会文化发展起着积极的促进作用。

第四节 社交软件在高校教育教学管理中的应用

社交软件具有直观形象、资源丰富、便于操作、节省时间的特点，目前已经在高校的教育教学管理中进行了广泛的应用和普及。但是在利用社交软件教学管理的过程中，也暴露出一些新情况、新问题。要通过科学引导、强调纪律、经常维护管理、搭建积极平台的措施，不断地强化社交软件在教育教学管理中的应用。

随着市场经济的迅速发展和网络技术的日益普及，高校教育教学管理中对社交软件的应用越来越普及，甚至成为不可或缺的教学工具。在充分享受社交软件便捷服务的同时，如何克服社交软件管理中的漏洞，充分利用好社交软件，结合传统教学手段，不断地提高教学效率，进而培养出高素质、能适应社会需求的、综合能力突出的人才，是学校和教师必须面对的课题和义不容辞的责任。

一、社交软件在高校教育教学管理中的应用现状

目前，在高校中应用最广泛的社交软件就是微信、QQ和微博，有的学校还开发出了本校的校园网App软件。这些软件主要应用方式和环节有：在课下学习交流活动中，一些教师通过建立微信群、QQ群等方式，把相关教学的学习内容和资料分享到群里，让学生在业务利用碎片时间，根据个人学习进展情况进行浏览复习，提高时间利用效率。有的教师和管理员通过在QQ或微信里建立班级群，安排布置教学作业，督促辅导学生消化所学知识，及时在群里传达学校最新通知和有关要求。有的教师和管理员通过学校建立的APP平台，把最新发生的、具有典型意义的教学案例和安全注意事项推送到平台上，组织大家讨论交流，让学生获知最新消息和前沿知识，对日常安全提高重视和警惕性。少数院校利用APP平台开展教学评价活动。借助社交软件让广大师生摆脱纸质评价模板的束缚，

学校教务部门利用手机APP实时组织评价，学生通过手机APP实时动态地反馈听课意见和所需所求，进而减少中间工作人员的统计环节。

二、社交软件在高校教育教学管理应用中存在的问题

尽管目前社交软件在高校教育教学中应用广泛，从总体上取得了较好的效果，但仍然存在一些问题，主要有以下几点。

（一）部分教师过度依赖社交软件进行教育教学管理

越来越多的教师和管理员体验到了社交软件进行教育和教学管理的便利之处，但是也存在过度依赖的现象。一些教学活动本该由教师和学生在教室内面对面地开展，但是，一些教师图省事就把相关教学任务发到群里，组织学生讨论、提意见，从而失去了面对面交流的氛围和情境。还有一些辅导员把谈心谈话和经常性促膝谈话也变成了QQ和微信文字或者语音聊天，这在一定程度上削弱了思想政治工作的实效性。

（二）部分教师的信息知识结构不尽完备

主要是部分年长的教师，尽管经过了个人努力和学习，但由于对信息化教学辅助工具不够熟悉，思想观念相对比较传统，习惯于传统的粉笔、黑板教学道具，所以在利用社交软件等信息知识结构方面，其知识结构尚不完整，所以在利用社交软件进行教育和教学管理中还存在一定的抵触情绪。

（三）社交软件的管理维护不理想

QQ、微信等社交软件在教学管理应用的初期，学生具有很强的新鲜感，互动交流也比较多。但是时间一长，学生渐渐失去了新鲜感，对群里教师和管理员的通知和要求，也不能做到及时回应，有的群甚至隐入沉寂。一些教师和管理者仅满足于在群里通知过了、要求到了，但是由于学生回应不及时，难以确认信息是否真正传达给学生并引起他们的重视。由于管理维护不理想，容易造成传达上的误会和失误。

（四）利用不好则影响学生的正常学习

从严格意义上讲，社交软件交流沟通是教育中的重要组成部分，具有良好的发展前景，但一些学生利用社交软件谈恋爱、聊天等，没有把时间和精力放在学习上，对学习内容涉及较少，这就在一定程度上对学生的学习造成了影响。

三、对社交软件在高校教育教学管理中应用的思考

(一) 加强对社交软件应用的指导和规划

高校要加强对社交软件在教学应用中的规范和统一，制定管理办法，并根据每年的实际情况进行局部调整。以素质教育和创新教育为重点，分年度研究解决社交软件应用的重点、难点问题，不断地寻求利用社交软件辅助教学改革新的"突破口"。定期进行教育思想研讨活动。每年选择1~2个与社交软件相关的专题，在师生中深入开展教育思想研讨活动，不断强化现代教育理念。适时邀请相关专家教授来高校做关于社交软件和信息技术辅助教学的教育理论和教学改革的学术讲座，有针对性地组织外出参观调研，定期组织学习研讨，通过各种途径和方式，使教师了解社交软件目前在高校应用的新的发展形势，紧跟教育改革的时代步伐。

(二) 合理开发应用、积极启发思考

教师和有关管理人员要在建立社交群之后应经常进行引导和互动，在运用之前进行认真的调试，保证能够正常使用。在社交群内发布制作的课件和采用的信息化手段要充分考虑学生的需要和特点，积极发挥启发的作用，引导学生积极进行思考。要进行合理规划，把社交软件教学管理手段和传统教学管理手段有机结合，充分地发挥教师的教育引导作用，在师生积极互动中不断提高教学管理效果。通过社交软件教学管理手段，让学习更加直观形象、方便快捷，让学校和班级更具有感染力。此外，有条件的学校和教师还可以利用社交软件为学生进行远程视频授课交流，提供在正常教学过程中无法实现的教学环境。通过这些新技术的应用，增强课堂趣味性，有效地激发学生的学习兴趣和创造力。积极搭建网络互动平台，拓宽高校教育教学管理途径。在教学管理中，学校和教师可以建立专门的微信群、QQ群、百度云等平台，及时将学习相关的资料及时发到群里或者平台上供学生学习使用和交流讨论。要在校园网上及时开辟相关教学专区，组织教师和学生积极参与、及时更新，发布学习资料和励志故事，使学生成绩在浓厚的学习氛围中潜移默化地提高。建立手机APP教学平台，方便学生查阅资料、观摩案例，通过拓宽教学的信息传播途径，为培养高素质人才奠定良好的基础。

(三) 加大信息化建设经费投入，完善信息化硬件设施

虽然目前各级院校都在强调社交软件等信息化手段在教学中的重要性，一些院校也进行了一些投入和建设，但毋庸置疑的是，在一些高校教学中，信息化手段的运用还有差距。学校缺乏Wi-Fi等硬件设施，学生考虑到自身信息流量的费用问题，对软件不能充分

利用。建议校方积极主动地适应信息化、网络化的时代要求，进一步提高对高校信息化教学建设的重视，不断加大信息化建设经费的投入力度，对免费Wi-Fi等硬件载体要逐项完善。要强化资金使用管理，建立信息化建设资金使用台账，以确保专款专用。教育主管部门和院校要把社交软件等教学信息化手段建设纳入单位和教师年度目标考核的重要内容，形成有针对性的目标考核体系，持续推动教学信息化手段的建设。加强图书信息资料建设。通过社交软件的存储传输功能，丰富信息图书馆藏，增加学生自学所需图书资料，进一步完善高校论文撰写数据库建设，做好电子阅览室扩建工作，实现图书馆信息网络系统升级，通过社交软件进行阅读交流，提升图书馆信息资料保障能力，为学生自学创造条件。

（四）加强教师信息素养培养，熟练掌握社交软件教学应用环节

虽然近几年高校教师的信息素养有了很好的提升，但是离教学的需求还有一定差距，尤其是部分年长教师，对社交软件等信息化知识掌握得较少，对社交软件还不能熟练操作，仍习惯于传统的教学方式。各级院校要注重加强对教师信息素养的提高，要加大对相关信息化专业人才的引进力度。对新聘用的年轻教师，要增加计算机和网络管理相关知识的考核，积极选调精通计算机、网络技术以及App软件制作的教学人才。要积极引进对信息化设备的管理维护人才，加强日常的使用管理和维护。对稍微年长的教师，要坚持问题导向及时制订培养计划，通过组织送到信息专业院校进行培训、邀请信息专家来院校授课培训、组织社交软件等教学信息化手段运用好的教师登台谈经验等方式，逐步加强对教师信息化素养的培训，使其熟练掌握社交软件辅助教育管理的各个环节，提高高校利用社交软件教学管理的成效。

（五）加强学生学习管理，提高社交软件的使用效率

把学习管理作为社交软件教学管理的主要内容。学生在校的主要任务是学习，通过在社交软件中经常提醒，弘扬正能量，让学生形成良好的思想品德和行为习惯，获得知识和技能。在利用社交软件教育的同时，必须把学习管理作为主要内容。采取思想政治教育、引导学习方向、开展学习竞赛、交流学习经验、恰当进行奖惩等科学的方法和手段，端正学生利用社交软件的目的，激发学习热情和学习兴趣，培养学习品质，充分调动学生学习的积极性、主动性，引导学生不断地改进学习方法，为学生创造良好的学习条件，增强学生的学习效果。注意研究新时代学生管理的新特点，结合社交软件的利用，坚持科学管理与严格管理相结合，统一要求与个性发展相协调，行政管理与学习管理相统一。改变"家长式""保姆式"管理方法，积极探索适应素质教育、创新教育要求的交流管理模式，为学生的全面发展提供必需的时间和空间，营造既严格正规又生动活泼的人才成长环境。

总之，社交软件在教育教学管理中的应用是无法阻挡和回避的趋势，同时也是学校和教师进行教学管理的重要内容，学校和教师要加强学习提升，不断地掌握和利用社交软件辅助教学的技能，从而适应信息化新时代对高校人才培养的新要求。

第五节　高校实践教学质量管理平台的建立及应用

通过实践教学的方式培养人才的综合素质，是当前我国教育领域普遍推行的教学策略。实践教学的质量决定了整体教学效果，而实践教学质量管理是实践教学质量的重要保障。本节阐述了实践教学质量管理的内涵以及重要特征，以此为依据对高校实践教学质量管理平台的构建基础进行分析，并对高校实践教学质量管理平台的应用内容以及应用策略进行阐述。

随着社会经济建设对人才质量要求的逐步提高，复合型应用人才已经成为我国高校教育培养人才的目标。而实践教学是高校各学科重要的人才培养方式，对提升学生创新意识、创造能力、实际操作等高阶素质具有显著的教学效果。

一、高校实践教学质量管理现状分析

实践教学质量管理是高校实现实践教学活动培养学生创新能力和应用能力的关键性保障。当前我国高校对实践教学质量管理的重要性及其作用认识程度不够，多数高校并不具备优秀的实践管理队伍和师资力量。这导致实践教学质量管理在构建过程中难以形成坚实的理论基础和系统化的管理机制，进而在实践教学质量管理应用过程中难以发挥其调控与管理的功能，最终出现实践教学质量很难提升的结果。实践教学活动是一项涉及多因素、多维度、复杂化的教学方式，保证实践教学质量需要科学、系统的管理平台进行支撑。因此，很多高校引入了实践教学质量管理平台。该平台在实践教学过程中各环节能够相互协调、合理且有效地完成教学工作，使实践教学发挥出提升学生综合素质的教学优势。建立实践教学质量管理平台，不仅是提升实践教学活动教学质量的核心途径，更能够为高校的整体运行提供规范的管理制度和强大的数据支持。

二、高校实践教学质量管理的重要特征

实践教学质量管理是根据一定的标准对教学活动各环节进行调控与检测，以提高实践教学质量为目标的行为。首先，教学的内容与实际生产、生活紧密相连，实践教学质量管理具有实践性的特征是毋庸置疑的；其次，实践教学的内容、教学方式以及教学环境等因

素需要多方面进行协调与配合，教师、学生、校外指导人员、实验技术人员等多个对象需进行系统化管理，决定了实践教学质量管理的复杂性；最后，学生参与科学研究以及各种社会实践活动，不再仅仅是简单地运用老师指导的内容，而是需要充分发挥学生自主性和创造性，因此，实践教学质量管理具有学生主导性的特征。综上所述，实践教学质量管理在教学活动中对教学质量的提高起到了积极作用，它能对教学活动中可能出现的问题进行科学预测并对已出现的问题进行有效解决；实践教学质量管理对教学中各环节的顺利运行起到了合理调配的作用，帮助各环节教学功能得以有效发挥，并对教学环节进行系统的数据统计，为后期的教学考评工作提供客观的数据参考。

三、构建高校实践教学质量管理平台体系

（一）完善创新型实践教学内容

创新型实践教学内容是实践教学质量管理的核心目标。该教学内容主要有四个部分：基础能力训练、综合能力训练、单向实践训练以及社会实践训练。这四部分主要是对学生的创新思维意识和实际解决问题能力进行系统化的培养与锻炼。创新型实践教学内容的设置与完善，需要建立在高校教育理念的科学性与先进性的基础上。高校教育理念的科学性体现在对传统教学观念的改革以及传统优秀教学经验的继承；高校教育理念的先进性体现在以创新意识和科学发展观为指导，将教学内容与信息化管理平台相结合。因此，高校教育在具有科学性和先进性的教育理念指导下，将以上四部分教学内容得以实施，培养学生科学思维模式、综合思维模式、创新思维模式和解决复杂实践问题的能力。

（二）完善实践教学质量管理制度

实践教学质量管理制度是实践教学质量管理在具体实施中的依据和标准。该制度在制定中应遵循科学、有序、合理的原则，并结合客观实际情况进行定期更新，以保证实践教学质量管理制度的可操作性和适应性。该制度包含实践教学质量标准、创新实践项目管理制度、实践教学课堂管理条例、实践课程教学质量考核制度等五个方面内容，其主要目的是以教学质量、教学效果为衡量标准，对实践教学活动中各环节进行规范与监控，确保实践教学活动能够按照既定程序设计顺利完成，并产生良好的既定效果。因此，实践教学质量管理制度的完善是实践教学质量管理工作有效展开的基础，也为验证实践教学每个环节是否达标提供有力依据，所以，实践教学质量管理规范的制定与完善迫在眉睫。

（三）优化实践教学质量管理信息处理及反馈渠道

实践教学质量管理信息处理以及信息反馈是实践教学质量管理的重要环节，在整个

管理流程中扮演着不可取代的角色。在实践教学活动中各环节出现的问题以及主动反馈的问题，都需要及时被实践教学质量管理人员进行分析并解决问题，保证实践教学活动有效开展。由此可见，信息渠道是连接实践教学质量管理机制与实际问题的桥梁，它不仅能够对重要信息进行互通式的传递，同时也是教师、学生、各级教学管理人员对实践教学质量管理工作提出意见的必要路径。信息渠道得到有效地运行，是实践教学质量管理工作得以顺利开展的保障。对于信息渠道运行的方式，应融合信息媒体技术，建立实践教学质量管理公众信息平台。该平台应具有一定的开放性，并对各种网络传播途径具有兼容的功能，进而使实践教学质量管理工作内容的发布、反馈信息的获取进行有效的连接。信息媒体传播技术拥有便捷性与即时性的优势，帮助实践教学质量管理平台及时获取有效信息，促进实践教学活动与实践教学质量管理在最短时间内有效信息进行互动，实现工作效率的最大化，从而使信息渠道能够保证实践教学管理工作的质量。

四、高校实践教学质量管理平台的应用

实践教学质量管理平台是在实践教学管理体系的基础上进行构建的，与高校的各管理部门相对接，在平台上进行资源共享，具体可分为以下四个大类。

（一）实践教学质量管理平台

实践教学质量管理平台具有实践项目管理、实践过程管理、实践教学任务管理和实践课程排课管理等功能，该平台是实践教学质量管理的核心。由于实践教学本身具有复杂性的特点，与该课程相关的设备、材料以及师资等多方面都需要由实践教学质量管理平台发挥协调与评测的作用，平衡相互之间的关系。实践项目管理内容主要包括：项目序号、项目名称、项目类型、计划学时、项目要求、所用仪器设备以及运用原理等基本内容，并与高校课程管理数据系统相联系，按课程分类将教学课件以及教学题库进行排列，方便实践教学过程中教师与学生的使用。实践教学过程管理涵盖实践课程预习、实践报告提交、实践成绩汇总等功能，为教师的实践评测所有环节进行过程管理提供数据支持。该基础数据在实践教学质量管理平台中得以保存，长期有效不易丢失，并共享给各教学部门，为查询数据、互相学习交流提供便利。实践教学质量管理平台对实践教学任务的管理主要是从教学计划方面着手，对实践课程的名称、单位（班级）、授课教师、授课学时、学生人数等相关资料进行记录和统计。实践课程排课管理功能充分考虑课程特点，结合教师与学生的时间安排，在不冲突的情况下进行顺序排课和循环排课。该模块为教师、学生和管理部门提供了修改、查询与实时更新等功能。

（二）独立设课教学质量管理平台

独立设课教学质量管理包含除毕业设计和实践类课程以外的所有实践教学类型环节。虽然在教学活动中也具有复杂性的管理特点，但是从质量管理的角度上也具有相同的特征。其主要构成部分为：课程前期计划安排、学生教学任务分配以及对实践教学过程的管理监督和教学成果提交与认定。主要流程是实践教学活动的任务负责人向独立设课教学质量管理平台提交实践教学计划与安排，主要包含学生的分组、经费预算、课题发布、后勤保障等内容。该平台需要对课程各环节间进行协调，保证除毕业设计和实践类课程以外的所有实践教学类型环节顺利完成，强调实践教学质量管理工作的调度功能以及具体掌控能力。

（三）毕业设计管理平台

实践教学质量管理工作对毕业环节进行管理与调度，确保毕业生能够高效地完成毕业论文写作、帮助导师指导工作的有效开展，相关管理部门可以通过毕业设计管理平台对学生的论文完成情况进行查阅。毕业设计管理平台主要包含：选题、开题、中期检查和答辩等管理功能。其中，选题管理需要通过师生互选、多级审核等功能对选题质量把关，保证学生的选题方向符合要求。开题管理包含开题报告撰写以及学生对文献资料的查阅等内容。中期检查则是对学生写作进度情况的考察与记录。答辩程序以及答辩记录都可以通过毕业设计管理平台上传网络管理系统，为毕业设计指导工作提供方便。毕业环节的教学质量是实践教学质量管理中的重点部分，涉及学生写作、教师指导、相关管理部门审查等工作，三者之间关系紧密，需对其进行详尽且合理的管理设计和管理落实，以确保毕业环节中各主体对象能够高效地完成任务，并促进相互间的配合与协调。

（四）教学档案管理平台

教学档案是高校教育教学活动评估与分析的重要依据，同时也是实践教学质量管理的直接载体。教学档案管理平台通过对教学档案进行有序存放、分类汇总、统计档案数据，可以实现和教务管理平台、师资管理平台、学籍管理平台以及设备管理平台的有效对接，形成更加完备的整体教学档案存储系统。为学校的运行，包括各独立平台的运行提供了强大的数据支持，对高校管理和实践教学工作提供信息处理、数据挖掘、数据分析等帮助。在教学档案管理平台的实际构建中，需要建立核心数据库，融入信息管理技术。对数据库的管理工作应归属到实践教学质量管理范畴。数据库应用范围包含各教学单位的教学资料统计、实践教学活动数据统计以及高校教务工作数据统计。数据库的建立与完善是提升高校教学档案管理质量的有效途径，对高校教学质量改革具有重要影响。

实践教学质量管理体系构建的客观条件是完善实践教学内容，主观条件是完善实践教学质量管理制度，辅助条件是优化实践教学质量管理信息渠道。实践教学质量管理工作是对实践教学活动中的"教"与"学"两部分进行信息化管理，为全部实践课程提供辅助支持，使实践教学质量管理平台发挥协调与评测的作用，平衡各使用对象相互间的关系。帮助独立设课实践教学质量平台强调实践教学质量管理工作的调度功能与掌控能力，协助毕业设计管理平台对毕业论文各环节进行管理和监控，同时对高校的档案管理工作进行优化升级。期望高校实践教学质量管理平台的推进，能提高各项质量管理工作的水平，以促进教育事业的蓬勃发展。

第六节 目标管理法在高校教学档案管理中的应用

随着高校办学规模的扩招，也使高等教育在结构、类型和层次等诸多方面呈现出新的特点。新的教育理念融入高校学科建设和日常教育管理中，形成多元化发展态势，给高校教学档案管理提出了新的、更高要求。本节在分析了目标管理法及高校教学档案管理的相关基础上，提出了目标管理法在高校教学档案管理中的应用，旨在为进一步提升教学档案管理质量和效果提供理论参考。

近年来，随着高校教育体制改革的不断深入，我国高等教育办学模式也发生了许多重要变化，教学从最初的精英化教育逐渐向大众化方向转变。高校办学规模的扩大，也使高等教育在结构、类型和层次等诸多方面呈现出了新的特点。新的教育理念融入高校学科建设和日常教育管理中，形成多元化发展特点。这也使得高校教学档案种类不断增多，内容更趋复杂和多样。与其他档案相比，除了"自然形成""历史记录""利用价值"等特点外，在内容上呈现出分散性、复杂性的特点，时间上的周期性（如本科、研究生学历培养的周期性）以及形成上的成套性特点，给高校教学档案管理提出了更高要求。

一、目标管理法

目标管理法，又称为成果管理法，是1954年由美国著名管理专家彼得·德鲁克在其著作《管理实践》中率先提出的。德鲁克认为，工作应以目标为导向，管理者通过设定的目标对员工进行管理，并将目标分解后转化为部门或人员的分目标，管理者根据分目标的完成情况对其进行考核、评价和奖惩。目标管理法的实质是强调工作的预测性和工作完成的效率性，目标管理法的方式是通过计划、组织、协调、控制等方式，提升工作质量和效率。

目标管理法有如下特点：

①广泛参与。目标管理法强调的是组织中各人员的分工负责、共同参与制定及其实现的具体的、可行的且能衡量参与人员及部门工作绩效的一种管理方法。

②充分授权。在目标管理法中，管理者会将管理权限下放给人员或部门，人员或部门依据其授权在实现目标范围内享有一定的自主权。

③注重自控。在目标管理法中，获得授权的人员或部门会在管理者制定的相关激励措施中自主实现目标，这种自主是在充分授权下追求目标实现的一种自我控制行为。

④共同评价。目标实现与否是由组织机构的管理者、实施者共同评价，并按照预先设定的奖惩制度给予相应的奖励和惩处等评价。因此，更加注重评价的合理性、公平性，目标管理的评价结果更为客观、公正。

目标管理法应用到高校教学档案管理中，就是以现代科学管理理论为基础，根据高校教学工作的实际情况，以及时代发展对高校教学档案信息管理需求，确定一定时期内高校教学档案管理的预期目标，并据此制定相应的管理方案，分配档案管理人、财、物等资源，并组织实施，最终根据实施的结果，依据相应的评价标准和办法对其工作成果作出相应评价的一种管理方法。

二、高校教学档案管理概述

高校教学档案管理范围涉及教学、管理、服务等环节，承载着高职各专业教学实践历程，反映高校学生职业能力和素养的重要资料，也是高校长期办学实践中形成的无声教材。根据教育部《高等学校档案工作规范》的相关要求，明确提出高校教学档案应实行"三纳入"原则，即高校教学档案应纳入教学计划、规划，纳入教学管理制度，纳入到各级管理人员岗位责任中。以科研档案为例，它主要包括科研项目从申报、立项、中期检查到结题验收、研究成果的全过程。具体来说，包括立项论证报告、科研项目开题报告、经费预算报告、科研专家评审意见、审批文件以及各种合同书等；同时还包括试验阶段的实验原始记录、试验报告、设计图纸、技术说明、项目阶段总结，以及鉴定、验收、经费决算报告、技术转让合同或协议书等。

高校教学档案管理流程是根据教育部《高等学校档案工作规范》的相关要求，明确提出高校教学档案应实行"四同步"原则，即下达教学任务与提出教学文件材料的归档要求同步，检查教学工作与检查教学文件材料形成积累情况同步，评审、鉴定教学质量、教材、优秀教学成果与审查、验收档案材料同步，上报评审材料、教师考核晋升与档案部门出具归档证明同步。高校教学档案管理有着严格的流程管理要求，以教学档案中的科研档案为例，其管理流程主要包括三个步骤：以立项、研制到完成的时间为序，要及时做好科技档案的收集、整理、鉴定、归档和开发利用工作。首先是立项，高校科研管理部门根据学校实际下达当年科研立项计划，课题组申请立项，并填写立项申请书。科研管理者组织人员对申报的立项进行评审，通过评审后会下达立项通知书，同期下达课题归档范围。接着进入研制阶段，课题负责人组织人员收集科研所需资料，并进行科研活动的研制工作，在此过程中形成的具有保存价值的文件及时装入预立卷档案袋中。科研项目完成后，课题组会按照科研流程将课题中的资料进行整理组卷，注明保管期限及密级，并由科研管理部门验收，合格后交由档案管理部门负责整理。

高校教学档案管理有非常重要的作用。高校教学档案是高校整个教学工作的真实历史记录，承载着高校发展中新的教学思想，对全面提升高校教育质量、巩固教育改革成果等方面发挥着重要作用。

①查考凭证。高校教学档案是高校教研活动的原始记录，是教研过程与结果以及教研成果应用的重要见证，也是高校教研工作服务社会中可以查考的凭据，成为管理者做好日常教学管理的证据材料，为其教研活动或制度的设计提供决策的重要依据。教研档案如实记录了高校教师教学活动从备课、评价到教学成果的考核等全过程，是记录教学活动成功开展的重要经验总结，也是高校广大师生了解过去、完成日常学业任务的重要参考资料。

②评估依据。近年来，上至教育部，下至所在地的教育行政主管部门加强了高校教学工作的评估。高校需要将收集到的教学资料（多为教学档案收集范围）提供给评估专家作为教学评估的现实依据。通过教学档案资料的查询，评估组会整体掌握高校教学计划、教学进度及教学完成情况，以及课程设置、科研成果、学生成绩等内容，并作出一个定量分析和整体的判断，给予教学成果作出科学的客观评价。因此，教学档案的准确性、完整性对于教学成果的评估发挥着重要作用，是教学评估工作的基础。

三、目标管理法在高校教学档案管理中的应用

制定目标。首先要建立目标体系。将目标管理法应用到高校的教学档案管理中，应注重运用科学的程序对高校的教学档案管理的总目标进行详细的规定，并且在总目标确定后将其进一步的细致分解，细化成为若干个小目标落实到具体管理人员和管理部门中，使这些部门或人员有着明确的目标任务。在此过程中，要注意各目标之间的协调性，使整个目标体系更加完整和科学。首先，目标体系可以由年度教学档案工作目标、院系档案工作目标，以及学校档案工作目标共同组成；其次，建立明确的目标责任制。为了使已制订的目标能够顺利实施，必须要建立一套完善的目标责任制，使具体部门和具体人员都有相应的目标管理责任。

实施目标。教学档案目标确定后，关键在于其实施。在此过程中要尤其注重教学档案管理者做好权限下放，并给予相关部门或人员一定的自我控制空间。一方面，能够保证落实教学档案工作过程中在目标完成时所需的权力；另一方面，也要给予人员或部门充分

的信任，在目标实施的方法、实施的路径选择等方面尽量少干预，以发挥工作人员的积极性。此外，要全程做好教学档案管理过程中的行为控制和监督检查，检查工作人员及部门教学档案目标是否如期完成以及是否存在问题，并及时给予指正或帮助，重点是要比较目标的实际值和期望值之间是否实现，以及实现的程度，从而做到目标管理的动态控制。

评价目标。教学档案人员或部门将档案完成后，管理者要根据之前设定的目标完成情况进行相应的评价，评价主要包括上级评价、同级相互评价以及自我评价等多种方式，必要时将采用多种方式相结合。在评价时，重点遵循三个指标的完成情况：目标达到程度、目标复杂困难程度以及努力程度。

第五章　我国高校教育教学方法与创新思路

教育教学思想是大学教育的基石，最能体现出一所大学的精神内核。它是大学在寻求发展中的一个永恒的话题。一种全新的，具有创新精神的教育教学思想的确立和演变，可以推动大学教学内容方法以及新型高素质人才的培养模式乃至大学教育制度的变革，逐步演变成为大学发展的精神核心。21世纪是全球化的时代，是知识经济的时代。我们要更好地适应教育发展的需要，树立现代创新教育教学思想，建设一流的、高水平的大学，依靠人力资源强国战略，为科教兴国服务。在一所大学教育教学思想的确立中，大学文化起着至关重要的作用。研究大学理念，必须从大学所处的历史和文化背景出发。大学文化影响着大学校园中的每一个人，也最终决定了一所大学独有的特色，它是在长期探索如何办学的过程中逐渐积淀而成的。越是富有盛名、历史悠久的大学，其自身的办学特点就越加鲜明，其中蕴含的文化内涵就越是浓厚。不管是评价一所大学，还是评价一个学科，文化所起到的作用都是不可低估的。也正是这样的原因，教育部在本科教学工作水平评估中特别要求对大学在办学过程中形成的教育教学思想和办学特色进行重新审视和定位。从大学文化建设的角度来看，这是十分具有远见的。对于正在努力建立现代大学制度的我国大学而言，如何凝练其教育思想和办学特色，从而形成独特的大学文化，仍是一个需要花费较大力气予以审度的问题，在这方面我们任重而道远。

第一节　高校教育教学方法创新

高校教育教学方法创新路径是高校教育教学方法创新活动中重要的实践要素。对这个问题的研究，既可以是对过去或现存状态的追寻或总结，也可以是对未来教学方法创新的价值建构。无论是过去已经存在的教学方法、创新方法还是未来需要着力改进的创新方法，无论是各种自创的创新方法还是学习借鉴而来的教学方法，都值得被重视，但都要客观地分析教学方法具有人文环境的适应性和技术支撑条件方面的差异性，不能盲目追求。

高校教育教学方法创新的基本路径构建，科学性和新奇性是两个基本依据。教学方法的内在规定性是"价值实现"和"感受共存",这对教学方法创新实践同样具有"理论指导意义",是科学性创新路径的规定,"感受"是新奇性创新路径的规定。无论是自创或借鉴已经存在的教学方法,其本身的价值或科学性通常不会受到质疑,那么作为"感受"所必需的新奇性要加以重视。

高校教育教学方法创新策略,必须涵盖两点。其一是在方法创新过程中,借鉴异域高校教育教学方法是一个有效途径。这个途径不是在说明那些方法的好坏,而是提高教学方法的丰富程度,即感受性的最大特点就是丰富性,不然,师生对于教学方法的感受共振就是贫乏的;其二是要重视教学方法的人文环境适应性和技术支撑条件的差异性。在学习借鉴时,要根据不同对象并分析该方法创制的原始背景再加以利用,并注意克服推行过程中的技术限制因素,尝试其他途径或通过相关技术解决问题。这本身也属于创新思维范畴。结合创新理论原则和高校教育的教学方法的历史与现状,总结分析得出成功而有效的教学方法、创新方法主要有如下几种。但要特别指出,在教学方法创新实践活动中,掌握一些创新原理和方法只是能否实现创新的前提,并非解决创新的唯一途径。只有不断深入学习、深刻理解创新方法,积极开展创新实践,才可能有效地掌握创新方法,取得创新成果。

一、组合法

无论是在自然界还是在人类社会,组合创新非常普遍。就教学方法而言,就是两种或两种以上的方法或方法理论的一部分或全部进行适当叠加和组合,形成新的教学方法。组合法是创新原理之一,也符合教学方法创新实践。组合创新的概率与空间是无限的。据统计,20世纪的重大创造发明成果中,三四十年代是突破型成果为主,而组合型成果为辅;五六十年代两者大致相当;从20世纪80年代起,组合型成果占据主导地位。这说明组合型创新已成为创新的主要方式之一。

二、分离法

分离原理是把某一创新对象进行科学地分解和离散,使主要问题从复杂现象中凸显出来,从而理清创造者的思路,便于抓住主要矛盾。分离原理在创新过程中,提倡将事物打破并分解,它鼓励人们在发明创造过程中,冲破事物原有面貌的限制,将研究对象予以分离,创造出全新的概念和全新的产品。教学方法创新的分离法,就是把过去或原有的司空见惯的方法加以分解,按照一定逻辑关系进行整理,然后突出某一部分甚至将其扩充放大,成为一种等同甚至超越于原来方法作用的新方法。

三、还原法

还原实际就是要避开现行的世俗规则，即将所谓"合理"的事物设定为"非"，而将事物的原状设定为"是"。就是要善于透过现象看本质，在创新过程中能回到对象的起点，抓住问题的原点，将最主要的功能抽取出来，并集中精力研究其实现的手段和方法，以取得创新的最佳成果。教学方法创新与其他任何创新一样，都有其创新原点。寻根渊源找到创新原点，再从创新原点出发去寻找各种解决问题的途径，用新的思想、新的技术、新的手段重新构造方法，从本原上解决问题，这就是还原创新方法的精髓所在。

四、移植法

创新理论认为，移植法是把一个研究对象的概念、原理和方法运用于另一个研究对象并取得创新成果的创新原理。"他山之石，可以攻玉"，移植法的实质是借用已有的创新成果进行创新目标的再创造。教学方法创新活动中的移植法，可以采取同一学科领域的"纵向移植"（如我国高校教育教学方法的通用手法是非理性的"下位"的基础教育教学方法"上移"，而当前基础教育教学创新中则采取了诸如研究法、实验法等更多"上位"方法"下移"），也可以采取不同学科领域、不同地域的"横向移植"，还可以采取多学科领域、多地域教学方法的理念、思维和方法等综合引入的"综合移植"。移植能够取得新的成果，在教学方法方面，移植也符合"感受共存"中的新奇性标准：没尝试过的就是新奇的。所以，在教学方法问题上，美国的许多常规方法引入到我国来，就是创新，就能够产生新的效果。而我国的传统教学方法，传播到美国去，也会产生意想不到的效果。

五、逆反法

逆向思维是一种重要的创新方法，逆反法要求人们敢于并善于打破头脑中常规思维模式的束缚，对已有的理论方法、科学技术、产品实物持怀疑态度，从相反的思维方向去分析、思索、探求新的发明创造。实际上，任何事物都有正反两个方面，这两个方面同时相互依存于一个共同体中。人们在认识事物的过程中，习惯于从显而易见的正面去考虑问题，因而阻塞了自己的思路。如果能有意识、有目的地与传统思维方法"背道而驰"，往往能得到极好的创新成果。教学方法中有一种备受推崇的"深入浅出"方法，其实，从逆反法的角度分析，高校教育教学中的很多课程内容可能并不适合"深入浅出"，而更需要"浅入深出"才能达到引人入胜的效果。

六、强化法

强化是一般创新方法之一，它是基于科学分析研判基础上的一种"包装术"，即合理策划。强化法主要对原本一般的方法通过各种强化手段进行精炼、压缩或聚焦、放大，以获得强烈的创新效果，给人带来强烈的感官冲击。分析国家级"教学名师"们的教学方法，很多都是采用强化法，把普通的教学方法"概念化"，或者按照分离法原则，把一个普通方法的局部元素加以剥离、充实，并开发到极致、应用到极致，最终打上首创者的名号。这样获得的教学方法不仅是"新颖"的，也是"强有力"的。

七、合作法

高校教育教学活动是典型的深度合作活动。这种认识长期没有得到推广，以至于教学方法的单边主义长期盘桓，根深蒂固。为了创新现行的教学方法，推进高校教育教学方法创新，思路之一就是应该从教学活动本源入手。有学者分析"对话教学法"是以师生平等为基础，以学生自主研究为特征的、典型的合作创新方法，并由此推演出"以教师为中心""以学生为中心""师生关系平等"和"突出问题焦点"的四种对话教学模式。其实，不仅对话教学法是合作创新的范例，任何教学方法的创新，从创新主体而言，合作的路径是无限宽广的。因为科学的发展使创新越来越需要发挥群体智慧才能有所建树。早期的创新多依靠个人智慧和知识来完成，但像人造卫星、宇宙飞船、空间试验室和海底实验室等，需要创造者们能够摆脱狭窄的专业知识范围的束缚，依靠群体智慧的力量、依靠科学技术的交叉渗透。

第二节　高校教育教学方法创新评价

推进和深化高校教育教学模式创新实践的一个重要命题是如何开展教学方法评价。教学方法评价的缺失或不当，是教学方法创新实践成功的先决条件。因此，建立适合高校教育教学内容、教育对象、教学发展特点的教学方法评价机制，有利于推进教学方法创新实践活动。

教学方法创新评价的起点是教学方法常态评价，通过对教学方法的常态评价促进教师的教学方法创新，通过教学方法创新评价进一步科学引导教师的教学方法创新实践。教学方法常态评价就是对任何教学活动中教师所使用的教学方法状况及其影响给予分析判断，并提出建议。这实际属于常规教学评价内容，但经常被忽视或虚化，其中一个重要原因就是评价标准的缺失或评价过程的瞬间性难以把握，只能依赖于"事后印象"，所以，教学方法常态评价实际上处于一种"无政府"状态，无论是教师还是学生，甚或是专门教学指导与评价组织者，均各执一端，莫衷一是。

教学方法常态评价的目的不在于推选出一种或几种最优教学方法，而在于促进教学方法的多元化和有效性，使学生感受得到积极健康的满足，从而激发学习兴趣，增强学习动力，提高教学活动的整体水平和质量。所谓的"最优"教学方法是不存在的，所有有效的教学方法几乎都是组合性和适切性的产物。因此，常态评价的标准不是组织设计性的，而是一种常规状态下的灵活评价标准：符合基本教学方法要素，适应不同教学内容和教学对象，教师和学生的感受趋于一致。当然，由于教学方法最后是以"感受"为评判基础的，"新奇性"创新标准经常容易被教师误用为"取悦术"，满堂取悦于学生的奇闻轶事，这是在实施常态评价时应引起关注的。同时，教学方法常态评价过程必须是动态的，不能以一两次评价代替某位教师的某门课程教学方法状况。

高校教育教学方法创新评价是在教学方法常态评价基础上，用来引导和规范教学方法创新活动的手段之一，评价结果反映教学活动中教师所采用的教学方法的科学性、合理性及有效性。进行创新评价或者评价某个教学活动中的教学方法是否具有创新性，至少应该符合以下四项原则之一。

一、批判性原则

与常态评价不同，考量一位教师的教学方法是否具有创新性，首要的依据不是稳妥、正确，而是方法中的批判性成分，这包括该方法对教学内容的常理、现行结果等是否具有反思维或质疑，对学生的问题意识、探究情怀是否有暗示作用。现行教学方法中的知识讲授、灌输等方法之所以一直被诟病，就在于它忽略了这些知识产生时的无限批判进程，使知识显得苍白，不能培养学生的问题意识和探究兴趣。在评判原则之下，可以有非常多的具体方法，只要它们具备批判属性，都属于教学方法创新范畴。

二、挫折性原则

无论是抽象的观念还是具体的方法，但凡具有"新"的本质属性，或多或少会存在不被立即接纳和认同的境遇。人类社会在漫长的进化史中，有一个共同的经验就是对于"新"既怀有期盼，又保持着戒备。一种新的教学方法被创设或引进到一个教学情境中，必然会有一定风险，会遇到各种阻力乃至反对，一片欢呼、推行顺畅的新方法十分罕见。教师对于风险的评估以及是否决定推行是为内阻力，而遭遇风险、担当风险是为外阻力。无论是内阻力还是外阻力，都是每一种新方法必须面临的挫折。同时，这种方法本身在实施过程中还含有"挫折"意蕴，比如项目教学法就使学生在参与实施新方法的过程中体悟探究和推演的复杂性和艰难，在挫折中寻求成功，进而体会新方法的意义和愉悦感。这种方法也是对高校学生进行学术品格培育的有效途径之一。

三、丰富性原则

有效的教学方法很少是单一性的，通常是多方法的组合运用。评判一次教学活动或者一位教师一贯的教学方法是否具有创新性，应该考察其方法使用的丰富程度。人类在漫长的教育教学历程中，创造了无数的教学方法，其中每一种方法都没有好坏、正误之分，关键在于是否适合这种方法的对象与教学内容、教学情境。教学是种非线性规律活动，每一种教学方法都有其产生的特殊原因，而人类相同原因出现的概率非常少，因此，某一种方法只能在其起源相似的条件下才能发挥作用，更多情况下是各种方法的融合与杂糅。具有创新性的教学方法必须具有丰富性特点，单一的方法在现今条件下，即使具有创新性，也一定非常微观，解决不了常规教学层面的问题。总结教学名师们的教学方法，除了其"品牌性特点"之外，都有非常丰富的教学方法贯穿教学活动之中，其中还有一些是教学方案设计之外的"非设计"方法，被教师们临场发挥，服务于特殊需要的教学过程。"非设计"方法是教学方法创新丰富性的表现之一，它准确地反映出不同教师运用教学方法的能力和水平，高水平的教师可以在教案设计方法之外游刃有余、得心应手地选择恰当的方法开展教学，而初任教职的教师可能在教案中设计了若干教学方法，但有可能一些方法根本没有用上就结束教学活动了，或者用一些超出教学安排的"取悦术"方式来满足学生的低级兴趣。

四、关联性原则

高校教育教学方法的实现途径随着技术进步发生着快速而深刻的变化。多途径实现教学目的成为现代高校教育教学方法创新的革命性特征。与传统的讲授法、灌输法相比，现代技术带来的教学方法创新突出了技术性优势，从"粉笔加黑板"进化到幻灯片、再进化到多媒体、网络课堂，有效地提高了教学效率，为交互式教学提供了时空与技术保障，师生教学灵感也能及时得到捕捉和储存。但这只是教学方法创新关联性的一个方面，即方法与手段的关联。级联递增式的关联性在一定程度上否定教学方法的技术元素，完全依赖现代教学技术推进教学方法创新也不妥当，因为人类的教学活动从产生到现在，从来就不是技术的奴隶。尽管现代网络课堂或课程在逐步兴起，这可能从感觉上给世界各地高校教育教学方法掀起一次话题讨论，但通过网络传播"最优"教学方法却任重道远，目前更多是学校的一种魅力与形象的展示。因此，关联性创新原则要求教学方法不能在技术面前无所作为，也不能搞"唯技术论"，还必须回归教学活动中"教"与"学"的本位开展创新，人是社会生活中最活跃的因素，离开先进技术设备条件依然可以开展教学方法创新活动，比如很多教师成长经验或教学经验中的"点化法"，就屡试不爽，成就了不少人才。

对教学方法及其创新性的评价，主体必须是多元的，任何单方面的结论都不足信，尤其是从教学管理角度开展的教学方法及其创新性评价更是有违教学方法的本质要求。高校教育教学方法创新属于学术文化范畴，对于教学方法的评价不属于高校教育的行政管理而是学术管理。学术性评价的主体应该是多重、多元的，只有这样才能靠近教学方法以及教学方法创新性的本质。否则，就是对教学方法的机械性误导，极大地扼杀教学方法运用的灵活性和教学方法创新的积极性。

教学方法创新评价主体，首先是教学活动直接参与者的教师和学生这两个主体。而且学生这一方面的情况是动态变化的，即某位教师的某一门课程的教学对于某一年级的学生一般只有唯一的一次，待教师重复进行教学时，学生已经全然改变。因此，教师的教学方法创新为什么滞后，关键就在于学生对某门课程的学习以及对教师教学方法的"感受"是唯一不可重复的，即使有一些中肯的建议，但检验这些建议是否被采纳的，则是下一届学生。所以，对教师教学方法创新评价主体中学生的界定，必须是连续几个年级学生。或者，对于通用性强的公共课程、专业平台课程等，要把学生全部纳入评价主体的范围，但这对大量专业性课程不适用。教学方法创新评价主体的另一方面，应该是教学团队成员。无论这个团队是否形成建制，或者规模大小、关联强弱不一，但通过这个团队，可以从"方法适应内容"角度准确界定教师教学方法使用及创新状况。至于很多高校教育已经组建并运行的"教学视导"机构的人员，是教学方法创新的评价主体之一，但由于学科专业的巨大差异，他们只能从通用性方法，即符合教学一般规律性的方法入手加以评价，不能代替教学团队的评价。教学管理部门参与教学方法创新评价是间接的，只能从程序设计、持续推进、结果反馈和分析等方面着手工作。

第三节　高校教育教学创新的思路

一、更新教学理念

更新教育思想，确立实践教育教学理念。实践，是指将高校教育教学内容中的自然科学知识、人文知识、德育等各种理论知识教育，通过具体的系统实践来消化、固化、融合、升华。在实践中统一科学教育与人文教育，把实践育人贯穿于人才培养的全过程，培养学生的实践能力和创新精神，提升个人人文素质和科学素质，达到完全与社会实际需要相符合。高校在校园文化建设中要建立一种新的激励机制，带动学生积极展开创新创业活动，并给予大力支持，全面推进实践教育。

树立以生为本的教学理念。就是在教育教学中要体现出对学生主体地位的充分理解和尊重，对学生潜能的充分诱导和挖掘，对学生人格的充分培养和塑造，把学生的个人意愿、社会的人才需求、学校的积极引导有机结合起来，使学生在知识、能力、思想道德、身心健康等各方面得到均衡、全面的发展，从而促进学生成长成才。这一教学理念要充分贯彻体现到高校的所有教学环节之中的。在教学模式上，要对原有的缺乏弹性的、学生被动接受的教学模式进行创新，实施弹性教学计划，建立学分制、主辅修制，让学生有一定的选择权和支配权，让他们可以自由支配属于自己的时间和空间，着力于学生创新能力和实践能力的培养。在教学目的上，要坚持"一切为了学生，为了学生的一切，为了一切学生"的原则。在教学方法上，要大力提倡"以学生为主体、教师为主导"的互动式教学方法，鼓励使用问题式、案例式、讨论式、情境式教学法，开展"启发、互动、探究式"的课堂教学实践，采取一系列措施，使教师由传统式知识传授型教学向现代式研究性教学转变，引导学生由被动接受型学习向研究型学习转变。

在教学组织的具体实施方面，应采取灵活多样的教学组织形式，而对目前过于刻板的传统教学方式进行创新，充分发展学生的个性，对学生进行激发和引导，使学生经过探索研究而学会自主学习，使教学方式以传授知识向培养学生认知能力和全面素质转变。转变以教师、课堂、书本为中心的教学局面，促进师生互动，展开专题讨论，鼓励自主探索与合作的学习方式，培养学生的探索精神与批判性思维。重视教学的创新性和学生个体间的差别指导，让学生在与教师的朝夕相处中耳濡目染，接受熏陶；以学生亲自动手实践为主，采取提供实践平台、鼓励学生积极参与科学研究实践课程，增强教学活力，培养学生获取新知识、分析和解决问题、交流与合作的能力。

制定均衡的高校教育资源配置政策。在重点大学和普通大学之间要实现教育资源配置的均衡。在建设和发展"985工程"和"211工程"重点大学的同时也要兼顾一般大学的发展，着力改善一般大学的办学条件。还要针对目前不同区域间高校教育差距越来越大的现象，制定相应的区域高校教育政策，寻求不同教育资源在区域间配置的平衡，增强区域高校教育发展的动力。科学合理地安排高校教育的学科专业布局，加强教学内容和课程体系创新。合理安排课程设置，高校的办学理念、专业与课程设置、教学模式要以社会需要的人材为目标，培养与社会需求相符的人才。首先，在进行学科专业建设时，依据"厚基础"原则构建培养本学科专业人才的基础知识、能力和素质结构。其次，在安排学科专业布局时要依据"宽口径原则，拓宽学生的专业知识面，把专业设置从对口性向适应性改变，实行宽口径的专业教育，优化课程整体结构，拓宽专业课程交叉培养，增加弹性教学，提高教学质量，提高学生的综合素质，促进学生科学全面发展，为社会提供高素质人才。最后，高校要抓住自身特色，合理定位，遵循差异性原则，建设优势学科，避免模式单一，合理配置教育资源，促进教育公平，促进高校教育科学发展。树立因材施教的教学理念。因材施教，就是根据不同学生的个性特点来进行不同的教育活动，通过对差异性的辨析，制定出适合其特点的教学计划。教育公平的实质不是使每一个学生都要获得同样的教育，而是使每个学生都获得"适合"自身的教育，这就是教育公平的"适合性"原则。我们要充分认识到学生是教育活动的主体，学生作为独立发展的个体，每个学生都有自己独特的个性，我们要做到在制定教学目标、教学模式、教学内容以及教学方法等教学活动时，坚持以生为本的教学理念，尊重学生的主体地位，充分挖掘学生的潜能，使学生的个性得到充分发展，塑造学生健全的人格，促进学生的全面发展和教育公平的实现。

构建高校教育教学质量保证体系。高校教育教学的质量直接影响着人的全面发展，最终影响经济社会的发展，因此，我们要依据相应的政策法规，建立高校教育教学质量保证体系，规范学科专业建设，避免重复建设和教育资源浪费。应构建独立的、有权威性的教育教学质量评估机构，加强对高校教育教学质量的监督，完善高校教育教学评估政策，充分发挥社会的监督作用，对高校教育教学质量进行监督。

总而言之，追求高校教育教学公平是促进高校教育公平的核心所在，也是促进高校教育创新发展的不竭动力，我们必须坚持科学发展观，继续深化高校教育教学创新，优化高校教育结构，不断提高高校教育教学质量，实现人的全面发展，最终促进高校教育公平的实现。

二、办学特色

（一）办学特色的内涵

教育部在《普通高等教育本科教学工作水平评估方案》中明确了办学特色的定义以及内涵："特色是指在长期办学过程中积淀形成的，本校特有的，优于其他学校的独特创新风貌。特色应对于优化人才培养过程、提高教学质量作用大，效果显著。特色有一定稳定性并在社会上有一定影响、得到公认。特色可体现在不同方面，如治学方略、办学观念、办学思路；科学先进的教学管理制度、运行机制；教育模式、人才特点；课程体系、教学方法以及解决教改中的重点问题等方面。"高校办学特色就是一所大学在长期办学过程中形成的本校特有的、已经被社会认可了的、在某些学科领域优于其他学校的独特创新风貌和具有可持续的发展方式，具有稳定性、认同性、创新性、独特性、标志性。高校办学特色的内容主要包括学科特色、科研特色、人才培养特色、校园文化特色这四个方面。

教育部在《关于进一步加强高等教育本科教学工作的若干意见》中提出，要培养数以千万计德智体美全面发展的高素质专门人才和一大批拔尖创新人才，并突出提高人才培养质量的重要性。而办学特色正是高校质量的生命线，是学校追求最优品牌的实现途径。高校应以追求特色、打造优势为目标，促进办学水平的整体提升，使高校的办学特色更加显著，从而提高高校教育质量。

（二）办学特色的形成

第一，教育教学创新，培育办学特色。一所有特色的高校必定拥有自己独特的教育思想和教育教学方式，这种教育思想和教育教学能够在特定时空环境下，指导着高校在办学发展过程中的办学思想和办学理念，并能适应时代和社会对教育和人才培养的要求，符合教育思想和教育教学的创新要求，符合教育创新发展和社会进步的一般规律，从而能够促进教育发展方向、人的全面发展及人才培养过程的优化。教育教学的创新必将带来教育思想的转变，而先进的教育思想必将促进先进办学思想的实践，包括新的办学目标、办学模式的重新定位，以及如何实现这一标准所采用的方法、途径以及对此办学实践效果的综合评价。

第二，构建学科特色，促进办学特色。学科特色建设是促进高校办学特色形成的关键所在。学科建设作为高校培育人才、科学研究和服务社会三大职能的具体承担者，它的建设和发展水平对高校的人才培养、科学研究、专业建设和师资队伍等方面的质量有着重要影响，对高校的办学特色的形成有着强有力的支撑作用，并决定着学校的服务能力和水平及办学层次的提升。学科特色是高校办学特色中的标志性特色，是构成高校教育核心竞争力的主要组成部分。学科特色，一是指特色学科，指某一特定的学科特色；二是指学科结构体系特色，指由几个特色学科共同组成的学科特色。特色学科是学科特色发展的基础，学科结构体系特色是学科特色的扩展壮大。真正的特色学科具有不可替代性，是难以被模仿和复制的。高校在学科建设上不能盲目求"大"求"全"求"新"，要求"精"和"尖"，要因校制宜地构建优势学科，发挥优势学科所附带的"品牌"效应，形成办学特色。美籍华人科学家田长霖教授曾经说过，世界上地位上升很快的学校，都是首先在一两个学科领域有所突破，而不可能在各个领域同时达到世界一流。学校要全力支持最优秀的学科，要有先有后，把优势学科变成全世界最好的，其他学科也就会自然而然地提升上来。所以，从某种意义上来讲，一所大学的学科优势所在，也就是这所大学的办学特色所在。

第三，发扬大学精神，形成办学特色。南京大学教授董健认为，大学之"大"，内涵应该是思想自由、学术自由；培养人，完善人，不断提升人格和道德；独立于政治权力之外，追求学术真理。"大学精神"就是在大学里做学问的心理状态和文化立场。大学精神是一所大学内所有成员在长期办学实践中共同创造、传承、逐步发展起来的，被大学所有成员共同认同而形成的一种精神理念，它反映了一所大学的历史文化传统以及面貌状态，是大学的精神信念和意志品质的准确表达，是大学独特气质的精神形式和文明成果的表现，也是大学所有成员的精神支柱。大学精神犹如个人的品格，是大学最为核心和高度抽象的价值追求和行为规范，决定着大学的行为方式和大学发展的方向，是大学存在和发展的基石，是大学的灵魂和本质之所在。大学精神是大学保持永久活力的源泉，是大学优良传统文化的结晶，是大学在长期教育实践中积淀下来的，最具典型意义的精神象征，体现了大学所有的群体心理定式和精神状态，展现了大学的整体面貌、风格、水平、凝聚力、感召力、生命力，最终凝聚形成独有的办学特色。高校的办学理念以及办学实践应该有利于大学精神的形成和发展，并使之形成一种特色教育，经久不衰。

三、推进师资队伍建设

逐步取消高校行政级别，精简高校管理机构，压缩行政费用开支，使教师真正在高校中处于主导地位，同时，重视师资队伍建设。百年大计，教育为本；教育大计，教师为本。习近平总书记在同北京师范大学师生代表座谈时指出："教师的重要性在于教师的工作是塑造灵魂、塑造生命、塑造人的工作。一个人遇到好老师是人生的幸运，一个学校拥有好老师是学校的光荣，一个民族源源不断涌现出一批又一批好老师则是民族的希望。国家繁荣、民族振兴、教育发展，需要我们大力培养、造就一支师德高尚、业务精湛、结构合理、充满活力的高素质专业化教师队伍，需要涌现一大批好老师。"

教师作为高校培养人才、传播知识的主体，是高校教育教学中的核心力量。一所学校的办学理念、办学方针都需要依靠教师在教学过程中呈现出来，高校要依据自身的办学特色，造就一支具有足够知识储备、教学科研能力、创新意识和人格魅力的高素质教师队伍。把重点学科、特色学科带头人的培养作为学科建设的首要内容，加大对重点学科、特色学科带头人的引进力度，加快高层次创新人才培养，突出特色训练，形成明显的学科优势，促进学科发展，进一步提升在职教师的素质，提高高校教育教学质量。

建设一支优良的师资队伍是提高教学质量的关键所在，是实现高校培养人才目标的有力保障。随着高校教育教学创新的发展，我国已经初步形成了一支总体规模较适中、学科体系完备、综合能力不断增强的高校师资队伍，在数量和专业层次上都有了较大幅度的增长和提升，但是，在整体结构、综合素质上依然存在一些不协调和不足之处，影响着我国高校教育教学创新的可持续发展。

（一）优化高校师资队伍结构

高校师资队伍的结构内容主要包括教师的学历、职称、年龄这几个方面，它可以直观地反映出教师队伍的质量、能力和学术水平的一些基本情况。这些年来，虽然我国陆续实施了"高层次创造性人才工程""高校青年教师奖""骨干教师资助计划""硕士课程进修"等多项高级资质队伍建设工程，但高校教师队伍的总体结构还存在着不合理因素。虽然现在的大多数高校都提高了入职门槛，高校教师的大门不再对本科生敞开，必须是研究生以上学历才可以获得进入的机会，但是"近亲繁殖"的现象还是存在的，高学历人才分布不均衡现象也还是比较突出的；在高校教师的职称、年龄结构上，普遍存在着缺少中青年学术骨干教师、拔尖人才等高层次人才的问题。因此，我们要加大对骨干教师和优秀学科带头人的引进力度，强化高层次人才队伍建设。对于高职称的学科和学术带头人、紧缺专业人才要给予一定的政策倾斜，根据学科发展的目标，有目的地吸引高层次人才，以确保高校师资队伍的职称结构比例合理。还要通过有效措施引进高学历人才，提高师资队伍的学历层次。加强本校优秀人才的培养，并吸纳来自不同地区和高校的人才，实现引进与培养相结合，推动人才与资源的有效整合，以利于各学科专业教师整体知识结构的优化，最终促进高校师资队伍结构的协调发展。

（二）提高高校教师综合素质

高校师资队伍建设是高校教育教学创新发展的基石，它直接关系着高校教学质量的提高与否。高校教育的快速发展对高校教师的教育教学思想、知识结构、教学方法等综合素质提出了更高层次的要求。要求教师具有熟练应用现代信息技术和现代教育手段的能力，教学与科研的创新能力，理论联系实际的能力，将知识服务于社会的能力以及良好的社会交往能力。要建设这样一支学术过硬、综合素质较高的教师队伍，我国的高校教育师资队伍建设任重而道远。提高高校师资队伍的综合素质要把师德建设放在首位。师德建设是师资队伍建设的基础，不断加强师德建设，是全面贯彻党的教育方针政策的根本保证，是培养德才兼备的高素质的社会主义建设者和接班人的必然要求。在高校师资队伍建设中，要遵循"以人为本"的原则，牢固树立"师德兴则教育兴、教育兴则民族兴"的爱国主义教育教学理念，要求教师不断更新观念，用现代教育思想充实自我、完善自我，推进高校师资队伍建设，建设一支为人师表、作风优良、爱岗敬业、治学严谨、教学科研能力强的与时俱进的高素质教师队伍。

提高高校师资队伍的综合素质要注重教师教学素质的培养。教学是培养人才的直接途径，也是高校的主要工作。教师是教学的实施主体，培养教师的教学科研能力是提高教师教学水平的主要途径。要改变过去的只注重学历的提高而忽视教育教学能力培养的状况，既要注重教师专业学术水平的提高，也要重视教师教学水平的提高，要求教师掌握教育教学理论、教学方法以及教学规律，增强教师提高教育教学水平的积极性和自觉性。同时，还要加强教师对科研工作的重视，为教师提供进行科研创新的条件，提高高校师资队伍的科研能力、学术水平和教师职业化水平。以"特色专业—精品课程"建设和聘任重点学科带头人为龙头，加强重点学科带头人、学术带头人、学术骨干队伍建设，在部分学科领域形成独具特色的人才群体，致力于学术大师和教学大师的培养，带动师资队伍整体水平的提高。

总之，我们要把高校师资队伍看作一个整体，通过多种方式加强高校师资队伍建设，提高教师的专业理论和学术水平、教育教学能力、科学研究能力以及科学文化素养，全面提升教师队伍的教育教学功能、团队协作功能、科研开发功能及社会服务功能。使教师掌握先进的教学、科研方法，并具有崇尚科学、勇于创新的开拓精神，具有为高校教育事业不懈追求的精神，为高校培养一支具有良好的职业道德、较强的教学科研能力和充满活力的高素质师资队伍。促进高校教育教学质量和水平的提高，促进师资队伍建设的良性循环，激发我国高校教育教学创新活力，为高校教育创新的跨越式发展奠定坚实基础。

四、创新课程体系及教学内容

（一）课程体系创新

首先要优化和调整学科专业课程结构，因材施教，分层次教学、分类别培养，同时进行主辅修、双学位、定向培养、中外合作办学等多样化的人才培养模式，在满足不同基础学生学习需求和发展需要的同时，也能促进人才培养质量的提升。在课程结构上，打破传统的单一课程结构类型，即分科课程、国家（或地方）课程、必修课程一统天下的局面，重新调整课程结构，优化课程体系。综合课程、必修课程和选修课程都要各自占有一定的比例，以"本科规格+实践技能"为特色，重视学生的个别差异，坚持四个结合，即理论与实践、人文教育与专业课程教学、课内与课外、校内与校外相结合，构建一种合理的、适合学生发展的课程体系。最终培养学生具备两个方面的素质——文化素质与创新素质，提高四个方面的技能——基本技能、通用技能、专业技能、综合技能。

在高校基础课程教育上，构建综合基础教育体系，所有学科专业都进行国防教育、人文教育、自然科学基础、德育实践等基础知识培训。要构建综合实践体系，搭建公共实践平台，包括专业实验、实习、设计、毕业设计（论文），德育实践，科技文化实践、创新实践等。还要构建学生实践能力考核体系，对学生的综合实践能力进行全面考核。进行"创新课程"研究，转变理论基础。创新课程所依据的理论基础由心理学扩展为社会学、经济学、文化学、政治学和生态学等更具包容性的学科领域。创新不仅包括首次创造，也包括对他人所创造出来的成果的重新认识、重新组合和设计应用。创新课程并不是以学科的方式向学生传授一整套如何创新的知识、方法和策略，也不是以学生获取学科知识为中心，而是以综合实践的方式为学生提供相对独立的、有计划的研究性学习、设计性学习、体验性学习、实践性学习、反思性学习和生活性学习的学习机会。鼓励学生从自己的现实社会生活中自主选择研究课题，并通过对开放性、社会性、综合性和实践性问题的探究，形成自己独特的学习方式，培养学生的创新精神、探究能力、开放性思维、社会实践能力和社会责任感。同时，创新课程也是一种创新性理念，是在一种课程开发与实施的过程中，除了独立的综合实践课程之外，原有的所有课程在具体实践中都要设置一些必要的干扰性因素，并通过课程内容的复杂性、模糊性来增加课程的难度，以培养学生的探究能力。

（二）教学内容创新

遵循"厚基础、宽口径、强能力、重质量"的复合型人才培养原则，重新规划和设计教学内容与课程体系。改变过去只在专业学科范围内设置专业课、专业基础课、基础课的"三级"课程编排方式，构建专业必修、专业选修、学科必修、公共必修、公共选修五大课程体系。对教学内容与课程体系进行重新规划和设计，按照学科专业普遍大类平行设计学科专业类课程、新公共基础课程、文化素质教育课程和实践性教学课程等较大教学课程内容体系，增加选修课，减少必修课，对公共课进行分级分类教学。

"厚基础"，就是使学生熟练地掌握各个学科专业的基础理论、基础知识、基本技能，并能扎实地运用到实践中去，确保学生的知识基础，强化学生基础知识体系，打造精品课程。进一步加强学生基础理论、基础知识、基本技能和基本方法的学习与实践，进行优秀主干课程建设和基地品牌课程建设，重点建设基础较好、适应面广的学科专业基础课、主干课和专业课，使之达到国家精品课程建设标准。在课程体系建设上，要不断优化课程结构，拓宽专业课程交叉培养，提高知识质量，加强大学生文化素质教育，增加弹性教学，改变传统的教学计划。在"公共必修"课程之上可以设置"学科必修"课程，按照分类搭建课程平台，注重文理交叉，在课程体系中设置跨专业课程，强化专业渗透，为学生的"宽口径"发展搭建学科基础平台。优化学生知识结构，让学生根据自己的专业特长、兴趣爱好和发展趋向自由选择，进一步拓宽专业口径，培养大学生综合素质。"强能力，重质量"就是从培养学生全面发展、提高学生综合素质出发，以分析、模拟、影视教学等基本形式展开实践教学，加强课堂内外的实践教学环节，并通过组织社会实践、社团活动、专业实习等实践活动培养学生的务实能力、操作能力。注重学生的人格塑造，充分挖掘学生潜能，注重培养学生"从一般到个别"的解决问题的能力，着重训练学生"从个别到一般"的调查分析问题的能力，帮助学生养成可行性分析的良好思维习惯，使培养出的学生具备强能力、高质量。

（三）注重实践教学

当前，我国高校教育教学投入不足、教学管理环节薄弱、教学创新还需加大力度，是高校教学工作存在的主要问题。从1999年起，由于高校的扩招，大学的规模扩大，但大学生数量的急剧增加所带来的负面影响也正在逐步显现。旧的传统教育思想、教育观念仍占主导地位，教学模式、教学内容、教学方法与学生成才的实际需求脱节，尤其缺乏相对应的实践教育，导致人才培养与社会经济发展需求脱节，致使培养出的学生由于缺乏实践能力而不能满足创新型国家建设和经济全球化发展的要求,失去了大学服务于社会这一功能的重要意义。针对我国高校教育教学创新中出现的这种状况,教育部、财政部联合发出了《关于实施高等教育本科教学质量与教学创新工程的意见》,决定实施教育教学质量工程,中央财政将投入大量资金支持"质量工程"建设。同时,教育部也发出了《关于进一步深化本科教学创新全面提高教学质量的若干意见》,指出要重点落实实践环节,拓宽大学生校外实习、实践渠道,与社会、行业以及企事业单位共同建设实习、实践教学基地,力求提升大学生的实践能力。对学生进行实践教育,并多方面采取各种有效措施,确保学生专业实践和毕业实习的时间和质量,把教育教学与社会实践紧密地结合起来。

开展实践教学,要求学校通过开拓各种有效途径为学生搭建实践平台,建立一批相对稳固的课内外学生实习和实践基地,并积极组织学生进行社会实践、调研、实习等活动,逐步培养大学生的敬业精神,锤炼他们艰苦奋斗的精神和坚韧不拔的意志,有计划、有目的地推动大学生自觉自愿地提升职业道德素养。逐步培养大学生的实践创新能力,积极支持大学生创新创业活动,致力于大学生创新素质的发掘和培养。创新素质主要包括创新意识、创新精神、创新能力等三个层面的内容。在一个创新型国家的建设进程中,这种全新的创新素质正逐渐成为大学生就业市场竞争中的核心竞争力。

五、教学模式创新

人才的培养是一个复杂的系统工程,必须不断探索其内在的规律,革新旧的不合理的教学模式,认真细致地研究教学,研究其内在的多重因素:教学理念、教学内容、教学方法、教学模式等,从而掌握教学的规律。因此我们提出了"教学民主"的教学观念,对传统的教学模式进行创新,开创研究性教学、开放性教学和互动性教学等一些能够体现"教学民主"的经典教学模式,充分突出学生的主体性地位,激发学生的主动参与意识,开发学生的学习潜能,创设民主、和谐的学习氛围,指导学生学会学习。在教学中建立一种和谐的师生关系,充分调动学生学习的自发性和积极性,保证学生全面和谐发展。

推广研究性教学,培养学生的创新意识。教学从知识传递向注重能力培养的方向转变,必然要求教学方式方法的变革,推进研究性教学正是深化教学创新的重要路径,也是研究型大学人才培养的一个基本特征。研究性教学是一种将教师自身的研究思想、方法和最新成果引入教学过程的教学模式。通过研究性教学,使教学建立在科研基础上,科研促进教学的提高,教学与科研互动并向学生开放,从而引导学生在参与教学过程中步入科研前沿,激发学生主动思考、主动探索、主动实践的创新意识。研究性学习的过程,是情感活动的过程,通过让学生自发地参与探究性学习活动,获得亲身体验,逐步形成一种在日常生活和学习中勇于探索、努力求知的良好习惯,从而激发探索和创新的积极欲望。研究性学习过程,就是一个探索的过程,在一个相对开放的环境中寻找问题和探讨解决问题的过程。通过这一过程，可以培养学生的思维能力，培养学生发掘和解决问题的能力，对学生掌握一定的科学的学习方法，增强学生对资料的收集能力、分析能力、总结能力，以及学会利用多种有效手段、多种途径获取信息都有积极的推动作用。研究性学习的过程是一个互动的学习过程，在这个互动的学习过程中离不开学生与团体、学生与学生之间的沟通与合作。可以说研究性学习为学生提供了一个人际沟通与合作的良好空间，为学生分享研究资料、学习信息、创意和研究成果以及发扬团队精神提供了一个很好的交流平台。这一过程不仅培养学生学会合作，还能培养他们发现问题，克服困难，共同解决问题的能力。研究性学习的过程也是一个实践的过程，要求学生从实际出发，实事求是，尊重他人研究成果，严谨治学，积极进取。研究性学习的过程也是一个培养学生全面素质提高的过程，通过学习实践加深了对科学以及科学对自然、社会的积极意义与价值的认知，使学生懂得思考国家、社会、人类与世界共同进步、和谐发展的宏大命题，在培养学生的创造能力和实践能力之余还能促进学生形成积极的人生观、价值观。而且，研究性学习过程也为学生提供了综合运用各门学科知识的机会，这不仅加深了学生对学过知识的重新记忆，也加强了学生将所学知识的生活化。

进行开放性教学，培养学生的积极参与能力以及自主创新能力。开放性教学是为了鼓励学生主动积极地去探究知识规律，对传统教学过程中影响学生发展的不合理因素进行改变，从而培养学生自主创新性学习能力的新型教学。开放性教学的主要思想理念是以学生的发展为本，通过教学目标、教学方法、教学内容以及整个教学过程的开放，实现从传统的封闭式课堂教学走向开放式教学，充分发挥学生的主体作用，让学生掌握学习主动权，自己去探索、发现，从而培养学生的创新能力。在开放性教学中，教师不能仅仅拘泥于教材、教案的内容，要给学生提供充分发展的空间，创设有利于学生自主发展的开放式教学情境，并根据学生的发展状况不断调整教学过程的每一个环节，激发学生学习的动力，促进学生在积极主动的探索过程中健康、全面、和谐地发展。开放性教学不只是一种教学方法、教学模式，它还是一种教学理念，它的根本目的是让学生的创新潜能得到充分发展，它以开放的教学活动过程为路径，以最优教学效果为最终目标。

开创互动性教学，提高教学质量。互动性教学就是在教学过程中充分发挥师生双方的主动性，师生之间相互交流、相互探讨，促进师生共同发展，最终优化教学效果、共同完成教学目标的一种教学模式。互动性教学可以活跃课堂气氛，而且能够及时反馈学生的学习进度以及掌握知识的规律。互动性教学包括教与学的互动、教学理念的互动、心理的互动以及形象和情绪的互动，等等。互动性教学是一种富有生命力的创造性教学，有着现代性、互动性和启发性的特点，它不同于传统的以教师为主的灌输式教学，也不同于放任学生自由学习的"放羊"式教学，它要求教师按教学计划组织学生系统地、有目的地学习，并要求教师按学生的发展要求有针对性地因材施教，促进教师努力探索、学习，不断提高自己的专业水准和教学水平,同时激发学生学习的积极性,促进学生个性的发展,提高教学效果和效率,最终提高教学质量。互动性教学以学生为主体,以教师为主导,提倡师生平等沟通、交流,让学生在没有压力的情况下轻松自由地学习,让学生参与教学计划、教学决策,有利于培养学生自觉学习和主动学习的能力以及创新学习的能力。

第六章　现代高校课程管理的创新发展

人才培养是教育领域研究的重点内容，而课程建设与管理是实现人才培养目标的重要依托，也是高校教育教学育人管理的重要载体与主要渠道。本章分为课程与高校课程，现代高校课程管理的基本原则，现代高校课程管理的重大意义，现代高校课程管理创新发展的策略四个部分。主要包括：课程及课程管理概述，高校课程概述，现代高校课程管理的人本性、目的性、系统性等原则，现代高校课程管理的理论意义和实际意义，现代高校优化课程教材管理、实施人文引领的高校课程价值管理、创新高校专业课程管理的高校课程管理创新发展策略等内容。

第一节　课程与高校课程

一、课程及课程管理

（一）课程

1. 课程内涵

课程作为教育教学的中心环节，一直备受国内外学者关注，学术界对课程的定义也是众说纷纭，主要的课程内涵有如下观点：

①我国的"课程"这一词由唐代孔颖达最先提出，他在《诗经》注释中所说的"维护课程，必君子监之，乃依法制"，意指礼仪活动的相关程式。

②课程是指学生在学校获得的包括教学活动、教学进程、学科设置、课外活动以及校园文化在内的全部经验；也指一切有规定数量和内容的工作或学习进程。

③课程最根本的内涵是知识组织，课程就是知识体，即"教学内容经组织后所形成的每个'知识体'就是一门课程"。

总结说来，广义的课程即指学生在校内习得的包括教育教学和课内课外活动、学习氛围和学校背景环境在内的所有经验；狭义的课程则专指与教学活动有关的学科及其关联活动的总和。

2. 课程结构

这是"课程内部各要素、各成分、各部门之间合乎规律的组织形式"。课程结构作为课程实施过程中的纽带，存在于课程活动的各个环节，主要表现为宏观结构与微观结构两大类。宏观结构指的是课程总体设计的结构；微观结构则包括课程实施过程中各要素与成分之间的整体组合关系。在相关研究领域中，学者们多倾向于课程微观结构的研究。例如，美国著名教育家布鲁纳和施瓦布都曾对课程结构进行研究。其中，布鲁纳的结构主义学科理论就更加倾向于研究微观的课程结构，也就是课程的内在结构。布鲁纳认为，结构主义体现在学科中主要是用于支撑相应的定义、原理和规律方法，并能够展现出其相互作用的内在逻辑机制。施瓦布同样专注于课程微观结构的分析，他的观点也与布鲁纳较为相似，不同的是，施瓦布更加深入地研究了学科结构主义的本质，揭示了其内在的层次结构。

3. 课程特征

课程是学校教育的组成部分，更是连接学校教育与社会需求的枢纽。能够反映社会各种需求的课程以知识形式付诸教学实践时，一般呈现出以下特点：

①课程是经过社会选择所呈现出的社会共同意志的体现。即课程所包含的内容实际上是以社会的政治、经济和文化制度为依据，以学校教学宗旨为依托。也就是说，学校在设定课程内容时需要考虑社会各方面的需求。

②课程是具有合理逻辑组织的完整体系。即课程的构成要素包括课程目标的设定、课程内容的设置、课程设计的编制、课程实施的组织和课程评价的制定等，是一个完整的作用体系，各个要素之间需要相互协调、科学运作。

③课程是以既定、先验和静态的方式存在的。其中，"既定"即已经存在的，"先验"即先于经验的，"静态"即相对静止的状态。换言之，课程就是先于经验而存在的一种相对静止的知识产物。

④课程是学习者所追求的高于自身知识的一种外在经验。即课程是外在于学习者并需要学习者通过不同途径去参与和获得的。

4. 课程分类

课程分类是根据不同的分类依据将课程加以区分，形成不同形态的课程的过程。其中两种最根本的课程类型就是学科课程和活动课程。但随着课程理论的完善，逐渐衍生出一种新的课程形式——核心课程。至此，形成了包括学科课程、核心课程和活动课程在内的基本课程分类体系。其中，学科课程主张以学科为中心，核心课程主张以学生的活动行为为中心，活动课程主张以学生本身为中心。除此之外，依据课程的本质属性，课程可有经验课程和学科课程之分；依据课程的实施形式，可分为综合课程和学科课程两类；依据课程的重要程度，可分为必修和选修课程两类；依据课程的组织和管理机构不同，可分为国家课程、地方课程和校本课程三类。

（二）课程管理

课程管理作为学校教学建设的核心，主要分为课程建设与教学建设两大部分。

1. 课程建设的主要环节与内容

课程建设主要探讨课程应该"教什么"，具体包括以下五个环节：

①课程目标。课程目标作为教育目标的直观体现，为课程建设的最终实现奠定了基础。课程目标在课程建设过程中发挥着重要的功能和作用，首要的就是其导向和评价功能，除此之外还有调节和中介的作用。首先，课程目标具有导向性，它为课程的内容、设计、实施和评价等课程的其他几个环节确立了基本方向；其次，课程目标具有评价性，是评价其他几项工作合理与否的有效依据，也是测验预期目标能否完成的根本标准。

②课程内容。课程目标是课程建设的中心要素，也是保障课程目标完成的最关键要素。近些年有关课程内容的研究主要体现三种观点："教材中心论""经验中心论""活动中心论"，分别主张以"学科教材""学生经验"和"学习活动"为中心来设置课程内容。此三种课程内容观点虽然各有利弊，但在课程实施过程中若能将三者相互联系、融合运用，将会是一种新的尝试。

③课程设计。狭义的课程设计是指通过设计将课程内容的各个组成要素连接成一个整体，进而形成具体的课程实施结构，达成课程目标；广义的课程设计则在狭义的基础上，还包括分析课程主体、课程客体，以及研究课程各个构成环节之间的相互作用模式等。此外，还有学者从微观、中观和宏观的角度分别对课程设计进行区分和研究。不同视角、不同层次的课程设计有不同的主体和受体。

④课程实施。目前，"课程实施"尚未有统一的界定，但主要有两种学者们较为认可的观点：其一是认为课程实施是"一个具体课程方案的施行落实"，是将课程实施当作固定不变的执行活动，多用于由上级到下级实行课程改革或课程进度推进；其二是认为课程实施是"把一项课程落实到实际操作的过程"，是一个动态的、随课堂实施过程中因改革变化而变化的过程，适用于不同地区，根据地域需求进行的课程改革实施。考虑到实际状况，课程实施是指不同地域根据本地区的教育需求和培养目标进行的课程实施或课程建设过程。

⑤课程评价。这是指依据课程的实施可能性、有效性及其教育价值，可以做出价值判断的"证据的搜集与提供"，主要包含两个方面的内容——"教育过程是校内的计划与组织的判断决策和学生的学习成果的判断"。换言之，课程评价是根据课程的实施与结果研究课程价值的过程。通过课程评价，不仅可以了解和掌握学生的经验习得情况，更重要的

是还可以获悉课程实施过程中课程建设各要素的发挥情况，进而为课程目标的实现和课程建设的优化提供真实的反馈信息，以便及时进行调整与改进。

2. 教学建设的主要环节与内容

教学建设主要探讨"如何教"的问题，一般来说，教学建设应该包括五个环节与内容：即理论基础、教学目标、操作程序、实现条件与教学评价。与上述课程建设相对应，将在以上五个环节要素的基础上，研究教学目标、教学内容、教学实施、教学设计与教学评价五个方面的内容。

①教学目标。这是指教学活动开始之前所预先设想实现的教学效果，是对学习者将要产生的学习效果的预先猜测和假设。教学目标作为教学建设的首要环节，对教学内容、教学目标等其他环节具有控制和指导的作用。泰勒原理就曾指出教学的目标与内容和评价之间的作用关系，认为教学目标是教学内容选择和教学其他环节实施的根本依据。因此，教学目标的差异直接导致了教学模式的差异，教学模式始终为教学目标而服务。

②教学内容。这是指"在教学过程中同师生发生交互作用、服务于教学目的达成的动态生成的素材及信息"。教学内容涵盖了教学过程中"教"与"学"之间彼此互动和作用所产生的全部信息，除了教材与课程的内容，还包括学校所要教授给学生的知识技能、传递给学生的思想观念和监督学生的行为习惯等，即生成性教学内容。教学内容即指学校为学生提供的一切用来满足学生学习需求的有形或无形的教学资源等。

③教学设计。国外对教学设计概念的界定主要包括系统课程观、科学技能观、"最优处方"观等观点，国内则提出了"过程-程序"说、"解决问题"说、"技术"说等不同的说法。综观国内外学者的观点，认为教学设计是以教学目标为准则，针对教学对象所确定的合理有序的教学安排，其中包括教学建设各要素的安排与教学实施的设计等环节的系统化过程。教学设计可以由大到小针对不同的学段、学年、学期、单元、课时甚至一个片段，也可具体指某一课时或教学片段的设计。

④教学实施。有关教学实施的概念，目前尚未有统一的界定，但从另一个角度来看，教学设计关注的是如何提供一个教学活动整体安排的方案，那么教学实施则是如何将这样的教学方案进行实际执行和操作。这个"如何做"既要满足教学活动中的教学目标、内容与对象的要求，又要考虑教学环境的差异性与可能性，比起教学的详细施行办法要更加复杂化。教学实施作为整个教学系统运作的核心环节，其执行与落实情况直接决定了教学目标的实现与否，因此，我们需要更加深入地研究和探讨。

⑤教学评价。一般来说，对"教学评价"的定义分为广义与狭义两种观点。广义的教学评价是指"对一切影响教学活动因素的评价"，是指运用科学的方式，以合理的评价标准和指标为依据，对整个教学活动产生的实际教学效果所做出的价值判断。狭义的教学评价则是指采取科学合理的措施，以实际教学目标为依据，对教学活动做出评价和判断的过

程。综合两种说法，教学评价是指基于一定的评价标准，通过科学的教学信息收集，运用合理的评价方法来判断整个教学过程的价值。

综上可知，课程管理包括课程建设与教学建设两大要素，具体又包括课程（教学）目标、内容、设计、实施与评价等。因此，要想实现课程建设的完善化和创新化，就需要以"目标"为导向，促进各个构成环节与要素之间的协调与衔接，进而形成一个良性的课程运作系统。这就需要我们从不同层面、不同视角对课程建设的各个构成要素进行深入研究和掌握。

二、高校课程

高校课程管理主要体现在课程目标、课程内容和课程实施中，不同年级的课程要素也会在课程价值动态变化中不断创新发展。高校课程在具体的情境中也会体现出不同的课程管理方法。

（一）高校课程的培养目标

高校课程目标通常具有促进大学生的全面发展和促进专门人才的培养两种取向。促进学生本身发展或者为社会发展服务是课程目标两种最为明显的区别。

以"学生"为主的课程目标，强调学生是课程的基本着眼点，关键是促进学生的自我实现。高校课程目标是培养学生，以满足学生发展的需要。强调学生全面发展，注重学生的兴趣、情感等内在需要。以学生为中心的课程，更加注重过程，即学生在课程中的内在的收获，而非外在的结果。

以"社会"为主的课程目标，旨在培养能够为社会服务的人才，强调课程教学要为"社会"的发展服务。以社会为中心的课程，更加注重培养专业性人才而非满足人本身的需要。其教育的目的是单一的、外在的、更加注重结果的。

高校课程目标基本围绕学生和社会这两个主体来讨论，现实的课程目标并不一定是非此即彼的，可能会有折中和融合。会依据不同的历史背景或者具体的情况而更偏向社会或者个人。

（二）高校课程设置

高校课程的设置主要分为通识课程与专业课程。高校中的课程设置体现了课程目标，我国高校课程设置所体现的倾向，主要表现在对通识课程与专业课程的权衡与选择上。

以学生为中心的课程，在课程设置中会更加关注通识教育课程的内容，即涉及人文、自然与社会知识的"共同内容"。通识教育课程旨在使学生形成宽广的知识基础和合理的能力结构，形成"具备远大眼光，通融识见、博雅精神和优美情感的人。"通识教育课程主要是指非专业性的、非功利性的基本知识。在通识课程中，侧重强调文学、历史学、哲学、逻辑学等人文性课程。这些知识能够促进入的自由和全面发展，体现人的意义与价值。

以社会为中心的课程，则更加侧重专业教育课程。专业课程强调学生对学科知识的掌握，注重科学化的、理论化的、专业化的知识，重视课程的实用性，而工具性价值等能够产生实效的知识，比如理科、工科专业课程。"社会主义课程取向下的课程，往往注重社会课程轻人文课程；重实用而轻理论，重对口而轻基础，尤其是重适应而轻超越的。问题不在于所重视的方面，而在于被轻视的方面。"

两种模式下的课程内容都各有其价值，无论是对社会发展还是人的发展都有重要的作用，但是专业教育课程目前仍占主导地位，因此而影响了人的全面发展。

（三）高校课程实施

这是一个复杂、动态的过程，是"实现预期的课程理想，达到预期课程目标的基本途径。"课程实施过程的倾向受课程目标和教师的教育理念等的影响。课程目标主要是学生和社会两种取向，课程实施受其影响，通常关注学生个性和共性两种取向。

关注学生个性的课程，突出个人本位。课程实施过程中强调学生兴趣，个性的发展，因此会结合学生的需要与兴趣安排课程。课程实施过程注重课程的生成以及学生对知识的自主探究与质疑。强调知识获得对学生成长的意义，更注重教学过程。所以课程内容不是固定不变的，教学的流程也并非循规蹈矩。

关注学生共性的课程，突出社会本位。课程实施过程以知识的传授为主，更加注重学生对知识的获得。教师通常将人视为社会环境和教育的产物，认为人是一个认识体，人的本性是社会性，因此课程实施更多强调统一和服从。注重培养社会需要的人才，以社会发展的需要来设计教育活动。课程通常是按照提前设计好的教学方案进行教学，以固定的模式和方法来传授知识、对待学生。课程强调知识的外在实用价值，更注重教学结果。

第二节 现代高校课程管理的基本原则

一、人本性原则

"人本"顾名思义，就是以人为根本，以人为一切工作的中心和出发点，注重发挥人的积极性、主动性、创造性以及潜能，实现人的发展、社会的进步。

在高校课程管理中，必须坚持人本性原则。在高校所有的课程管理中，教师资源是重中之重，是资源配置的实践主体，也是高校赖以生存与发展的关键。只有一流的专业教师，才能培养出高质量的学生，创造出优秀的教学科研成果，得到社会的尊重和认可，进而赢得更多的课程资源，缓解资源紧缺的现状，形成良性循环。高校在制定人才培养目标时，也必须坚持人本原则，构建应用型的人才培养模式。学科建设、专业设置、课程开设等，也要从学生的多样化发展需求出发，及时更新教学内容、教学手段，不断丰富课程管理内容，培养多样化的专门人才，满足社会多层次的发展需要。

二、目的性原则

目的是行为的先导，规定着行为的方向和价值，并贯穿于行为的整个过程。目的性原则是指导高校课程管理的总的原则，一切配置行为都是围绕着学校建设的总体目标进行的，从而为实现学校整体发展目标服务。

高校课程管理的目的性原则，集中表现为两层含义。

①要根据明确的目标指向来配置高校的各类课程资源。比如，作为高校在进行课程管理时，不仅要根据不同学生的不同需求和学习特点来设置课程，还要考虑地方社会政治、经济、文化建设的多元化需求。

②所有的目标必须有相应的课程资源来对应。这要求决策者对学校建设目标系统中的各个大小目标有个清晰的认识，以此建立最优的资源配置方案，提高课程管理的科学性。

三、系统性原则

将高校课程管理看作是一个复杂的系统，该系统是由多个子系统构成的，这些子系统的课程要素包括教师、学生、教学环境、课程管理及课程评价等多个方面。坚持课程管理的系统性，有利于充分发挥各个子系统的整体功能，实现整个系统的总体目标。

高校课程管理在进行资源配置的过程中，要坚持系统性原则。首先，要对课程资源的各个构成要素建立充分的认识，了解它们的具体特性及其作用功能，只有这样，才能有的放矢地合理配置课程资源，保障每个课程要素都能发挥最大功效；其次，不同课程要素之间是互相联系、相互契合的，它们具有不同的组合方式。如何对这些不同的课程要素进行多样化组合，需要考虑不同学科、不同专业、不同课程的特点及发展要求，这样才能保障课程资源整体功能的发挥以及课程活动的有效实施。

四、协调性原则

协调就是要配合得当，和谐一致，尽量减少矛盾，将消耗降至最低程度。在当前高校课程资源相对紧缺的情况下，为了适应高等教育大众化的发展进程，高校在进行课程管理中必须坚持协调性原则，以最大程度地实现高校课程资源的公平配置和协调发展。

高校课程管理的协调性原则主要包括两个方面：

①外部协调，主要是指高校内部课程资源的配置必须要与当地经济社会的发展要求相适应。高校办学定位、人才培养模式等的确定，要考虑当地的实际发展需求。在依托于当地资源办学的同时，也要积极主动地为当地社会的发展提供服务。

②内部协调，主要是指校内课程资源在不同院系、不同学科、不同专业间进行配置时，必须兼顾效率与公平。在追求效率的同时，提倡合理竞争；在考虑公平的同时，也要关注投入与产出的平衡。

五、可持续性原则

"可持续性"就是要求资源的可持续利用，不能只顾眼前利益而不顾长远利益。高校作为非营利性的社会公益组织，不能只顾效益而不顾成本。

高校在进行课程管理时，必须坚持可持续性原则，既要满足高校当前的发展需求，又要考虑高校长远发展的需要，以保障课程资源的可持续性利用。高校的各类课程资源，如教室、实验设备、教学仪器、图书资料、专业教师等，都处于持续使用和不断消耗的过程中，并不是取之不尽、用之不竭的。为了高校的长远发展，一方面要切实提高现有资源的利用率，通过加强对课程管理的监管力度，实现资源共享等方式，尽量减少不必要的资源浪费和重复建设；另一方面必须合理开发利用高校的各类课程资源，实现资源的补偿和再生，避免枯竭，从而保障高校的可持续性发展。

第三节　现代高校课程管理的基本原则

一、现代高校课程管理的理论意义

（一）完善课程管理理论

课程管理不仅是一个研究领域的开拓，也是课程理论研究逻辑的发展，是课程理论的自我完善。课程的研究以美国最为发达，影响也最广，它的研究重点集中于课程目标的确定、课程内容的组织、课程实施、课程评价等问题。然而他们认为课程管理是学校管理的一部分，不予重视，从而课程管理的研究就被忽略了。我国接受的是以美国为主的西方课程理论，所以课程管理研究被忽视亦是自然的。我国有学者较早就注意到了课程管理的问题，指出课程管理理论与课程设计理论、课程评价理论一样，是课程理论的一个重要组成部分。课程理论要走向成熟，首先要解决课程理论中的课程开发、设计、评价等基本理论问题。随着课程理论改革的深入，课程管理问题就必然要提到议事日程上来，课程管理与整个课程领域的问题及其他问题都相关，重视课程管理的作用和研究也是课程理论自身发展的必然要求。

（二）高等教育管理研究的必要补充和突破

高等教育管理的研究与高校课程管理的研究在总的目标上是一致的，都是为了更好、更有效地实现培养所需的人才，更好地满足高校与社会的要求。高等教育管理学已成为一门独立的学科，其主要内容是高等教育体制、教育方针政策、高等教育领域、教育经费，以及高校内部管理中的学校组织、人事管理、教学管理、后勤管理等。而高校课程管理涉及的问题具体得多，如课程标准的制定、课程实施过程的监控及管理机构的设立权限、职能的规定等，它们都是具体的工作内容。高等教育管理学涉及的是整个高校管理领域的问题，它能提供的是适于各种问题的原理和框架，以及对高校管理的分析框架。它的一般理论特性使其不能对向课程这样的特定领域做出直接的运用，而且由于高等教育管理学研究范围的限定，使其他不能对课程管理的问题做出详细的讨论。所以，正像教育理论不能替代对高校课程管理的研究一样，开辟高校课程管理研究领域就非常切合于理论与实际。

二、现代高校课程管理的实际意义

（一）促进高校管理观念的转变与确立

高校的管理运行机制长期习惯于自上而下的行政控制与管理。学校的设置与发展规模，学生的培养要求等，都是由国家计划限定的。这种无竞争又无淘汰的运行状态极大地限制了高校自我发展的能力。如今，"对包括课程编制在内的人才培养的全过程进行管理，正在成为一种新的大学管理理念"，高校课程管理领域的出现，反映了我国高等教育管理在思想观念上的变化。高校课程管理理论的建立，要以课程评价、课程设计等理论为基础，以人员管理、机构调整等观念的转变为前提。高校课程管理领域的开拓，会推进高校管理观念的转变，从而促进新领域的确立。

（二）促进课程行政的顺利转轨

我国高校课程的行政管理体系自19世纪50年代以来，全国高校一直由中央统一管理，形成了高度集中的大一统模式。此种情况如果在建国初期的特定情形之下是适应的，但是经过长时间的课程变革和社会大环境的变革，课程领域出现了许多新的情况：课程要求增加弹性和灵活性、学校课程决定权、及时按人才培养调整课程内容等，这些也是学校课程管理要研究的。课程管理研究内容的变化，会使课程管理体制做出相应的变革。课程行政转型之后，又可以使学校课程管理更加灵活有效，有利于调动中央、地方和高校三方面的积极性；有利于中央、学校课程管理各司其职，明确权限，提高课程管理水平。

（三）促进高校课程改革发展

课程改革是整个教育改革的突破口，课程改革也是教育改革成败的关键。课程改革是一个系统的过程，其组织、实施、评价和推广等需要课程管理的介入。假如这些工作不能实现，那么课程改革就不能取得良好成效。我国的课程管理水平已经落后于课程改革的需要，课程改革的深化正期待着课程管理水平的提高。

第四节 现代高校课程管理创新发展的策略

一、优化课程教材管理

（一）严把教材选用质量关

教材作为知识载体，是培养人才、传授知识的重要工具。它具有稳定教学秩序、保证教学质量、创新教学内容、引领教学方向的作用。近年来，我国高等院校连年扩大招生规模，社会对人才的要求也越来越严格，这也意味着对高校培养人才提出了更高的要求。要保证人才培养质量，就必须认识到教材在教育活动中的重要性，严格把控教材选用的质量标准。

尽管各层次的高校对教材选用的要求千差万别。但都贯彻着统一的原则——以择优性为主要标杆，同时兼顾试教性、科学性、系统性、平衡性。基于以上原则，提出以下措施。

1. 选用高水准、优质教材

加强选用管理，消除教材选择的随机性，并确保教材选用的科学性和适教性。首先，要落实教材选择程序的执行，继续加强教材选用程序的规范程度。教师列出备选教材清单后，需要由教研室、学院、教材主管部门逐级进行讨论审查，相关领导确认审批。在审批过程中，各级主管必须严格遵守原则，以确保所选教材的质量。严格遵照教育部"凡选必审，质量第一，适宜教学，公平公正"的教材选用原则。

其次，保证高质量的教学质量，就要选用高水准的优质教材。教师在选择教材时，要优先选择教育部规划教材、国家级重点教材、省部级优秀教材及各类获得国内外教材评选奖励的优质教材，保证学校能够达到较高比例的优秀教材选用率。在选用高水准教材的同时，教师也应注意要缩短教材使用的周期，加快教材的更新换代，保证近三年出版的新教材使用占据较高的比例。此外，鼓励引进国外先进的、能反映学科最新发展动态的外文教材。

2. 建立反馈机制淘汰劣质教材

及时对选用的教材质量进行跟踪调查，这是一种非常有效的质量保证措施。制定有效健全的反馈制度，无论是专业课程、必修课程还是选修课课程或实验课程，都应该根据课程设置和实际教学情况选择教材。因此，在每学期结束时，都应邀请师生有效的评估本学期使用的教材，对不符合评价指标或师生使用感不好的教材，在下次订购教材时不得选用，并将情况以书面形式报校内本科教学部，先由学院自评，本科教学部再对各学院自评情况抽查，全面掌握教材质量情况，以此对学院对下学期的选用教材进行改进和优化，保证教材选用质量。

3. 提高教材管理队伍的素质水平和业务能力

提高教材选用质量也离不开教材管理队伍的支持。教材管理人员在提高选用教材质量方面起到关键的作用。通过提高其素质水平和业务能力，并在全面了解各专业的培养目标、教学计划后，能够心中有数，提出教材建设的合理意见。总之，严把教材选用质量关是教学管理工作的重要一环，在保证教学质量中具有关键性作用。

（二）强化新形态教材的建设

毫无疑问，新形态教材比传统的纸质教材具有更多的优势，学生可以更方便地阅读，平台可以为学生提供更多的售后服务。在信息技术的支持下，数字资源可以得到更迅速的更新，且随时可以扩展，易于学生学习。但新形态教材目前尚处于建设初期，因此在某些方面有待完善。

1. 构筑数字化教育生态环境

新形态教材尚处于起步阶段。目前，高校新形态教材的应用和推广情况并不理想，首要任务是要加强数字化环境的建设，数字化环境可分为软环境和硬环境。数字化软环境就是指数字素养的培养，目前大学师生还没有形成清晰的数字素养观念，对这种新形态的教材整体认知水平较低。因此，要引导他们以全新的思想观念重新认识数字教育，从思想上做出改变，新形态教材才能得以健康发展。

硬环境是指数字化教学环境的建设，其中包括稳定可靠的网络信息平台。数字教学设施、教学资源系统和强大的技术支持系统。如果高校可以将数字教材整合到数字化环境的学习中，同时将数字教材与其他数字学习平台深度融合，将大大增加了新形态教材应用的概率。

目前，学生在阅读和学习数字资源时，通常是通过网页浏览器完成，这不仅效率低下，削弱了学生学习的效率，也使数字教材的学习效果大打折扣。因此，在开发新形态教材时，开发商要努力开发出可以支持多类型智能终端的应用程序，以提高学生学习的效率。若通过应用程序进行教学，新形态教材将成为教材的主要形式，占据有利地位。这样一来，学生可以一边读书一边做笔记，大大提高了学习效率。同时，与浏览器相比，智能终端应用程序更封闭，能够有效保护知识产权。

此外，开发者可以通过技术手段将与学习无关的程序锁定，使学生能够集中精力阅读，从而提高学习效率和质量。因此，在新形态教材的建设和应用中，智能终端应用程序是不可或缺的辅助工具。但是，在开发应用程序确保其有效性时，还必须要考虑集成平台下各种手持智能终端的差异，增强应用程序的兼容性，保证每个终端的体验感良好。

2. 创建支持新形态课程教材的教学模式

目前，翻转课堂、慕课和微课等新模式受到高校教师的广泛关注。这些不同的教学方法具有不同的特点，使用新形态教材的形式也不同。在提供新形态教材的同时，要尊重不同专业学生的学习模式和学习需求。以翻转课堂为例，学生在课下进行自主学习，课堂中的任务是通过探究性学习，巩固、总结、反思、消化知识，并利用测试来检验学习成果。因此，高校有必要提供相关的教与学环境，支持学生课后的自助式学习模式。新形态教材正为这种教学模式提供了学习的平台与条件。另外，教师必须要转变观念，才可以带动新形态教材下课程教学的改革，未经教师认可的新形态教材是缺乏生命力的。教师应深入研究如何将数字教材真正地应用到课堂中，如何最大限度地利用数字教材。

2011年10月，教育部启动国家精品开放课程建设，为广大师生开放精品视频公开课、精品资源共享课。第十二个五年计划期间，教育部计划建成1000门在线精品公开课程，建设5000门国家级精品在线资源共享课程。截至2018年，教育部在线开放国家精品课程达801门，其中本科教育课程690门。在国家的大力支持与开发下，我国数字化资源正源源不断地涌入师生的视线，学生们可以从互联网上直接获取数字化学习资源，方便又快捷。在开发新形态教材时，教师可应用上述优秀课程和数字材料，实现在线教育和课堂教学材料的有机结合，开创新的教学模式。

3. 构建新形态教材立体化发展模式

当前，我国新形态教材的发展模式有三种：以终端硬件供应商为主导，以网络运营商为基础，以内容为主的供应商开发。不同学科的地位和利益分配因开发方式的不同而大相径庭，但三方都希望在开发过程中占据绝对优势。但事实证明，任何一方都很难单独占据垄断地位。从未来发展趋势看，数字教材的优势集中展现在教材的更新速度，与应用程序的结合，帮助学生集中注意力以提高学习效率等方面。因此，加强三方合作，建立三对一合作的三维发展模式，才能提高新形态教材的发展速度，为广大师生提供更好的课程教材内容和课堂服务。

（三）鼓励教师编写教材讲义

对于地方综合性大学而言，师资力量在国内大学中并非顶尖，但综合实力在省内大学中名列前茅，应当承担起教材编写的艰巨任务。"发挥内在优势，积极组织编写教材，支持优秀教材走出去，提高我国学术的国际影响力。"对于具有校级、省级等特色的专业，学校应积极规划并制订课程计划，增强对校内教材、讲义等教学材料编写的质量监察，自我开展自编材料的评优评奖工作，并推荐获奖材料出版。高校自编教材必须严格遵循出版的要求进行编写，提前汇编大纲，以保证完成的质量。

当前高校要高度重视新高考改革所显露出的一系列问题，解决这些问题最直接有效的办法就是重新审视教材的顶层设计。招生考试改革的实质是为了改变人才培养模式，这不仅要看顶层设计，也要看在执行过程中的落实情况。新高考改革能否真正实现对素质教育的导向作用，不仅是对中学的考验，高等院校更应做好后续的接力工作，顺应新高考带来的生源结构变化，补齐学生的短板，协调课程教材与学生高中基础课程及后续专业课程内容的内在逻辑性，以确保学生专业知识的完整性和系统性。

面对新高考改革中高校招生录取制度面临的困境，对于高考选考产生的教材选择难问题，高校应做两手准备。

①高校针对专业基础要求较高的课程，从源头上对专业课程设置重新规划，将高中所缺乏的课程以必修课的方式进行学习，教师有必要针对这一问题自行编写符合本校专业特色、学科设置、生源结构差异的教材，在大一为学生们打好基础。针对"新高考"改革带来的学科规划建设进行宏观层次的指导，促进开发和改进与各个专业课、公共基础课及所使用的课程材料的设计。当然，重新规划、编写教材是一个十分漫长的过程，教师不仅要保证教材编写的速度，更要严格遵循教材编写出版的规定与程序，保证教材质量，鼓励教师多出精品教材，出好教材。

②积极为与专业培养计划基础有差距的学生开设基础预科课程，以应对暂时性的教材缺失。特别是在选考中与开设专业选考规定科目交叉较小的学生，高校应本着为学生负责的态度，积极动员学生报名参加。学校在开学前就应对学生做好统计工作，对有意愿报名参加预科课程的学生，依据学生的意愿自愿报名进行预科教材的征订，以保证在开学后顺利授课。对这项工作，教材管理人员不仅要做好，还要做细。依据专业教学计划，充分考虑学生自身发展与专业需要带来的影响，统筹教材管理。认真核对招生计划和选课计划，以及教材的版本和数量等，引导学生适应新高考改革带来的学习能力的差异，确保顺利完成新高考改革为高校带来的生源结构和育人生态的变化。

高校编写一本优秀的教材，不仅可以解决教学的紧迫需求，而且可以更好地体现地方特色，提高教学质量。一般来说，统一编写的教材质量固然不错，但正因为它是统一编写的，其内容往往更侧重于普遍的、共性的问题，无法解决各个地方的个性化问题。而各高校教师自编教材则使这个问题迎刃而解。同时，鼓励教师自编教材也是锻炼、培养教师的有效途径，有助于提高教师，尤其是青年教师学术水平和理论知识，帮助他们更深刻地理解、掌握学科的内部关系与逻辑，促进教学内容及方法的改革，提升教学质量。

（四）优化教材评价激励机制

教材评价功能对作为消费者的学生来说最具有话语权。教材的内容、编辑、图形和文本质量以及课程学习的收获都可以反映在学生评价中。教材的质量常常需要从全面的角度来进行判断，对教材质量的要求也在随着时间而变化。因此，如何提高教材选择的科学性，对教材有一个客观全面的认识，教材的评价是一个关键参考。

教材评价机制不是某些指标的累积和随机性的组合，而是根据适当原则，建立起可以反映教材质量的一组指标。普通大学受教师学术水平的限制，缺乏教材评估和建设工作的权威和指导。首先，教师进行自查。教师要对选用的教材从教材的适应性方面进行审查，这里的适应性不仅包括与教学大纲、教学目标的适应程度，也包括教材对学生的适教性，教材是否有利于学生自学，结构框架是否安排妥当等。其次，是专家评审。专家评审应具有一定的思想高度，主要考察教材内容的学术性、结构的系统性、思想的逻辑性、风格的创新性、表达的规范性、图文印刷的标准性等要求。再次，是教材在选用完成后学院的考核。在教师和专家进行评审后，学院也要制定合理的考核指标，这将直接影响到学院甚至学校的教材管理情况。学院考核的标准应当包括优秀教材选用率、规划教材使用率、近三年出版教材选用率、国外原版教材使用率等，并将这些指标纳入教学管理考核的指标中，全程监督教材质量。最后是学生评审的指标。学生评价是从其亲身使用和感受角度出发，包括教材中使用的文字规范程度，教师授课内容与教材的相关程度，内容的深度与高度是否适合自身的认知规律。

教材激励机制是要消除教材管理中教师的不满情绪，完善制度建设，加大经济激励力度，创造良好的工作环境，从而提高教材管理工作的水平。

（五）有效提升教材管理工作效率

随着我国高等教育改革的逐渐深化，高校教材管理工作的重要作用不断凸显，直接影响着高校教学活动的顺利开展，而作为教材管理工作的实施者，高校教材管理人员的素质和能力显得尤为重要，这就要求他们不仅要拥有过硬的业务能力，还要具备强烈的职业精神和高度的职业操守，不仅能够准确把握高校教育教学活动的目标，更能从各个专业实际需求出发，对教材进行科学的管理。

要不断加强对教材管理工作的重视和支持，不断加强职业精神的培养和锻炼。加大投入，合理配置教育教学资源，注意加强对高校教材管理人员的选拔和使用，加强管理人员队伍建设。要不断创造载体和渠道，加强对现有人员的培训力度，通过召开培训班、专家讲座等方式，或者通过微视频、慕课等网络教学方式，不断提升教材管理人员的综合素质和业务能力。

要完善高校教材管理信息化系统的建设。以计算机网络技术为基础，以实现信息传输的效率、速度和便利性。首先，应建立信息化管理系统，实现高校教材管理的信息化。其次，通过信息管理系统，实现教材的选择、订购、发放、使用全过程中学校、教师、学生、供应商等多方实时对接，学校教材管理人员可以实时向供应商提出有关学校教学需求的反馈，有望实现双向沟通和信息交流立竿见影的效果，可以帮助教材管理人员根据实际情况选择合适的教学材料。既节省了大量的人力资源，同时还可以有效地节省管理时间。

重点培养技术过硬的管理人员，使之带动其他管理人员，共同提升整体管理人员的信息化管理能力。通过必要的培训、知识补充，现场技术指导等以各种方式，为现有教材管理人员提供信息管理培训。此外，要积极引进和吸收具有优秀专业素养和信息管理能力的教材管理人才，不断加强高校信息化教材管理队伍，提升教材的信息化管理水平。

二、实施人文引领的高校课程价值管理

（一）突出以学生为主的高校课程目标

教育的首要任务是关注人的全面发展，优化高校课程管理要强调学校应该培养"全面的人"。将育人与育才相结合是教育的关键。教育应该培养德才兼备、全面发展的人。

1. 课程应以培养自我实现的整全人为目标

大学的教育培养整全人的目标应在每一个专业与每一门课程中都得到体现与落实。传统的课程教育目标侧重学生专业知识与专业技能的掌握，注重培养人才，但是对于人本身发展的目标表述较为泛化或者被忽视。这样会导致培养出的人是不完整的，发展是片面化的。比如职业能力、专业素养强但人文素养弱，缺乏理想与信仰的空心化的人，或者是缺乏职业能力与修养，只会空谈人文的边缘化的人。这是当下人文课程面临的困境，也是提出人文引领课程的必要性。

所以高校课程目标要强调培养整全的人，课程改革要围绕"整全的人"的目标展开，课程中既要求职业技能也应具有职业操守，既要有知识的传授也要有理想信念的引导。通过对课程的学习，学生不仅仅掌握了知识，还拥有能够自我实现的能力，了解自我，而且还能够听到内心的声音，寻找人生的真正意义。

课程目标的制定应该时刻以"整全人"作为目标准则，改变过去目标制定存在空泛化和形式化的问题，始终将"人是目的"作为终极目标，防止人在教育中被工具化和物化。

在目标中要明确提出尊重学生的个性、培养学生健全的人格、尊重学生身心发展的规律、提高思维认知的水平等要求，使学生知识、能力、情感在现实生活中得到充分地展现，从而获得的人生意义感。

教育在人的发展中承担着更高的责任与使命，其核心在于培养人，每个人都可以通过教育实现自身的发展与价值。发展人的理性与非理性，引领人们追求真、善、美。这就要求高校的课程不仅仅应该帮助学生掌握生活的基本技能与知识，发挥知识的工具价值，为学生生存发展提供动力，更加重要的是，还应该挖掘知识背后的人文价值，使学生不仅仅学会生存，还学会与他人相处，增强学生的价值理性，能察觉到生命的真正意义所在，这正是课程应具有的终极关怀。

2. 专业课程目标应具有明确的人文理念

整体上，高校应该以人为主体，关注人的发展，尤其在专业课程中也要有更加明确的人文理念。专业课程的目标主要包括人文专业和非人文专业课程，非人文专业课程的目标的人文性是最容易被忽视的，因此尤其需要被重视。

①非人文专业课程的目标应体现人。当前高校专业课程目标的制定，唯知识化与唯社会化的取向明显，人们往往忽视专业课程隐含的人文性的因素。例如，科学课程不仅可以教人求真，掌握科学知识与技能，同时还具有人文性因素，如科学精神、科学家的品质、科学本身具有的美等，都可以丰富学生精神世界。只要教师在课程中注意引导，就可以潜移默化地影响学生，由此，学生不仅仅掌握单一的科学知识，还能形成更为全面的科学素养。对于专业课程，尤其是理科、工科类的课程目标中要强调课程的人文性，培养学生的人文素养。在课程中体现人文性，培养学生的人文素养对学生全面地成长有着重要意义。

②人文专业的课程目标更加人文化。现在许多人文专业课程的目标职业化和专业化明显，人文专业课程所具有的人文性不足。人文专业的课程目标应该也是更具人文性的，人文专业的课程也应是让人更加自由的。因此人文专业课程目标也要更加凸显人文性，更具人文化，发挥人文专业本身的优势，不能只顾专业知识而忽视人文。

"人文素养"的培养对正处于世界观、人生观、价值观形成阶段的学生来说是十分重要的。因此，在目标的设定中应该将有关学生人文性的培养的目标细化，使其更加具体、可实施、更具科学性，防止课程目标的浅化和分裂化。在当前大学课程培养目标中，有关学生人文素质培养的表述较为空泛，甚至存在"目中无人"的现象，大多以喊口号的形式在目标中体现，基本很难落地实行。

美国麻省理工学院（MIT）确定的人文课程的培养目标中"重点强调了学生能够用知识建立起现在与未来的连接，更加深入地了解与人类相关的理论、思想体系，认识不同文化、社会制度体系下的政治、经济和文化背景"。对比我们许多高校专业人才培养方案中相对简单的"促进学生德智体美全面发展、人文素养的提高"的目标的表述，MIT的培养显然要更加具体可行，对当前的课程目的制定有启发意义。课程目标会影响课程内容的制定以及课程实施等，所以要注重课程目标的人文引领性，将学生的人文性培养目标具体化，使学生课程中能感受更多的人文关怀。

（二）凸显人文理念的高校课程内容

人文引领的课程价值取向致力于实现整全人的培养，在课程内容上也要满足和唤醒学生的人文需要，培养学生对自己所学专业的人文情怀，使其具有足够的人文理想与信念。同时挖掘每一门课程背后的课程文化，几乎一切的课程都根源于文化，现代课程的设计是将文化中最富有生命力的部分，如价值理念、原理、概念、工具性的知识和技能、态度，以尊重学生的生活为维度，按简约性、迅捷性的原则组织起来。因此，我们应该重视每一门课程所具有的深厚的文化特质。

1. 优化通识课程中的人文课程设置

随着通识教育和素质教育在我国不断地被重视，体现在高校中表现为通识课程的比例逐渐增多，但是从整体来看，专业课程仍占据主要地位。通识课程中的通识不是通通都识，而是识通用之识，是给人更大的自由，能拓宽人的知识面的课程，人文课程是通识课程中的核心。

在当前高校中通识课程的比例最多为30%，最少为10%，而在通识课程中，人文课程所占比例极小，除去传统的"两课"、大学语文这些必修的人文性课程以外，人文课程则更有限。大学生对人文知识的获得主要来源于对通识课程的学习，而当前通识课程中有关人文性的课程设置较少，学生所能接受的人文知识有限，对学生成长是不利的。因此，高校应优化调整通识课程的设置，增加选修课程，并适当增加人文课程在通识课程中的比例。

高校要改变通识课程中人文课程因人设课的现状。首先，对于学校的通识课程的设置要有专门的标准和规定，配备可以胜任人文课程开设的教师，而不是过于随意化，以保证人文课程开设的质量。其次，要增加选修课中人文课程可选择的数量，人文课程不能仅仅是对专业课程的补充，也不仅仅局限于传统的文史哲的课程，要完善选修课程中人文课程的体系，使课程内容设置更加合理，符合学生身心发展的规律。选修课程不应该仅作为专业课程的补充，而应给予人文课程留下更多的发展空间。

2. 提升专业课程的人文性

人文引领的课程应该彰显专业课程的人文关怀。高校的课程丰富多样，当前高校课程主要分为人文、社会、科学三大类。每一种课程所具有的价值都不相同，但是对人的发展都具有重要的作用，也都可以体现出课程的人文性。人文课程具有人文精神，能够提升学生的人文素养，帮助学生更好地认识"自我"；社会课程能够增进入与社会之间的联系，使学生增加与社会的共情，能够从社会角度对"自我"有更加全面的认识；科学课程具有科学性、客观性，能够使学生客观地认识世界，科学课程背后的科学精神能促进学生在严谨的科学事实中，不至于不求甚解，甚至违背客观规律，对社会造成危害。因此在具体的课程设置上，应该促进三类课程的交叉与融合，使课程之间建立联系。将课程落脚在对人的关怀上，在专业性课程内容中挖掘人文性的元素，并将这些人文性元素整合成教学内容放到课程中，让专业课程更好地释放本身的人文性。

我们应该赋予专业课程更多的人文性。首先，在大学的非人文专业的课程中，努力挖掘在专业知识背后的精神与文化内涵。使学生在掌握专业知识与技能的同时，能够拥有崇高的专业理想与专业的人文情怀。其次，在人文专业的课程中，应该摒弃传统过分注重技巧和知识传授的现象，充分发挥人文课程对学生人文精神涵养的作用。课程设计也要依据人的本性（如人的潜能、发展、需要、变化等）来理解课程。当然，也需要通过社会来思考课程，但追本溯源，社会是由每一个独立的人构成，通过社会理解课程的必要性仍源于人或基于人。透过自然来思考课程亦然，人被自然孕育，自然有恩惠于人，通过自然来理解课程的必要性既源于自然也源于人。

专业课程中包括人文专业的课程，如文史哲等课程，也包括非人文专业的课程，主要是理工科课程，如物理、化学、生物等课程。仅仅依靠通识课程对学生进行人文性的熏陶是不够的，在通识课程体现人文，而在专业课程中"目中无人"的分裂式的教育不利于学生的全面发展。在耶鲁大学开学典礼上，校长都会郑重地复述他的传统命题："你就是大学"，耶鲁大学校长是从"人"来认识和理解大学的，我们要坚信人文引领的重要性与必然性。

（三）体现人文性的高校课程实施

课程实施是将课程目标付诸实践的过程，也是对课程内容进行选择的过程，最能检验课程是否具有人文性，是否真正落实全人发展的重要环节。现代课程对人类具有的普遍关怀应该有深刻的思考，而这种人文关怀关键就是落实到课程实施上。高校课程中呈现怎样的价值取向，可以通过课程实施环节做出判断。

高校课程目标与课程设置的具体设计通常是十分理想化的状态，是对学生能够获得多少知识、形成某种能力、品格、素养的一种预期。但能否在课程中实现这些预期的目标，还需要依靠具体的课程实施。要实现人文引领的课程既要重课也要重程，课程实施是一个具体的过程，是一个可以不断创设与生成的过程，课程实施中所体现的取向对学生有着有指导性的意义。

1. 课程实施应基于人的特性

教育的逻辑起点是人，教育与人的关系十分密切。人与教育的关系可以描述为："教育与人或者人与教育的关系最密切，教育的历史最悠久，教育是人类最必须的。"教育学是关于人的学问，因此课程、教学中都应该见到鲜活的人，人存在于课程中，课程也存在于人中。在教学过程中，应该遵循人的特性，只有了解人身上存在的客观规律，才能够更好地实现人的发展。张楚廷教授认为人具有五大特性："人有自生性，自己生长；人有自增性，自己增长；人有自语性，自己为自己创造语言；人有反身性；人有自美性。"这五大特性是从恩格斯所讲的坚持从世界本身来说明世界，从教育本身来看教育，从人本身来看人，因此充满人学意蕴和哲思。

首先，课程在实施过程中应关注学生的自生特性。人是能动的存在，人有潜在的才能与智慧，是可生长的，具有潜在可发展性。教师在教学过程中不能将学生理解为只会被动接受信息的工具，而要尊重且推动学生自然地生长。

第二，应关注学生的自增特性。人的身上存在着尚未发展的自然力，是能动的，因为人是可发展的。课程应该发展人的可发展性，因为"人是有意识的存在物"，因此从学生本身出发，考虑学生需要并顺应人的发展是教育发展的推动力。

第三，应关注学生的反身特性。真正的教育源于人，是由人自身派生出来的，并通过自我对象化和对象自我化的方式来发展和获得新的生命。人不仅仅是有意识的存在物，更重要的还具有自我意识或者"我我"意识，所以，教育活动过程应突出主客体融合的意义。教育所要展现的基本过程就是学生的反身过程，教育的作用是使学生从最初的我变成更好的我，通过积极的"我我"关系活动获得新的生命。课程实施过程要改变过分侧重学生知识的获得、师生在课堂的互动中以知识交流为中心的现状，要引导学生积极反身，将主体的"我"与客体的知识、社会等联系起来。从对客体的认识中来更好地认识自己，正确认识"我我"的关系，从而变成更好的我。

第四，应关注学生的自美特性。因为"人在以反身为基本方式催动自己发展的时候，最需要的营养剂是美学要素"，"人是造物中最崇高、最完美、最美好的"。人"按照美的规律来构造"，会在找寻美、追求美的过程中寻找不足，不断构建自己。美的要素是人发展中基本的需要。"人是美的存在，人是为美而存在的"，所以教育的真谛是不断地揭示客观现实中必然存在的美，让美进入学生的心灵，满足人天生所具有的精神上的对美的需要。现在课程中更多强调客观事实，缺少美，也缺少对美的引导。课程实施最不可忽视但又最易忽视的就是学生对美的需求，这是最基本的需要。

第五，关注学生所处的环境。"在人的反身活动中，环境是普遍起作用的。"环境对于人的发展进程，尤其对课程实施的过程十分重要，因为人在所处的环境中有主动适应性，所以课程创设的环境和氛围越好，学生能够利用所处的环境，把握自我的能力和品质也会更好。因此，教育要给学生营造良好的学习环境，好的学习环境也是一种好的隐性课程，"自觉的教育工作者还力图使环境成为一种有效的隐性课程，力图使校园成为学生喜爱的一部经典的教科书"。

人的五大特性对应人的五大公理,即存在公理、能动公理、反身公理、美学公理、中介公理。这五种特性以及对应的五大公理都有着深厚的人文性,回到了人本身,体现了对课程的哲学思考。课程实施只有贴合人的特性,才能够真正地体现课程的人文性,只有真正顾及人的需要才能真正实现课程的价值。

2. 课程实施要促进学生智慧的生成

课程最终的目标是使学生变得智慧,不断地自我生成,从而获得新的生命。课堂教学过程是课程实施的重要部分,教学过程中要注重师生之间关系的和谐和相互依赖,把学习者的兴趣、意志、经验、情感放在重要位置。改变传统课程实施过程中重智轻人,知识占主导而不见人的现象,要丰富课程的人文性。课程实施的过程是十分灵动、充满智慧与思想交融的过程。在课程实施的过程中,教师需要处理教材、学生、环境、师生等多方面不断生成的信息,但这些信息都应以学生为中心。我们应该跳出传统课程实施局限于教学计划的实现、按部就班的教学思维模式,让课程变得更加灵活,能够不断地生成智慧。

第一,课程不仅仅呈现知识,教师要提供比知识更为广泛的信息。信息在理论上是有限的,但是在感知上是无限的。个人的情感、信念、态度和期待都可以作为信息在课程中传递,既是明示的,也可以是隐喻的。让学生获得宽广的信息比单纯的课程知识有更加重要的作用,这样的课程中收获的不仅是知识,更是超越知识的智慧,是体现人的课程。

第二,课程教学中应关注学生直觉能力的培养,直觉与逻辑应共生共进。"直觉是人文的强项,因此人文课程应该在整个课程体系中都发挥作用。"直觉是一种独特的智慧,直觉常常与逻辑相对,都是属于思维的行列,直觉属于创造性思维,往往具有"整体性、迅捷性、易逝性与创造性"。直觉与逻辑不是相互冲突,而是互补的,"逻辑代表左脑的理性分析,直觉代表右脑的感性交流"。教学要注重发展学生的逻辑思维,同时也不能忽视对直觉能力的培养。教师应为学生直觉思维的培养创造环境,鼓励学生勤思、举一反三和触类旁通,鼓励学生自由地想象与自由地表达。

第三,课程教学中应注重学生质疑能力的培养,质疑重于聆听。教学应该始终伴随着质疑,质疑在教与学的过程中具有重要作用。歌德说:"人们总是在知识很少的时候才有准确的知识,怀疑会随着知识一道增长。"所以教师应该摒弃传统的课程中的过分注重聆听和灌输的教学方式,而要引导学生主动的质疑,表达出疑问,然后发现、提出问题、进行自我探索,并尝试去解决问题。质疑与知识相伴,学问在学"问"中获得,"学问"即学着发现问题。我们不能轻易否定学生的"质疑",质疑是学习不可缺少的一部分,课程与教学的真谛是使学生学会质疑。

"信息、兴趣、质疑、直觉、智慧"是张楚廷提出的教学理论思想的五个关键词,这五个方面看似是相互独力，实则是紧密相连的。信息、兴趣、质疑、直觉、智慧每一个词都代表了课程教学过程对人应有的重视，在课程实施过程中应是十分重要的，但也是时常被忽视的。课程实施可以是从学生的兴趣或质疑出发，或者从课程某一个信息点出发。学生的兴趣与质疑本身即是一种信息，在质疑与兴趣生发的过程中，直觉则伴随课程实施的始终，能够十分及时地感受课程的信息并连接客观事物，从不断感受的过程中便生成了智慧。课程实施的过程要注重提供广泛的信息，尊重学生的兴趣，鼓励学生质疑，重视学生的直觉，帮助学生变得更加智慧。

3. 注重隐性课程的人文熏陶

隐性课程包含丰富的人文性，隐性课程是大学课程建设的重要环节。在高校中，人文引领的课程强调既要关注显性课程中的人文性建设，还要重视隐性课程所独具的人文性，隐性课程是十分重要的人文课程。学校应建设好校园文化，发挥隐性课程的重要作用，并积极利用隐性文化的特质，对学生进行文化的熏陶。隐性课程是人文课程中非常重要的组成部分，具有文化熏陶、浸染的作用，它通过体验和感受，能够很好地与人文性相交融。

课程实施要积极发挥隐性课程的作用，但隐性课程往往不像专业课程那样体系完整、能及时地见成效，因而被忽视。比如，图书馆的藏书量、学校历史上所诞生的优秀的人才、学校建筑、科研设备、教师的言行等都是隐性课程的重要内容，都渗透着浓厚的人文性，无形中陶冶学生的人文情操。课程实施过程可以利用学校这些隐形的资源，让课程更加生动，浸透更多的人文性，为学生健全人格的培养起促进作用。"关注隐藏课程，赋予其更丰富的文化内涵，成为提升现代课程人文向度的重要方面。"隐性课程犹如大学的门面，尤其隐性文化可以彰显大学生丰富的内涵，是不可或缺的人文教育途径，并非可有可无。许多有着悠久的历史和独具文化特色的学校，是历经时代的洗礼，有着深厚历史文化积淀从而形成了独具特色的隐性人文精神。这些有时代感的学校可能从日常课程与教学中很难看出与其他学校的差别，但是从其隐性课程与文化中能看到存在着明显的差别，"一些学校的珍贵之处就在它高质量的隐性课程"。所以一所学校对于人文课程是否重视，可以通过观察这所学校的环境中是否透露浓厚的人文气息。比如，哈佛大学不仅仅是扑面而来的哈佛红建筑令人赏心悦目，更多的是学校建筑里满载的知识和真理，以及学校历代都有十分优秀的人才涌出，有着瞩目的成就，令人十分震撼，心驰神往。这种渗透的文化气息和带给人的震撼就是隐性课程，身处其中的学生思想和行为会在无形中被这些文化所影响。有些学校模仿哈佛的建筑特色来建设校园，努力彰显出浓郁的哈佛气息，其实就是为了能够营造一种良好的人文环境，让学生从中接受人文性的熏陶，从而激励学生更加奋发向上。

三、创新高校专业课程管理

（一）综合定位课程目标

1. 依据职业岗位需求定位

一般来说，课程体系总目标是从宏观层面确定专业人才培养的方向，同时也为专业核心课程目标的确定提供依据。例如，旅游高等教育作为培养专门旅游人才的重要途径，其课程建设中的总目标自然是培养具备胜任旅游专业工作岗位所需的职业能力的优秀复合型人才，同时兼顾不同的岗位对人才的职业能力需求各有不同的现实状况。针对本科旅游管理专业人才输出对应的主要是旅行社、旅游规划公司、文旅集团、旅游酒店等的核心岗位，旅游院校应针对旅游企业、旅游酒店、旅游科研院所以及其他旅游集团分别设置课程目标，并考虑不同的专业核心课程根据不同的目标培养学生不同的核心岗位能力。只有保证旅游管理专业的课程目标与岗位需求相一致，才能针对行业的职业岗位需求精准地输出人才，增强学生的就业竞争力。

2. 依据学生发展需求定位

由于课程建设的受众是学生，故在设置课程目标时，应在一定程度上考虑受教育者个人的发展需求。与此相矛盾的是，课程目标多根据政府规范性文件或行业发展需求制定，更多强调统一性和协调性，却较少考虑学生个人发展需求。针对未来大学生的个性鲜明，学习目标和学习需求各有不同，课程目标的设置应该考虑到学生本身的个性化发展需求，为学生的多元化和全面化发展提供条件。具体来说，可以结合学生的职业规划、就业意向或发展方向将学生群体进行分类，并分别设置不同的课程目标；实施自主选课制度，由学生根据自身特点和条件选择课程，进而增强个性化的课程目标的实施效果。

3. 依据学科、学校和地域特色定位

虽然课程目标是学生经过一个阶段的系统学习后所要实现的具体目标，但学生对目前的课程目标并不十分满意。现有目标定位模糊、缺乏学科和地域特色，各个高校的课程目标整体上来看大同小异，导致学生培养和学校发展的同质化现象严重，人才培养和办学竞争力低下。因此，高等院校应该结合自身特点，充分发挥各自办学优势，以实现高校课程目标的特色化，不同院校可以结合自身办学特点和学科背景，将相关学科的优势资源引入到课程教学中，如北京第二外国语学院的语言类学科背景、东北财经大学的财经类学科背景等，都可以应用于专业人才培养中。另一方面，不同地域的院校可以结合所在区域的文化特色和区位条件，制定特色化的课程目标，如沈阳师范大学地处沈阳，可充分利用沈阳故宫、张氏帅府等景区资源条件，完成学生的特色化课程目标设置，以提升学生的综合素质。

（二）精心凝练课程内容

高校学生对课程内容的前沿度、难易度和实用性的认可程度相对较差。因此，从前沿度、难易度和实用性三个方面对课程内容进行优化，有助于高校专业课程内容设置得更加合理化，进而切实满足学生的发展需求。

1. 实现新旧知识融合

高校各类专业课程内容陈旧、缺乏创新一直是教育界面临的重要问题。虽然各个院校针对相关问题做出了改进，但"知识更新速度远低于行业发展速度"的问题仍旧存在。基于此，要想保证课程内容的前沿度，应该从以下三个方面着手：

①从教师的层面，应及时关注和搜集相关专业的最新消息和前沿动态，并融入日常的课程教学内容之中，形成动态的课程内容更新机制；

②从学生的层面，要积极利用信息化时代的便捷学习工具，通过网络或其他途径及时掌握行业发展的最新状况，并将线上与线下学习内容有效融合；

③从教材的层面，作为课程内容的要素之一，教材也应该及时更新，将书本教材与电子教材相结合，以满足学生的全面发展需要。

2. 准确区分重点难点

课程内容的难易程度直接影响着学生的学习情绪和学习结果，但当前高校专业的课程内容设置却存在重难点模糊或表面化的现象。许多课程对重难点的划分根据教材、教师或学科整体要求，而未充分考虑学生的需求和行业发展的需要。因此，为了改善这一现状，应该根据高校专业课程的特点，准确区分各门课程的重点和难点。具体来说，教师要根据课程难易程度进行区分性教学，对重点难点内容进行详细讲解，对一般知识内容进行简要介绍，进而使学生明确课程学习的重点；教师在课程评价过程中针对不同难易程度的知识点采用不同的测评或评价方式，以保证学生能够较好地接受和掌握。

3. 紧密联系行业实际

高校学生对课程内容是否实用比较关注，而高校专业课程缺乏实用性也一直是各个院校面临的难题。因此，紧密联系行业实际，提升高校专业课程内容的实用性已经刻不容缓。一方面，可以加强理论课程的整合，提炼出专业的核心内容。有效的课程整合不仅能够使教学资源利用最大化，同时精选课程内容也能够使学生的学习达到最优化。另一方面，可以加强理论课程的实训内容，即通过情景模拟、布置任务或实物演示等方式让学生参与体验，将所学理论转化为实际所需技能，进而为未来就业奠定基础。

（三）调整优化课程设计

高校专业课程的开设顺序、各类课程的比例和各学期的课程数量设置仍存在问题。因此，有必要就课程比例、课程数量以及课程开设顺序等方面存在的问题予以优化。

1. 合理划分课程类别比例

目前大多数高校都以公共课与专业课、必修课与选修课、理论课与实践课为分类标准。其课程设置基本呈现"金字塔"式的结构特征，即公共课门数少、课时量大，必修课和理论课较多，实践课较少，选修课门数较多但课时量和选课数受限制。这就造成了学生的学习"泛而不精"和"学而无用"的问题。因此，有必要进一步协调各类别课程的比例，以使课程设计更加均衡合理。首先，就公共课与专业课来说，应适当整合缩减公共课程的课时，为专业基础课、核心课留有充足的时间；其次，就必修课与选修课来说，专业必修课是为学生的长远发展奠定理论基础，专业选修课则是为学生的个性化发展服务，因此，要适当加大选修课的比例和学生的可选课门数，以促进学生的身心全面化发展；最后，就理论课和实践课来说，要在现有课程的基础上增加实训课程的比例，创新课程实训的方式，同时调整专业实习的时间，按照课程特点设置不同岗位、不同形式的实习，以达到"随学即用"的效果。

2. 精心规划学期课程数量

均衡的课程比例对课程设计具有重要作用。但目前大多数院校公共课和专业必修课所占课时较多，忽略了专业选修课和实训课程的比重。因此，未来各院校应该对课程数量安排进行调整，增加专业选修课和实训课程的开课比例，而不是将其作为公共课程和专业必修课程的辅助。公共课方面，可适当缩减政治与体育课程数量，增加计算机与英语课程；在专业课方面，可压缩整合必修课程，"找核心，讲重点"，将有限的课程利用得更加充分，同时增加选修课门数和数量，以及学生自主选择的权力；在实训课方面，可结合该门课程的实际需求，在理论课结束后即时开展实训课程，以便加强学生的理解和运用能力。

3. 科学设置课程开设顺序

合理的课程开设顺序是课程取得良好效果的保障，这就要求课程的开设顺序要以学生的心理发展规律为前提，遵循课程内容的逻辑顺序。一般遵循"由简到繁、由抽象到具体、由理论到实践"的规律，循序渐进地进行课程的设置与实施。具体来说，大一年级设置政治、英语、体育等公共课程和专业的基础课程；大二设置理论性较强的专业课程；大三则设置实践性较强的专业课程，同时，大二大三穿插相应的专业选修课程，或根据课程需要进行短期实习；大四则主要为实践性课程，包括毕业实习、论文撰写等。只有这样，才能使课程设计整体更具合理性和科学性，进而保证大学生人才培养的质量。

（四）完善创新课程实施

高校课程实施中的教学目标、教学设计和教学方法三方面仍有待改进。从这三个方面进行课程实施的优化，将有助于提升学生的学习效率，进而提升高校大学生人才的输出质量。

1. 注重提升学生能力素质

课程实施过程中的师生地位问题始终是一个极具争议的问题。长期以来，教师始终被认为是课程实施的主体，传统思想观念难以快速转变，这就导致了目前的课程实施仍旧以教师"灌输"为主，学生缺乏主观学习意识和思维创新能力。因此，为了使学生主动学习、全面发展，就要尽快转变观念，遵循"学生主体、教师主导、师生互动"的原则进行教学实施。首先，在教学观念上，坚持以学生为中心，在课程实施过程中多关注学生的心理和情绪变化，多考虑学生的参与程度，积极引导学生参与讨论、表达观点，以激发学生课堂学习的积极性；其次，在教学方法上，教师应根据课程内容和学生发展阶段的特点，采用适当的教学方法，尤其是对互动教学法、情境教学法等引导性较强的教学方法的应用，以引导学生主动思考、发现和解决问题。

2. 创新线上线下教学模式

数字化经济时代的到来打破了传统课程实施局限于课堂教学的现状，"MOOC+SPOC"为主的线上线下混合教学模式逐渐被越来越多的院校所采纳，微课、翻转课堂等也成为当前教学技术改革的主要趋势。因此，旅游管理专业也应进行相应改革，采用线上线下混合式的教学模式，打造旅游管理专业的"金课"体系，以快速、全面地提升学生培养的质量。具体来说，可以在教学中采用"MOOC视频讲授+教师课堂应用"相结合的方式，即线上平台完成知识体系构建，线下课堂进行针对性训练和补充。此外，通过MOOC的在线讨论、评价或作业布置等功能，教师可以在充分掌握学习者学习情况的基础上，有针对性地进行课程指导。这种"知识、思维、能力"共同培养的教学模式不仅能增强学生自主学习的能力，同时也能够提升教学效果。

3. 强化第二课堂实践效果

"第二课堂"是基于第一课堂而设立的，对于高校专业课程来说，"第二课堂"的构建主要可以从联合培养、全域实习、社会实践等方面着手。就联合培养来说，一方面可以开展"校校合作"，加强与国内外相关高校的联系，举行人才交流和互相培养的活动和项目；另一方面可以加强"校企合作"，将原有的合作企业范围扩大到外企、国内外知名企业等，为学生提供对外实习平台，以培养学生的国际视野、国际语言和业务能力。例如，在旅游专业的全域实习中，学校作为学生专业实践的组织者，应该积极地与不同类型的旅游或酒店企业建立联系，扩展学生的实习平台，并施行"短期+轮岗"的实习模式，使学生在限定的实习期内尽可能多地体验不同的岗位，实现人才培养与各类旅游业需求的完美对接。就社会实践方面，可组织同学尽可能多地参与各类社会实践活动、专业竞赛、创新竞赛等，通过竞争和比较认清自己与他人的差距，进而努力提升自身能力。

（五）科学实施课程评价

高校课程评价的依据、内容、时间和结果等的设置仍有需要改进和优化之处。因此，从上述四个方面提出优化建议，以期进一步提高学生对课程评价体系的认可度，提升人才培养的质量。

1. 以行业现状为依托

目前，高校专业课程评价仍旧以成绩为主，对学生操作技能、职业能力等的考察为辅，甚至不做相应考察。这就导致学生形成了"唯分数"思想，而忽略了对其他能力的关注和锻炼。因此，为了更加全面地考察学生的综合素质，应以能力本位为评价标准综合考核学生的各方面能力，主要评价依据包括三个方面：首先是学生对基础知识和基本技能的掌握和运用能力；其次是学生的职业能力、文化素养、服务能力、应变能力、创新能力以及团结协作能力等；最后是学生的意志、人格、情感与个性等非认知因素。只有确立科学合理的评价依据，构建多层次、多维度的评价体系，才能对学生的学习和发展给出正确有效的评价，进而提出促进学生全面发展的建议。

2. 以学生发展为宗旨

高校专业课程评价均采用书面考试的形式对学生进行总结性评价，但这种单一的评价方式已经难以满足学生全面化发展的需求。因此，应以能力形成的渐进性为依据，采用过程性评价和总结性评价相结合的评价方式，更有助于激发学生的学习积极性和新鲜感。其中，总结性评价仍以理论考核的形式为主，如卷面考试、论文撰写等。而过程性评价则可以使考核形式更加多元化：

①日常作业提交网络化，如运用网络教学平台上传文本、音频、短视频等作为日常考核作业；

②考核形式创新化，如通过竞赛等专业技能竞赛考核学生的职业技能，或通过布置作业使学生完成情境模拟任务，考核学生的职业能力；

③考核过程实践化，如鼓励和指导学生参加科研竞赛、社会调研等实践活动。只有过程评价与总结评价齐头并进，同时关注学习的过程和结果，才能及时发现和解决问题，进而帮助其健康、全面地发展。

3. 以科学公平为原则

课程评价对课程建设起着重要的效果监测作用，而评价时间则是保证监控有效性的重要因素。目前大多数院校都采用总结性评价，评价时间通常设置在学期的中期，进行中期考核，或设置在期末进行统一的考试。此种评价方式存在两方面不足：一方面是评价不够及时，很难及时发现和解决学生在学习过程中遇到的临时性难题；另一方面，总结性评价多采用纸质试卷形式，通过量化打分进行考核，很大程度上由任课老师一人决定成绩，存在一定的不公平现象。因此，课程评价应改用过程性评价与总结性评价相结合、质性评价与量化评价并用的方式，构建科学化、高效化的评价体系，以保障课程评价的及时化和公平性，进而对学生的整个学习过程起到良好的监控和管理作用，以保证学生的效率与效果。

第七章　现代高校学生管理的创新发展

新时期社会形态发生重大变革，互联网大数据的发展带来了西方意识的冲击。由于新生代大学生的特点，无论从外部环境还是自身修养，高校学生管理工作的创新发展已经迫在眉睫。如何做好现代高校学生管理工作，为我国提供全面发展的优秀人才，是着力研究的课题。本章分为现代大学生的特点、现代大学生成长成才的路径探索、现代高校学生管理的特征与作用和现代高校学生管理创新发展的策略四个部分，内容主要包括现代大学生的特点、现代大学生成长成才面临的问题及原因、路径探索、现代高校学生管理的特征、现代高校学生管理的作用、现代高校学生管理新趋势和现代高校学生管理新策略等。

第一节　现代大学生的特点

一、现代大学生

新时代的教育，在教育客体及各种复杂因素的影响下，高等院校的学生呈现出新的特征。新时代大学生身处于网络、大数据和社会经济高速发展的时代。整个生长环境和成长过程，都是孕育在较为开放共享的时代中。当代高校学生本身具有容易吸收新鲜事物、有探索性、好奇心强、追求新鲜刺激、创造能力强的特点。同时，由于我国社会发展因素的影响，新生代的高校学生大部分还是独生子女，生活自立性不强，吃苦耐劳程度较弱。

在当今社会层次梯度逐渐分明的时期，高校学生因地区性的差异、社会成长环境的差异造成的心理性失衡也日益凸显出来。

当代大学生有一个响亮的昵称，即"00后"，也就意味着当代大学生都属于20世纪90年代出生的，年龄都在20岁左右，正处于青年时期。这个时期的青年生理上发育成熟了，但是心理的发育还有待成熟。首先，他们希望别人对待自己像成年人那样的方式，但是自身缺乏社会阅历，独立处理事情的能力较差，认知能力也有待提升，并且心情极易受到外界因素的影响，缺乏忍耐力。其次，开始大学生活后，生活方式上有了巨大的变化，不仅平时生活中的事情需要自己处理，连学习的方式也发生了改变，过去的被动式的学习演变为主动式的学习，一些学生可以很快地适应这种变化，但是有的大学生适应能力较差，一下子接受不了，因此产生了一些矛盾心理，甚至导致心理疾病；再次，严峻的就业压力、激烈的竞争环境，学生的心理承受不了理想与现实存在的巨大差距，这些都是当代大学生的特征。

当代大学生是即将走向成熟但尚未成熟的年轻一代。他们的同龄人一般都有一些共同的特点：从生理方面来讲，他们已经具备了进行社会实践活动所需要的体能；从心理方面来讲，他们也已经形成了个体独特的价值观念和完善自我的能力；从思维方面来讲，他们已经从经验型向理论型思维转变；从情感方面来讲，他们的情感更加丰满和沉稳；从行为方面来讲，他们的自控性、自主性和自觉性已经表现明显。这一代正处于朝气蓬勃、敢做敢当、充满理想、准备实现其人生价值的关键时期。

当代"00后"大学生与20世纪七八十年代成长起来的大学生相比，不同点是，他们是在中国改革开放的浪潮中生活和成长起来的一代，一直在呼吸着改革开放带来的新鲜空气。在接受传统中国文化和中国式教育的同时，又受到改革开放后新的思想观念、新的价值观念的影响。

新时期，大学生思想品德的转变引发了人们深切的思考，人们不断给予分析和评价，并提出自己的看法。一部分人否定改革开放对大学生所带来的不良影响，没有仔细地分析研究就轻易表示认可，甚至将转变发展过程中显现出来的一些不良因素也当作"正能量"而加以认同；另外一部分人认为大学校园中广泛存在着拜金主义、享乐主义和个人英雄主义等现象，特别强调当代大学生当中所表现出来的不良现象，否认大学生的进步，笼统地认为大学生思想品德教育一派杂乱，由此判断推出"一代不及一代"等错误的评论。在新时期社会转变的过程中，作全盘否认或者全盘认同的观点都是片面的，界限模糊，评价失准，因此这些观点都脱节了大学生的现实发展，很难得到大学生群体的认可。

总的来讲，在改革开放年代成长起来的大学生，视野更加宽广，接受知识信息更加迅速，精神世界更加饱满，参与社会活动更加积极，人际交流方式和经验更加丰富多样。相比20世纪七八十年代的大学生，他们的社会化程度更高。虽然他们精神面貌的转变是复杂多样的，但是他们总体的发展方向和诉求是健康向上的。他们的道德观正在从以前的传统、封闭、单一、顺从转变为现代、开放、多元、独立。他们反感没有激情的日子，讨厌封闭的生活，喜欢开放的社会活动，拥护竞争，并参与竞争。他们知道竞争要担当风险，也许会被淘汰，但是他们认为机遇与风险共存，成功与失败同在，愿意承受失败所带来的一切影响。努力获得成功，愿意展示自己的才能，做一个有开拓、进取、拼搏和创造精神的社会主义接班人，以此获得社会对他们的认可和接纳。

基于以上这些特点，高校学生管理工作必须在原来的传统模式中进行创新，以适应新时期高校学生的特点。

二、现代大学生的特点

（一）思想认识多元化

随着人类社会的发展，人们对自身价值越来越重视，主体意识不断高涨，并逐渐达成共识。社会经济的发展和资讯的发达，各种意识和价值观念也逐渐在学生中流行并产生巨大的影响，学生也表现出日益强烈的平等观念和主体意识。目前的高校学生更加注重个人价值的实现，注重个人选择和强调个性的发展，渴望成才、渴望独立、渴望得到关注和尊重。

同时，因为高校学生获得信息的多元性，学生所接收的信息都是未经筛选过滤的，再加之大学生都会有猎奇的心理，缺乏对信息的准确判断，难免会有不良信息的侵扰，造成学生的身心遭受垃圾信息的污染，网络传播媒介有快捷性和信息传播迅速的特点，以及大学生缺乏网络安全和自我防范意识，导致大学生群体成为不法分子瞄准的对象。这也极易诱发大学生思想意识的变化，而做出伤害自己或者他人的过激行为。

高校学生的思想意识形态在当代呈现多元化，由于个体对世界、社会的认知不同，加之目前的网络平台具有平民化和交互性强等特性，在传播和交换信息时往往可以不受限制。由于缺乏有效的信息监管，使网络自媒体平台上信息传播的随意性问题日趋严峻，对大学生的思想认识产生的负面影响日益凸显。

自媒体的虚拟性也是影响大学生心理健康的重要因素之一。新媒体的虚拟性社交是互联网社交的一个鲜明的特点，虚拟性可以使网民在社交过程中塑造另一个或多个完全与现实生活不相符的新身份。大学生可以利用自己虚拟的另一个身份进行社交，仿佛置身于另一个全新的世界，畅游在网络世界里，寻求刺激。在这样一个虚拟的世界中，自制能力不够强大的大学生往往容易沉迷其中无法自拔，无法与现实世界区分开来，严重影响正常的生活。

有时一些舆论通过平台使人们进入一种言论失序的状态，主要表现为信息失真的各种不良信息，因自媒体的传播迅速的特点使舆论难以控制，极易形成舆论热点。大学生的主观意识极强，容易被嘈杂的信息所带入，从而影响大学生对事物的正确判断力，继而影响当代大学生的心理健康。

在自媒体和互联网快速发展的当下，泛娱乐化的现象在生活中无处不在，主要表现为传播内容的娱乐化。为了迎合青少年的追星或娱乐需求，网络自媒体平台中的独立媒体乐此不疲地报道明星在现实环境中的现状或娱乐圈的八卦丑闻，甚至在特殊时期某些政治题材的新闻也会被不良媒体娱乐化。

此外，受当前社会新闻事件和自身环境，以及社会宏观发展趋势的多方面影响，高校学生在价值观的建立上也呈现多种形态，个体逐利性较为明显，对个人思想道德意识的约束相对宽松，使学生娱乐、享受的苗头上升，抗外部干扰能力较差。

（二）生活学习方式多样化

中国互联网络信息中心发布了《第46次中国互联网络发展状况统计报告》，报告中显示，"截止至2020年6月，中国网民数量高达9.40亿，互联网普及率持续上升至67.0%"。其中，手机作为自媒体的网络媒介成为拉动中国网民数量持续走高的中坚力量。2020年6月，我国手机网民规模达9.32亿，网民使用手机上网比率高达99.2%，使用电视上网比率为28.6%，利用台式电脑、笔记本电脑、平板电脑上网比率分别为37.3%、31.8%和27.5%。这份报告有力体现出当今大学生成为手机上网群众的主力军。自媒体的出现给高校学生管理工作带来空前的机遇，同样也面临着不可忽视的挑战。《关于进一步加强和改进新形势下高校宣传思想工作的意见》指出"我国已把加强高校意识形态阵地建设作为一项国家战略工程"。自媒体已经广泛应用于大学生群体，高校的学生管理工作必须与时俱进，开拓创新。从管理方式和方法上做出创新，显然，自媒体是最符合发展趋势的工具。

自媒体时代的快速发展使相关媒体产品成为学生必不可少的日常应用。当代大学生的日常不再局限于象牙塔般的校园，自媒体所带来的资讯是开放且多元化的，学生获取信息的渠道更为多元，获取信息更加便捷。根据调查报告显示，大多数学生的资讯来源于自媒体，每天大学生的上网时长中，用来检索信息或者浏览信息的时间所占比重较大。这有助于学生拓宽知识面，了解时事新闻。

在中国互联网信息中心发布的《青少年上网行为报告》中，青少年使用率前三的自媒体平台分别是微信、QQ和微博，从这些自媒体的特征可以反映出，这三者都是综合类的社交平台，服务功能不断增强。自媒体对大学生的吸引力之强，其中重要的原因之一就是强大的社交功能。社会中的每个人都不是独立存在的个体，相互之间都会存在一定的联系。联系是建立在个体之间信息交换和情感信任基础上的。自媒体作为当代人际交往中的重要媒介，它在人际交往上体现出来的是平等和便捷，这使得大学生可以大胆表达内心最真实的想法。这种交往不受身份的限制，可以避免生活中的尴尬，无形中扩展了大学生之间的沟通和交流空间，有助于大学生的人际交流。作为经典的社会交往综合型软件，微信公众平台、微博等自媒体充分发挥了当下自媒体的通用特性和社会性服务网络的功能，促进了自媒体平台中使用者的交往与互动。自媒体的综合性发展使其信息内容更加的丰富，涉及面不断拓展。例如，微信公众号的平台上，多数教育机构或学术周刊或高校官方微信公众号平台相继上线。用最直接的实例来看，2020年全球新冠病情的蔓延，导致学校大面积无法复课；在互联网的数据时代，各地方教育部门积极组织了网络授课，利用互联网将学校的教学内容输送给学生。自媒体学习服务多功能的发展使当代大学生随时随地做到及时学习。利用手机即可获取知识，自主安排学习进程，调节学习节奏，从而增强学习自主性，缓解学习压力。虽然高校的学习氛围相对于初高中而言轻松许多，但是面对日益紧张的竞争压力，学生往往在面对压力或心理问题时难以寻找出正确的路径去解决问题，进而形成心理压力或负担逐渐增加的恶性循环。自媒体平台的开放性以及内容多样性和良好的互动性，使得遇到问题的学生能够找到适合的方式解决，有效缓解了因学习而产生的压力。

（三）性格特征复杂化

现代大学生的性格特点是非常复杂的，这里有着传统教育体制形成的弊端。在当今的大学生群体中，很多学生因为缺乏主动学习的意识和自主学习的能力，学习适应能力较差，要么无所适从，要么随波逐流，荒废了大好青春时光。

同时，大学生的世界观、人生观和价值观尚未成型，猎奇心强，求知欲望强烈，在这种情况之下，学生的选择通常带有盲目性，常常因为一时的好恶而作出不科学的选择。

此外，在应试教育的大环境影响之下，长期以来无论是教师、家长还是学生本人，过于看重学生的学习成绩，把考试结果作为评价学生的唯一指标。这种观念也对高校学生管理模式造成一定的影响。很多大学的学生入学前学习成绩一直名列前茅，是家长眼中的好孩子，老师眼中的尖子生，同学中间的佼佼者。他们的人生经历往往一帆风顺，几乎没有碰到过什么挫折。但考入大学后，他们身边的同学都是同龄人的优秀者，竞争相对激烈，这会导致部分学生的成绩出现较大波动。这个时候，这类学生就会出现较大的心理落差，有些心理素质较差的学生会产生失落的情绪，从而影响学习状态。如果此时不能及时调整，久而久之会陷入恶性循环。更有甚者，因为嫉妒等情绪的影响，甚至出现了诸如投毒事件、自杀轻生等造成恶劣社会影响的极端事件。

现代教育学研究表明，"00后"大学生受成长环境等因素的影响，表现出比以往任何时期的学生更加强烈的自我意识和自主意识，他们渴望通过参与学生管理成为学生管理模式中的主体。但是，长期存在的实践能力差又制约着大学生的发展。著名物理学家杨振宁先生曾就中美学生进行过一番比较。在谈到中国学生时，他说："这些学生学习起来非常刻苦、守规矩、按部就班、循序渐进。所以，基础知识系统、丰富、扎实、擅长考试，学习态度也非常谦虚。但他们却普遍存在动手能力差，胆小、怕出错，不善于选择研究课题，不善于提出问题，崇拜权威等缺陷。"

第二节　现代大学生成长成才的路径探索

一、大学生成长成才面临的问题

（一）育人体制落后

高校学生管理模式的落后严重制约了高校"育人成才"这一基本功能的发挥。目前，我国很多高校学生管理模式的启动方式都是来自上级行政主管部门的规范性文件或者指导性文件，一般是由上级行政主管部门所设计的某一活动主题或安排的某一职能性或功能性的角色任务组成；管理模式的组织架构复制于学校其他类似的行政管理的架构，通常是学校设置同一领导班子，把各种职责层层布置到院系，最终在基层根据具体任务细分为几个职能机构或者职能小组，分别完成上级要求中的几个任务细分。一般每一个机构或者小组的设立对应一个具体的任务细分；从管理模式的设计到最终执行之前，对学生始终是"暗箱"操作，学生往往被置于被管理者或者某一活动考察对象的地位，学生对管理模式的设计不具有任何发言权。凡是带有权力性质的职能职位（如打分、认证、记录，甚至在监督上还要在被监督部门和学生之间设置专门的联络员）全部由非学生的高校学生管理的行政职能人员、教师或者被极度行政化的学生干部担任，在参与活动和管理活动两个领域保持清晰分明的人员配置界限；沟通方式是标准的行政式问答，即类似于行政机构下级部门向上级部门的投诉和越级进行举报的方式。这种方式的特点在于，学生一旦遇到问题，无权自行认为这种问题是不合理的，也无权采取本地化的解决方案，必须采用格式化的书写（或者电子邮件等）方式将问题呈报，然后等主管部门的答疑后，才可以根据主管部门的最终解答来判断并得到最终解决方案。

基于刻板僵化的学生管理模式令高校学生的鲜活特征和学习实践的自主性、自发性受到极大的压制，导致学生对高校内学习兴趣的缺乏，对管理的反感。同时，滞后的管理模式使得高校老师逐渐丧失对学生的责任心，师生间缺乏有效而积极的正向沟通，在学业和综合素质培养上缺失了良好的先天条件，导致育人能力不高，暴露出高校因学生管理不当引发的育人体制滞后。

（二）"团队精神"集体性缺失

"团队精神"是新时期大学生素质培养的重要组成部分，是整个社会对人与人之间沟通合作的要求。大学生大多是独生子女而产生的先天不足、独来独往、离群索居的校园生活方式，加之个人化的学生考评方式，都使得团队精神成为大学生亟待提升的素质。

对大学生进行团队精神的培养不仅可以满足时代的需要，还可以有效地提升整个大学生思想政治教育的效果。第一，可以有效地加强大学生之间的团结和合作精神的培养。第二，可以有效地促成大学生形成民主意识和平等参与的公民精神。第三，可以有效地帮助大学生培养规范精神和纪律观念。第四，可以有效地帮助大学生融入社会和进行人生规划。第五，可以有效地提升大学生的心理承受能力和心理健康。团队的概念并不是很容易把握的，西方学者对团队理论做了大量的研究。

团队概念的内涵在于拥有一个共同的目标，其成员行为之间相互依存相互影响，并能很好地合作，追求集体的成功。1962年，日本科学家及工程师协会注册第一个质量管理小组，至此，日本企业被认为是最早引入团队工作模式的国家。20世纪70年代，日本的质量控制方法在美国大受欢迎。受到日本全面质量管理（TQM）计划的影响，美国人采用了团队管理的形式以顺利推广这一计划。"集体主义"历来是我国传统儒家思想的精髓。这种东方文化的结晶与团队管理的精神是一致的，为我国开展团队管理工作积累了优秀的文化和价值土壤。霍桑试验及人群关系理论、勒温的群体动力理论、马斯洛需求层次理论、群体规范和凝聚力、群体凝聚力等理论和概念发展并丰富了当前的团队理论。相对于高校学生管理工作过去一直对学生坚持的爱国主义、集体主义和社会主义教育而言，对"团队精神"的培养是一个外来概念。团队精神的集体荣誉感在当代高校学生身上产生群体性缺失。

（三）管理过度刚性阻碍学生个人发展

强调人才管理和人才培养，一直是我国高等学校学生管理的重要指导思想。《关于进一步加强和改进大学生思想政治教育的意见》更是再一次明确指出：大学生是十分宝贵的人才资源，是民族的希望，是祖国的未来。加强和改进大学生思想政治教育，提高他们的思想政治素质，把他们培养成中国特色社会主义事业的建设者和接班人，对于全面实施科教兴国和人才强国战略，确保我国在激烈的国际竞争中始终立于不败之地，确保实现全面建设小康社会、加快推进社会主义现代化的宏伟目标，确保中国特色社会主义事业兴旺发达、后继有人，具有重大而深远的战略意义。但是，在实际的高校学生管理工作中，由于我国高校长期受行政管理风格的熏染，思维惯性上将学生作为管理的客体对待，管理往往刚性过强，管理中强化了对合格达标和整齐划一的追求，更多的精力用于完成行政性指令和指标，而较易忽视学生自身发展的实际需求。缺乏专业的调研精神和虚心听取采纳学生意见的机制，使得人才管理极易偏离其初衷。也就是说，来自上级指导文件中对高校学生管理的定位不可能细化为学生管理模式设计和操作规范，并且在具体的落实过程中缺乏足够的激励为其配置相应的机制创新和机制设计，最终高校学生管理工作定位的实际落点往往还是学生日常管理工作，而对于学生成长成才素质拓展这一部分的工作在资源的投入和支持上一旦遇到学校资源不足的情况，往往为战略设计所忽视。正因如此，目前高校学生管理模式是在渐进式的试错和应急的方式下逐步形成自己的特色和惯例的，而在宏观上缺乏专门的设计和战略的反思。一些机制创新的思路和经验没有得到总结和推广，其原因正是在于以这种方式形成的学生管理模式与传统中的高校学生管理具有良好的匹配性和相互间的适应性，从而获得制度上的刚性而不易接受创新机制带来的改变。

二、大学生成长成才的路径探索

（一）法治化发展

"蓬生麻中，不扶自直；白沙在涅，与之俱黑。"一个良好的、法治的校园氛围对于法治思维的培育和形成至关重要。现代大学生对于自身的发展有着无比鲜明的目标性，同时具有非常独立的个体思想意识和自主意识。大学生全面健康发展的首要任务就是要规范他们的行为意识和思想意识，使之具有合法性和社会道德性。因此，在高校管理学生的过程中应当营造法治、文明的管理氛围，这有助于学生成才。

法治思维培育应与建设法治校园同步进行，首先要做的就是优化校园环境。建设法治校园、优化校园环境、改善校园风气，在校园中懂得扬弃，树立优秀榜样，舍弃不良思想。在校园中营造一个和谐、法治、文明的校园氛围。值得特别注意的是，校园法治氛围的建设不是一蹴而就的，是一个循序渐进的过程，需要长期的学习和积累。建设校园法治风气要从每一位学生、每一位教师的点滴行动做起，要从加强最基础、最关键的学生管理做起，集中资源、集中精力，营造良好的校园氛围。

依法治校是依法治国的重要组成部分，是依法治国理念在高校落实的体现，是把学校的教育管理工作和学生管理工作纳入法治轨道，推动教育事业长足发展的重要保障。在法治建设和高等教育改革发展的新时期，维护学生合法权益是高校管理学生的根本目的之一和实施学生管理工作的基本原则。注重维护学生权益，首先体现在鼓励和支持学生自我管理和参与学校事务方面。为学生参与到学生管理工作提供屏障，更好地维护以受教育为核心的大学生的合法权益。

高校学生管理是依法治校的重要组成部分，是高校推进依法治校进程的切入点，对于高校学生管理具有重大的现实意义。依法治校视野下高校学生管理就是将依法治校的理念引入到高校学生管理中，亦是高校学生管理的主体在"以人为本"的管理原则和"科学立法、严格执法、公正司法、全民守法"的法治理念下，依照法律法规、部门规章和学校内部规章制度，由专门机构和人员及学生从事的有组织、有计划、有目的的教育、服务和管理，对学生开展教育管理的组织活动过程。在依法治校的视角下进行高校学生管理是法治精神在学生管理中的体现,保证了学生管理的开展在法治轨道上。全面推进依法治教,是高校学生管理现代化的需要,也是建设社会主义政治文明的必然要求,更是现代高校培育学生的必要路径。

(二)提升教育质量

高校教育质量建设是一项非常复杂的系统工程。它包括高校教育过程中的方方面面,既有宏观的又有微观的,既有精神层面的又有实践层面的。

21世纪以来,提高高等教育教学质量是我国高等教育发展的主旋律。2001年8月,教育部下发了《关于加强高等学校本科教学工作,提高教学质量的若干意见》,提出了12条加强本科教学工作、提高教学质量的措施和意见,得到全国高教战线的普遍拥护和认真落实。2004年3月,国务院批准了《2003—2007年教育振兴行动计划》(简称《行动计划》),其中"高等学校教学质量和教学改革工程"是《行动计划》的重要组成部分。此《行动计划》指出,教育部将按照"巩固、深化、提高、发展"的方针,巩固成果,深化改革,提高质量,保持持续、健康和协调发展,并把提高高等教育质量放在更加突出的位置。2005年1月,教育部印发了《关于进一步加强高等学校本科教学工作的若干意见》,为进一步加强高等学校本科教学工作、实施高等学校教学质量与教学改革工程提出了16条切实可行的意见。2010年7月8日,中共中央、国务院印发了《国家中长期教育改革和发展规划纲要(2010—2020年)》(以下简称教育规划纲要)。《教育规划纲要》指出,"提高质量"不仅仅是教育总体战略中工作方针的重要内容,而且是未来10年高等教育的首要工作。十多年来,通过国家、地方教育行政部门和高等学校的共同不懈努力,我国的高等教育质量得到了显著提升,高校在教育软硬件建设上也取得了显著成效。硬件包括图书、教学设备、建筑面积等;软件包括师资、学科专业课程设置、办学理念、人才培养模式等。

但是回顾过去,我们为提高高等教育质量所做的努力仍存在一些偏颇和盲区:重视教学硬件和教学形式的建设,忽视以课堂教学为主的具体教学过程的改革;重视高水平师资队伍建设,忽视教师的教学观念转变和教学能力的提升;重视教师和"教",忽视学生和"学"等。这些问题仍旧在不同程度地制约高校教学质量的提升。

现代的、与时俱进的教育观念在教学目标上注重能力的培养,对人才培养目标规格认识准确到位:在能力培养上注重理论与实践相结合;在师生关系上民主平等,和谐共鸣;在教学手段上充分利用多媒体技术;在教学组织形式和方法注重多样化和灵活性。在这种教育观念指导下的教学活动,教师能够理解知识,指导学生学会学习,而不是单纯地把知识传授给学生就完成任务;学生也可通过教学活动自己主动建构知识,真正实现能力的培养。大学生的学习观是学生个体对知识、学习现象和经验的直观认识。其发展经历了从客观主义到建构主义倾向的转变，但学习观的各个维度的变化并不是同步的，这是由于大学生自身学习经验、所学专业、课堂教学以及学校和社会文化等因素的影响而造成的。学生的学习观反过来对学习成绩、认知过程及策略、自我调节以及学习动机具有重要的影响，因此，学生学习观的转变应当成为大学教学的一个重要目标。关注教师和学生的教学观念，这里有三层含义：首先，教师必须拥有科学合理的教学观念，按照新时期人才培养的要求进行教学。其次，大学生必须拥有合理的教学观念，根据人才培养目标、规格以及科学的学习方法进行有效的学习。最后，教师和学生还必须形成一致、兼容的教学观念。这里所说的"师生一致、兼容"的教学观念，是指教师和学生在教学实践活动中有共同的价值认同，即在教学目标的设定、教学内容的增删、教学手段的变革、教学计划的修订、教学评价方式的设计等方面有共同的认识和理解。

只有树立正确的与时俱进的人才观、知识观、质量观、教学观、教师观、学生观、交往观等教学观念，真正改变陈旧的教学目标和教学内容、落后的教学方式方法和僵化的师生关系，才能使高校教育改革取得更大成效，真正地实现教育质量的提升，完成时代赋予学校的培养高水平人才的使命和责任。

第三节 现代高校学生管理的特征与作用

一、现代高校学生管理的特征

（一）政治性

高校学生的管理工作与我国社会思想政治要求的目标是一致的，都是为了培养合格的社会主义建设者与接班人。高校的思想政治工作为学生的管理工作提供了精神上的支持，而高校的学生管理工作为高校的思想政治教育提供了物质上的保证。两者相互协作，相辅相成。帮助高校大学生树立正确的世界观、价值观、人生观，确定正确的价值取向，是高校学生管理工作的首要任务。

钱学森教授曾留下了这样一个令人深思的问题：为什么我们的学校培养不出创新型人才？这个被命名为"钱学森之问"的问题引起了国人和教育界对中国高等教育质量的大讨论。

哈尔滨工业大学校长王树国教授曾说过这样一句话："我是研究机器人的，希望机器越来越像人，但作为校长，我担心把人培养成机器。"

"钱学森之问"和王树国校长的话实质上都一针见血地道出了当今我国高等教育普遍

存在的问题：人才培养质量下降，大学生缺乏学习动能，价值观建立具有不确定性，缺乏创新精神和创新能力。人才培养是高校最核心的职能，而教学又是人才培养的主渠道。高校的学生管理工作一定要把培养人才作为高等学校的首要职责。学校和教师都要把主要精力放到搞好教学和培养好学生上。科学研究也是高等学校的重要职能，但要与教学和培养人才紧密结合。

现代高校学生的管理工作已经逐渐实现了树人和育人的有机结合。在营造学习环境和社会文明环境上双管齐下，为大学生的自我管理和成才提供有力保障。

（二）针对性

20世纪90年代早期，"学生管理工作"一词被正式提出。随着高校数量和规模的不断扩大，国家对大学生不断扩招，学生工作被赋予更多的职责，其内涵也不断丰富。最初高校学生管理工作由教师兼任，发展为现在的专职辅导员。随着事务性工作的不断增多，工作的内容从最初单一的学生思想教育到关注学生的多方位发展，有组织、有计划地管理和服务学生。学生的管理工作包括建立严格的行为规范制度，学生工作中的服务就是开展一系列的活动以帮助解决学生在生活上或学习上的困扰，促进学生的全面发展。学生管理工作的内涵是学生管理部门为了使学生全面发展，提高学生的综合素质而开展的一系列具有针对性的、有利于身体与心理健康成长的活动。大数据时代背景下，高校学生管理工作的概念将有所升级，管理方式和途径的拓宽使学生管理工作向逐步细致化的路径发展。高校学生管理者对大学生在校期间，针对学习和生活规范管理而进行的一系列活动，为学生提供良好的学习和生活帮助，促进学生全面发展的活动，具有明确的管理服务对象。

（三）科学性

高校学生管理工作应当遵循科学、公正、平等的原则。这也是高校管理建设维护稳定的重要工作基础。尤其在针对学生个体的具体管理工作过程中，更应该做到管理有水平、服务有特点、反馈有实效。一般情况下，学生的各种学习奖金申请的管理需要走审核流程，将奖励的方案细化，进行公开、公平、公正的评定，科学地引导学生健康的消费观和价值观，以及调节学生良好的心理状态，达到完成优秀的学生管理工作的目标。对于每次审核，首先需要学生申请，经过班级单位或者院系单位的评定程序后，再报批给管理员，初核通过后上报高级管理员，最后复核通过后，流程结束。

面对现代高校学生的管理工作，比如奖学金、助学金、勤工助学等机制，需要全方位的思考。这不仅仅需要细化有关的评分机制，更要使机制透明化，对于获得了奖励、鼓励和支持的学生，要引导其健康的价值观，不能奖项一旦到手就去大手大脚消费，而要倡导理性消费，要用到刀刃上。比如更好地提升自己，多参与大赛，多学习技能，再接再励、不断超越、勇攀高峰。对于未获奖的学生，我们要做好心理辅导，给予鼓励，希望他们不断努力、不断赶超。同时，对获得奖励的学生，应该建立监督机制，讨论和制定适合的规则约束，严格要求获奖的学生，尤其是高级别和高奖励的获得者。要求获得者按照评定要求高标准规范自己的生活和学习，做好榜样带头作用。当有违纪违规的情况发生时，讨论是否应该按照公示的规则收回有关的奖项和称号，正确、合理地规范高校奖学金的正面作用。作为全校的榜样，他们应全面接受监督，并在个人综合的行为数据上给予关注。

（四）时代性

互联网大数据时代的到来，引发我国乃至全球社会生活的变革。高校的整体发展也顺应这一时代特点产生变化。针对目前我国高校发展整体环境特点，高校学生的管理工作也具有了社会时代的特点。

在中国，微博、QQ和微信平台即将成为高校利用自媒体应用于学生管理工作的有效途径。高校利用自媒体平台通过个人发布信息，进行公开交流和信息分享对大学生的生活进行了解，这些途径极大地丰富了大学生及学生工作管理者的沟通方式。

QQ、微博和微信是中国目前使用用户最多的综合型网络社交应用。根据调查，QQ是高校辅导员应用于学生管理工作的重要工具之一。通过对学校文件的传输、消息通知，以及解决学生生活上或学习上面临的问题。高校学生管理工作往往通过建立QQ群或微信群的方式，去帮助学生解决一系列的问题。通过QQ软件的分组等功能，可以将不同类型或存在不同困难的同学进行分组，以轻松交流的方式，有针对性地解决他们的实际困难，帮助学生树立正确的价值观，以帮助他们顺利解决问题。微博是实现即时分享信息的基于用户相互关联，传播分享信息的网络平台。在高校学生管理队伍中，辅导员是学生管理工作的主要成员，他们的工作往往繁杂而琐碎，无论是外界的认可还是自身的认可程度都较低。辅导员通过微博或微信平台可以展现学生管理工作的状态，表达自己的工作感受和工作心得，通过这样的方式提升外界对学生管理工作的认同感。学生与高校管理者都可以阅读学生管理工作的自媒体平台，深入了解学生管理工作者的重大责任，从而加深师生之间、学生管理工作者之间的了解程度，促进师生之间关系的和谐发展。

二、现代高校学生管理的作用

（一）育人成才的作用

从历史发展角度来看，高校学生管理工作改革的过程是从早前单纯强调政治思想教育，到现代化高等教育中对学生的教育、管理和服务三大内容并重的转变。这一重要的转变使学生管理工作的使命发展为培养全面发展的高素质社会主义建设的人才。从此，高校学生管理工作者的工作目标逐渐清晰，对高校学生管理工作重要性的认知得到进一步强化。学生管理工作的性质决定了被赋予很多使命，随着高等教育的日益发展，时代赋予高校学生工作的使命就是不断完善高校学生管理制度，从根本上加强学生管理工作，从教育、服务和管理三方面解决问题。

我国目前处于提倡素质教育的大时代，学生的全面发展是国家的重要发展战略。高校学生管理工作者的基本工作使命就是对学生的学习和生活进行有效的管理和服务。高校的教学事务和学生管理是高校培养人才的必要途径，高校以培养德、智、体全面发展的建设者和接班人为己任，贯彻执行了党的教育方针，是实现高校基本任务和培养目标的必要措施。党和国家的教育方针，即学生管理的最终目标。因此，学生管理水平的高低、质量的优劣，对学生的培养有直接的制约作用。此外，学生管理工作对于提升学校的内部凝聚力和外部综合竞争力都具有重要意义。

（二）稳定社会环境的作用

随着我国各项事业的快速发展，高等教育也由精英教育向大众教育转变，这也给高等教育的学生管理工作带来新的挑战。在传统的学生管理中，学生风险一般来自人身安全风险、学业风险和就业风险、财务风险等多个方面。但是随着科技的进步，高校的扩招，学生的数量和质量的快速变化，高校学生管理中的风险已经超出了传统的风险种类，特别是基于传统视野的学生安全风险可能通过网络的传播，快速形成新的风险种类。其中，舆情风险、校园贷风险、就业风险等问题就凸显而出，这种风险危及了高校的学生管理工作，为社会和高校舆论、社会稳定、高校稳定以及金融发展的稳定带来隐患。因此，高校学生管理不仅要面对传统的高校问题进行管理，而且要针对新发生的问题种类进行有效管理。

高校学生管理中的挑战主要来源于两个方面，一是高校内部基于传统的教学管理环节，如学生考试压力排解问题、就业问题等；二是来自社会化的问题，如舆情风险、校园贷风险等，这对于高校管理中的学生工作也是一个严峻的挑战。因此，高校就是一个社会的浓缩，学生全方位的发展过程中，任何环节出现问题，都会引发蝴蝶效应或者集体效应，对社会稳定造成影响。在现代大学制度下，完善的管理工作体系将会促进社会的稳定。

（三）增强复合能力的作用

我国高等教育的目的是培养全面发展的社会主义接班人，把学生培养成有"中国梦"、有理想、有远大抱负和身心健康的复合型人才，这是我国长久以来的目标。作为一名合格的当代大学生应该具备的基本政治素质是：具备爱国主义精神、坚定不移的社会主义信念和积极拥护中国共产党的领导。将中华民族的优良传统和文化发扬光大是每个大学的责任所在。作为高校的学生管理工作人员，提高大学生的科学文化素质是不可推卸的责任。大学生必须具备全面的知识素养，养成良好的学习习惯，保持长久的求知欲望。自媒体的发展能够为此传播正确的价值观和人生观，提高高校学生管理工作者对学生思想教育的实时性，引导大学生身心健康成长。

高校学生管理工作的重要使命之一就是要发展学生的智力，促进学生的综合素质发展。当下一致认为发展学生的智力应该是课堂教学和教师的责任，但高校学生管理工作者同样肩负促进学生智力发展的使命。当前，我国高校学生管理工作应重视大学生的通用复合技能的培养与强化。一般意义上，通用技能不等同于专业技能，它是能够在各个领域中都能发挥作用的技能。英国雷丁大学认为"通用技能应该是最重要的基本技能，包括信息处理能力和问题解决的能力、与人沟通交流的能力、数字能力和团队工作能力"。现如今我国人才市场竞争机制日趋完善，高校学生管理工作部门应与学校教学部门等其他相关部门共同探讨、共同研究高等教育的使命，在具体的时践过程中体现出高校学生管理工作的人才培养的工作使命。在管理理念的层面上，高校学生管理工作必须明确学生为管理主体，让性格各异和各有所长的学生有不同程度学习生活的自主权和选择权，以此培养顺应现代社会发展要求的人才。

第四节　现代高校学生管理创新发展的策略

一、现代高校学生管理的主体变化

（一）环境的新变化

在信息技术不发达的时候，高校学生管理一直处于半封闭的状态，很多校内发生的事件在处理的时候往往消化于内部，并不会波及社会层面。而在网络资讯传递速度如此迅捷的今天，高校学生管理对于公众来说是完全透明的，甚至很多突发事件，公众和媒体获得信息的时间比高校学生管理部门更早；对突发事件的处理不仅吸引公众的眼球，很大程度还决定了高校在社会大众心目中的形象。因而，很多事件的处理由纯粹的内部的行政事务性质转变为附带有高校处理公共关系和公共形象的公共事务性质。这就造成原有的一些简单原始的管理技术必须相应地进化为能够得到公众理解和支持的管理艺术，对高校学生管理的工作者提出了极高的要求。

与此同时，自媒体不仅仅对学生的日常及学习产生巨大的影响，对高校的学生工作、教学工作的影响也极为深入。自媒体平台对高校学生管理工作而言，可谓一把双刃剑，如何发挥其积极作用，以及如何将自媒体平台创新性地应用到学生工作中，是高校面临的新挑战。

信息技术的发展、网络生活的普及给人们的生活和行为方式带来了巨大的变革。根据中国互联网络信息中心提供的资料，我国网络用户的数量激增，其中高校学生所占的比例在50%以上。网络是一把"双刃剑"，一方面它给高校学生学习和获得信息开辟了新渠道，为学生提供了更为广阔的选择和接受各种思想文化的平台；另一方面，网络也给腐朽落后的文化和有害信息的传播提供了滋生的土壤，大学生痴迷网络，致使少数大学生精神空虚、行为失范，有的甚至走上违法犯罪的歧途。

（二）管理对象的新特点

随着互联网科技和自媒体的不断发展与创新，以手机为主的移动网络媒介深深影响着人们的思维模式和价值取向。显然，在信息化的时代，自媒体以不可阻挡的态势影响着各个领域。如今，高校大学生作为年轻群体的代表，自媒体显然成为当今大学获取信息、发表言论的重要平台，同时逐渐成为新一代的"精神寄托"。

从以上现状可知，如何更好地运用自媒体开展高校学生管理工作，如何加强自媒体建设，使其与高校学生管理工作紧密结合，如何通过自媒体平台提高学生管理工作的效能，都是亟待解决的问题。

二、现代高校学生管理创新策略

（一）管理政策创新

2005年，教育部颁布了新修订的《普通高等学校学生管理规定》（以下如无特别说明，简称新《规定》），新《规定》和之前颁布的《教育法》《高等教育法》共同为我国高等教育法治化确立了明确的方向和要求。相比之下，我国高校学生管理工作是滞后于高等教育法治化大趋势的。

首先，高校学生管理工作受到东方传统教育文化中缺乏自由、平等、人权等现代社会及现代教育所需要的价值观念与精神特质的影响。在传统中形成行政权力膨胀、人治观念根深蒂固，重权力轻权利，操作中强调实体忽视程序。特别是对于间或出现的突发事件没有形成规范的操作，随意性很大。

其次，学生管理工作中经常以道德代替甚至超越法律作为处理学生事务的依据，往往以社会大众的思维方式来评价学生的行为，强调自身作为管理者所具有的惩戒的权力，而忽视了自身也同样作为教育管理者所具有的教育帮助的职责，无形中抹杀了学生得到教育管理者最终保护和人文关怀的权利。

最后,学生管理工作中缺乏法治意识但又喜欢借助于法律工具的权威效力。大量的学生管理工作者喜欢为学生制定各种规章规范,但是这些规章规范的制定一方面缺乏科学的规制技术,用语含糊,表述混乱,缺乏操作性和具体标准,自由裁量范围极大;另一方面又缺乏对学生合法权利的保护,只规定学生的义务不规定学生的权利,只强调对学生的权力而避而不谈自身的具体权责。例如,在新《规定》颁布以前,很多高校还在校规校章中写入类似"在校期间擅自结婚而未办理退学手续的学生,做退学处理"这样的规定。新《规定》针对这一明显与目前国家基本法律相抵触的做法予以特别强调,学生能否结婚,根据国家《婚姻法》和《婚姻登记条例》执行。根据新《规定》,高校学生管理的任务包括"维护普通高等学校正常的教育教学秩序和生活秩序,保障学生身心健康,促进学生德、智、体、美全面发展",管理方式为"以培养人才为中心""依法治校"和"管理与加强教育相结合",这就为高校学生管理从内容和形式上都提出了全面的要求,需要高校学生管理在实践中通过改进和创新做出实际回应。

同时,在创新的管理政策指导下,还应当探索新型学生管理模式,将高校学生管理工作内容和职能全部整合到学生工作部(处)和校党(团)委中,由分管学生工作的校领导(一般为党委副书记或副校长)统一领导。按照学生管理工作的具体职能,学生工作部(处)下设思政教育中心、事务管理中心和发展服务中心三个中心,校团委下设组织宣传部、科技创新部、社团实践部和人文艺术部四个部门。

(二)管理模式创新

1. 引导自我管理

众所周知国外的教育管理理念都是自由开放,主张个性的张扬。以英国为例,对于高校学生管理工作的重要目标是为学生提供更好的服务。因此,英国在学生管理工作中全面奉行"以人为本"的观念,以学生全面发展为中心。正是因为充满人性的学生管理工作方式,使得英国各大高校的学生管理工作氛围尤为活跃,充满生机。

无论是老牌的牛津大学还是新兴的萨里大学,都强调"以学生为主体"的大学文化教育观。力求学生全面发展是英国高校学生管理工作永远的追求。例如,在自媒体平台建设的应用上,英国坚持以了解学生作为首要任务,也从满足学生多样化的需求为出发点,积极建设自媒体平台。根据学生需要学校提供的信息、服务的内容等,加强自媒体平台信息发布的针对性,从而促进学生学业的发展以及个人未来的发展。

长期以来,我国的高校学生管理工作习惯采取管理者进行管理是主体、学生作为被管理者是客体的工作思路,忽视学生作为主体的一面。管理规则设定得比较僵硬,处理方式以刚性指令为主,单方面强调学生的义务而忽视学生的自我实现的要求,强调学生对于管理的服从和理解而忽视对学生的服务和辅助，这就与学生渴望得到理解和信任的心态相冲突，往往形成管理者觉得学生偏激难管，而学生觉得管理者与他们毫无办法沟通，缺乏服务精神。

营造浓厚的大学校园自主管理文化是一种创新管理方式。文化是人们行动的基石，它是指引我们各种行为的潜意识。高校应通过典型案例、文化宣传等多种手段，在校园里营造浓厚的自主管理文化氛围，让全体学生、教职员工都能参与到学生管理活动中来，倡导一种"以学生为本，引导学生自我全面管理"的管理模式，这是我国高校学生管理模式创新发展的方向。

现如今，我国大学生素质不断提升，大学生组织逐渐发展壮大，大学生的主体地位也得到了空前的提高，以高校工作为重点的制度建设也加快了步伐，这使大学生参与到学生管理工作中就具备了现实可行性。同时，这也是学生自主管理的体现。学生参与到学生管理中去就是学生直接或间接地参与到学生管理工作中，参与的范围是学校；参与的权限是高校学生管理拥有的权力；参与的内容是与高校学生管理自身相关的工作和相关政策制定；参与的主体是专职教师和学生。

回顾大学生参与到学生管理工作中的历程，不难发现，无论是其自身的知识储备还是综合实力，都显示出大学生能力的不足。"其身正，不令而行；其身不正，虽令不从。"大学生想要维护自身权益，就要从自身做起，切实提升自身能力。能力的提升不是靠纸上谈兵就能实现的，要将知识转化为行动，促使自己不断提升。

大学生参与学生管理是一个由浅到深、由简及繁的动态过程，因此能力的提升不是一蹴而就的，是在自身能力基础之上参与学生管理过程中的点滴累积，而且与相关教育和培养息息相关。"实践出真知"，笔者认为高校应该积极引导、鼓励大学生多参与社会实践活动以此培养社会适应能力和自我管理能力，同时在这些实践中认识到自身不足，从而树立正确的自我意识和主动性、主人翁意识。唯有在参与到学生管理的实践中，大学生才能锻炼出独立思考、遇事冷静、处事果断、合作共赢的工作作风，从而提升自身能力。应该注意的是，高校的专职学生管理者应该清晰地认识到，大学生虽然具备一定的学生管理的能力，但仍然处于发展中，必须在实践中加强引导，树立正确的价值取向，使知、情、意、行协同发展，共同推进大学生的行为能力。

2. 提高学生管理工作的标准化

标准化是现代高校学生管理工作的特色之一，时刻要求高校学生管理工作的系统及精细化。这体现在高校学生管理工作的整个系统中都有相应已成熟的标准，围绕统一的管理标准，统一的人才培养目标，使高校学生管理工作富有节奏性而充满活力。现代高校学生管理工作的标准化主要体现在学生的入学到毕业、就业的一系列工作内容上，如当新生入学后，高校学业咨询部门根据学生入学成绩分别来展开学生工作，将学业有困难的学生展开相关帮扶工作。高校不应该将学生管理工作部门和教务部门分开,要将学习和生活管理联系得更加紧密,使与学生相关的各项事务内容更加丰富。对于心理咨询部门来说,应该在新生开学和毕业之际对学生进行相关的心理测试,关注学生心理动态。通过管理平台和学生进行思想交流与沟通,打破时间与空间的限制,避免面对面交流的尴尬,将工作做到精细化。

3. 学生管理工作法制化

纵观我国高校,学校对学生的任何行为都负有责任,无论是教育的体制问题还是社会对学校承担责任的认知问题,一旦学生在校期间出现问题,根据具体问题具体分析,首先学校会承担相应的责任。但是遇到突发或特殊事件,如自杀事件、违法事件学校依然要承担责任。例如,当下高校频繁爆出的校园贷事件,学生盗用同学身份在贷款平台上多次贷款最终无力偿还,学生家长要求高校要负责,诸如此类事件,高校无法根据具体的法律得到相应的支持。反观一些国外高校,虽然没有对高校学生管理事务进行立法,但有明确的规章制度准则,学生与高校之间有明确的权责关系。高校大学生在校期间受到学校规章制度的约束,这些规章制度涉及学生在校期间的方方面面,学生与校方也达成共识:学校规章制度与法律的要求相一致,加深了学生的法律意识。

由此可见,高校对学生不应承担所有责任,应当只是承担部分管理责任,一旦学生触及法律层面,将由外界部门介入管理,高校不再全权负责。高校学生管理工作应该加强学生的法律意识,同时也要将高校学生管理工作逐渐建立具体的规章制度,与法律挂钩。

4. 稳态动态管理相结合

高等学校肩负着人才培养、科学研究、社会服务、文化传承创新的重要历史使命。高校的定位决定了它不应该仅是一个自成体系、封闭的小社会,而是一个海纳百川、充满活力的大社会。随着高校的社会化程度越来越高、开放程度越来越大,高校的管理工作无论从规模上还是复杂程度上比以往任何时期更应注重管理的动态性。高校学生管理作为高校管理的一个重要组成部分,应根据国家和社会对人才培养的要求,在管理理念上要开放包容不要闭门造车,管理模式上要实行动态管理而不是静态管理。因此,各高校在实施学生管理新模式中,根据学校不同类型特点和人才培养目标的差异,注意管理模式内外环境和条件的变化,实现稳态管理和动态管理的有机结合。既要在稳态中突出灵活,又要在动态中保持稳定。高校学生管理新型模式既要打破原有的封闭模式,实现开放管理,更要注重动静结合,实现学生管理模式的稳定性发展,同时在发展中不断完善创新,不断适应社会需求和高等教育发展的需要。

(三) 管理手段网络信息化

建立网络信息化管理系统的主要目标是提供全面的学生管理的解决方案,实现提升管理质量和效率。人工的方式明显不适应目前学生众多的背景，而且检索、维护和更新面临极大的挑战。寻求如何改进学生信息管理的效率，是高校需要探索的问题。当前而言，信息化建设方案满足这些诉求。因此，就实际情况而言，高校学生信息系统的趋势就是要开发一个功能完善、操作简单、界面友好、有针对性的大学生管理系统。

1. 统筹规划完善信息管理机制

高校做好学生管理的信息化建设，从长期发展的角度出发，在高校战略发展规划的指导下，由学校层面进行统一的统筹规划。只有由学校统一布局，进行全盘考虑，才能实现整个学校的信息管理与学校的发展同步、与学校的实际相符，实现整体良好的效果。高校的信息化建设，除了由学校主导，提供强有力的技术支持和资金保障，还要综合各部门的力量，协调各部门的关系，在信息管理系统的应用上促进部门间的横向沟通、合作，避免各部门独立做一套系统，相互间不能融合。在引进系统时应全盘考虑，对信息系统建设进行综合集成建设，校内网、校外网以及相关数据库要能够实现互通互联，实现各部门间的信息共享和交流。

2. 强化行政人员现代化技术运用能力

信息化专业人才对实现高校的信息化建设起着至关重要的作用。针对行政人员现代化信息技术运用能力不强、技术水平不高的问题，高校要着力加强信息化队伍的建设，培养现代化信息技术专业人才，做好人才保障工作。高校首先要转变行政人员对于信息化技术不理解或抵触的情绪，提高行政人员信息化科技的意识，使其充分认识到信息化建设的重要性和必要性；随后，针对行政人员进行有组织、有计划、有目标的培训，加大对行政人员信息技术运用的培训力度，提高行政人员的信息收集、数据分析等方面的能力，加强信息技术人员的团结协作意识，共同做好高校信息化建设工作。此外，引进专业人才，为信息化技术的使用和推广做好技术保障，切实通过对信息技术的充分运用，提高行政人员的工作效率，优化行政管理手段，最终实现行政管理效能的提升。

（四）管理内容创新

1. 树立依法管理的法治理念

在高校学生管理中，依法管理就是要求参与学生管理工作者在管理过程中尊重法律的权威，体现法律信仰、法律理念，树立法治思维。无论是在日常的学生管理活动中，还是做出处分时、执行处分过程中，都要处处体现法治精神。"刘文燕诉北京大学案"充分证明依法管理的重要性。特别要注意的是，高校学生管理在法治轨道上顺利的前行，是以优秀的、专业的学生管理工作者为支撑的，因此，学生管理工作质量的高低与从事学生管理者的素质的优劣息息相关。新形势下的高校学生管理工作者，要摒弃之前重人治、轻法治，重实体、轻程序的思维模式，切实提高依法管理的意识。唯有管理者知法、懂法、守法，谙熟有关高校学生管理的法律条例规定，知晓相关法律程序，才能真正做到依法管理。因此，高校学生管理者要做到依法管理的前提是知法、懂法，唯有知法、懂法，才能在学生管理过程中守法，才能捍卫学生的合法权益，为学生提供一个成长成材的法治环境。学生管理要做到依法管理，就需要明确所依之法具体是什么。首先，学生管理工作者作为公民需要遵守一般法律：宪法、民法、刑法、教育法等，这些是规范人们最基本的日常生活的法律。其次，高校学生管理工作者作为一个特殊的职业，隶属于高等教育领域，因此要遵守与教育领域、高等教育领域和高校学生管理相关的法律规范，如《普通高等学校学生管理规定》《学位管理条例》《高等学校学生行为准则》以及学校内部的校规校纪、规章制度等。

在依法治校的视野下进行高校学生管理，除了需要学生管理者知法、守法，更为重要的是要树立和强化学生管理者的法治理念、服务意识。"法治理念是一种现代化的理性而科学的法律管理理念，它是现代主体普遍的法律思想、法律理想、法律信仰和法律终极目标等意识或者观念的总称，其也是法治或者法的精神方面。"法治思维的培育不是强制性的灌输，而是长期的潜移默化；法治理念不是口头形式，而要融入实际行动。郭树勇在《法治思维的养成》中提到"法治思维的养成，就个人而言，是社会主义公民的基本修养；对一个民族而言，则是一项十分艰巨的系统工程和历史性任务。"因此，对法治思维的培育而言，不管是对学生管理的工作者还是高校学生管理的对象都是任重而道远的。高校学生管理的主体和客体都要重视法治教育，并在实践中夯实法治思维。让大家意识到，只有不断完善自身的法律知识、健全法治观念，才能提升自我。高校可以通过加强对学生管理工作者的法律培训、进修等方式，或者实地学习、模拟训练、同行交流、研讨等多种渠道，使学生管理工作者了解自身的不足和缺陷，了解学生的基本需要和诉求，从而具有丰富的实践基础和比较系统的法律知识、法治意识。实践出真知，只有经过实践，才能形成良好的法治理念。从当下做起，从日常生活中的行为做起，加强法治实践锻炼。在实践过程中发现与法治理念相矛盾之处，加深对法治观念的认识，从而从中巩固自身的法治意识，提高自身法治水平。

2. 规章制度

健全的规章制度是高校管理工作健康发展的根基。良好的机构建设是为实现高校学生管理工作目标的有效保障。为了加强学生管理工作，学校应成立全校—学院—系—班级多级学生管理工作机构，配备相关工作人员，明确人员岗位工作职责，定责到人。学校管理机构要确定学生管理目标，研究学生管理的政策，确定阶段性工作重点，定期分析管理效果。

健全学生管理工作的规章制度。首先，应对现有制度进行审核。发现现有制度存在的不足，及时地对制度进行更新工作，确保制度能跟上管理的发展步伐；其次，要加强学生管理的考核工作，建立健全学生管理工作的考核制度、监督制度，通过制度的完善和制度的规范，努力修补管理制度漏洞。

信息沟通渠道是现代高校学生管理工作高效的必要途径。畅通的信息沟通是实现学生管理目标的必要手段。要做好学生管理信息沟通工作，需要做好三个层面工作。

①学校内部要建立畅通渠道，从纵向看，学校对学生管理信息渠道要上至校级领导，下至班级信息员，做到信息沟通顺畅；从横向看，要使各个部门横向沟通渠道畅通。

②要建立学校与家长的信息沟通渠道，做到学生管理信息的及时传达，如学校应建立和学生家长的信息沟通平台，实现"校—家"双方的及时双向沟通，鼓励家长对学校的学生管理工作提出自己独到的建议。

③要利用现在的多媒体传播手段。高校要充分利用新媒体与学生、家长和社会进行沟通。学校可定期在学校网站、BBS论坛等传播载体上发布学校关于管理工作的相关信息，也可以利用微信、QQ、微博等方式与学生、家长或其他利益群体实现一对一、一对多的互动。

3. 服务体系

学生的主体性表现在学习生活中所表现出来的自主性和创造性。高校学生管理的主体是人，实践的对象也是人。在高校学生管理中，主体与实践对象的关系，是人与人的能动性、创造性关系。首先，高校要提升服务意识。高校学生管理活动中，参与学生管理的群体要意识到重点在于服务，而非管理。管理强调一方服从于另一方的组织安排，而服务指的是两个平等主体之间的互动。目前高校学生管理中正是缺少了这种服务意识，或者只是在"走过场"。因此，树立服务的管理理念、增强服务意识、提高服务质量迫在眉睫，而且高校教师面对的是成人的学生，民主的管理方式对高校教师的管理更为重要。其次，大学生是实践的主体，高校学生管理坚持"以人为本"的管理理念。要坚持以大学生为高校学生管理实践活动的主体，高校学生管理要始终坚持在教师主导下，以学生为主体开展学生管理工作，并在过程中注重增强学生与学校管理部门、学生与教师、学生与学生组织、学生之间的沟通和协调的能力，加强学生社会实践能力，提高学生参与高校学生管理的热情，调动学生的积极性，促进学生全面发展。再次，大学生是高校学生管理中的价值主体，高校学生管理坚持以学生为主体，以学生为价值之本。在学生管理过程中，应积极引导学生正确认识和处理好自身与周围事物的关系，从而在过程中实现自我价值。在这种价值关系中，价值主体以它内在的价值需要对价值客体的价值属性做出感受和判断，两者互为表里，相辅相成。

在高校学生管理的价值关系中，价值主体是学生，高校学生管理是价值客体。高校学生管理促使自己的实践行为不断满足学生的需要，协调自身和客体的关系，从而使学生更好地融入学生管理工作中。只有这样，学生管理工作才能得到学生的认可和接受，学生才能更好地参与其中,才能彰显出学生参与到管理中的意义,学生管理工作才能找到自己存在的根基。

许多高校大都面向省内外招生,承担培养和培育普通高等学历教育国家任务的教育职责,被授予发放大学学历证书的资格,作为普通高等院校,对教育有深刻的使命感。通过调研发现,目前高校面临比较大的学生管理工作压力,而且由于历史原因,对系统的规划缺少统筹和管理,导致了一些重复投资和混乱标准,需要系统性地考虑建设、整体性的设计。同时,学生管理工作应该按照循序渐进的方式,优先处理和解决突出问题,以实用性为原则,逐步地改善和推进学生服务管理、工作个性化的建设。同时做好安全措施,防范学生信息泄露和被窃取,做好系统工作的扩展性,考虑未来的系统工作集成性等。

高校学生服务管理工作主要分为奖学金管理、贫困生认定管理、勤工岗位申请管理、就业信息管理、党员管理等板块。系统的管理工作应当面向全校的教师职工和学生,需要有一定的管理人员负责维护相关管理工作的设定和学生信息的维护更新功能。管理人员需要维护学生基本信息的各个方面,完善每个学生的个人学习和生活的在校档案。如果管理人员是高权限的人员,需要设定好角色和完成配置管理,建立有效的学生学习生活服务管理机制。相关的管理人员要做好学院的设置、专业的设置以及学生的个人信息建立和管理,在业务上需要做好比如奖学金管理、贫困生认定与勤工岗位申请,服务管理工作还应该包括有学生信息反馈的、有效的畅通通道。

在完善学生服务管理机制的过程中,一些具体到学生自身社会和经济利益的个体化管理服务工作尤为关键。比如奖学金的管理、贫困生认定管理、勤工岗位申请管理、就业信息管理、党员管理等。学生管理工作,需要建立良好的学习氛围和环境,高校学生服务管理机制的设计与实现更加有利于学习表现良好的学生受到表扬和奖励,比如国家助学金的评选。它是鼓励学生在校期间勤奋学习、全面发展,帮助家庭经济困难的学生勤奋学习、努力进取,促进其在德、智、体、美等方面得到全面发展。因此建立良好的奖学金机制是非常有必要的。奖学金的评定是学生管理工作的重要环节,奖学金制度有利于调动广大学生奋发向上、刻苦学习的积极性,有利于培养思想健康、品德优秀、成绩突出的学生,而且帮助了家庭经济困难、品学兼优的学生顺利完成学业。奖学金的评选不仅影响到个人,更是对弱势群体、家庭困难的群体的帮助与支持,以便让这部分学生顺利地完成学业。高校贫困生由于当地经济或者是家庭本身的原因,就学期间无力承担教育费用,这些学生有的心理还存在严重的自卑,如何运用助学金和奖学金帮助这批学生完成学业也是高校学生管理工作的重要内容。"贫困生"的标准在国家层面并没有确切的评判标准,一般参照当地经济水平和家庭实际收入来进行判定。

三、现代高校学生管理新趋势

（一）管理决策规范化

无论是高校的办学宗旨还是学生发展的具体目标，都是高校进行学生管理过程中遵循的基础标准和目标任务。学校发展的情况最能够直接反映出学校的学生管理情况，同时也是学校管理决策适合性的体现。在进行高校学生的管理过程中，管理制度规范是相当关键的。

因此，学校的发展情况要体现出管理决策是否规范、目标是否清晰明确、学校是否有自己的品牌与特色；办学目标和发展方向是否得到广大教职工的认可。学校管理决策的制定需要综合高校所处地区的经济发展程度、自身师资力量、科研基础、硬性设施等方面的实际情况进行考虑，所制定的管理制度应该清晰明确，既能充分利用学校硬实力、软实力等综合条件，具有一定的挑战性，又不能好高骛远、遥不可及。学校的管理机制是否准确与合理会对学校的整体规划产生重大影响，方向一旦出现偏差，结果可能会南辕北辙，在很大程度上影响高校的管理效能。

校园文化作为高校的舆论阵地和宣传阵地，在一定意义上也承担了高校学生管理工作的重要牵引作用。校园文化应当针对学生的管理工作进行分担模式的细化和目标的量化，把校园文化的特征和高校学生管理的特征融合起来，形成长期、有效的文化机制，通过文化作用力的牵引，构建更有利于高校学生管理的环境、制度、办法以及主旨思想。

校园文化也同时具备决策功能，特别在高校管理分担模式优化实施中，校园文化不仅突出在制度上的维护，还在更深层次上促进管理分担模式优化，实施具备高校管理的核心能力。

总之，高校学生管理的决策必须具有规范性、可操作性，能够为高校学生管理的有序、健康发展做好基础建设。

（二）管理模式多样化

信息反馈管理旨在建立一种沟通的机制。传统信箱的方式现在逐渐被人们所淘汰，通过线上的反馈渠道更方便和更合理。在信息时代，信息已成为最重要的资源，收集、整理和使用这些资源成为客观的需要。对于高校学生的管理模式也应该探索多元性、多样化。如何第一时间了解高校学生管理工作的问题所在、掌握学生的动态、预防学生突发事件的发生，务必要主动释放所有的渠道，打通学生和学校之间的通道，做好风险把控，完善学生管理。

学生管理模式的多样性，需要通过充分领会学校和学院对于学生管理工作的指导精神，在此基础上进行分析，将高校学生管理系统的工作进行分层、分级、分角色。例如，按照管理工作系统中的级别可以分为学校管理、院系管理；按照管理工作系统中的角色可以分为资源管理、专业管理、学生信息管理、业务管理以及信息反馈管理等；按照管理工作系统的层次可以分为校园管理、校外社会管理等。

（三）管理手段信息化

合理运用现代化信息技术的科技手段，是提升高校发展决策的科学性，提升服务效率，实现资源共享的新趋势。高校学生的管理应该与时俱进，推进行政管理信息化建设，善于运用信息技术这一先进的管理手段，高效、便捷地开展工作，提升行政管理效能。

学生数量的激增，给高校管理工作带来了很大的压力。如果还停留在过去的工作方式，不能与时俱进，必然不能更好地服务学生，更无法有效地实现我国成为教育强国理想。海量的学生信息既是工作的压力，又是宝贵的资料数据。通过大数据的分析，可以为学生信息管理提供有效的支撑。高校学生信息管理工作有奖学金管理、贫困生认定管理、勤工岗位申请管理等板块，通过大数据的分析，更加优化了工作流程，比如贫困生的认定不再需要个人提交申请，更不需公开个人贫困情况。从而避免了一些性格内向的学生由于以往不人性化的处理，而影响学生性格的可能。

大数据时代的来临，不仅为信息系统带来了挑战，同时也带来了机遇。大数据时代下的数据是海量的，信息系统每天所要处理的数据也是海量的。如何把大量的数据进行合理的处理将成为信息系统的一个难点。在这样的背景下，就要求我们能够对信息系统进行更加精良的设计。

我国制定了科教兴国的战略，高校教育是其中重要的环节。在当前环境下，为了培养更好的学生和争取更好的教学质量，同步国际化教学水平和管理水平，许多高校都在调研和借鉴先进的发展方式。其中，学生管理工作的优化和提升关系到高校教学水平的提升。在信息化概念推广的过程中，数字化高校也得到大多数高校的认可，高校积极地探索适合本校发展要求的学生信息管理模式，通过软件和硬件相结合的方式，不断地研发，形成一定规模的信息化建设基地。

（四）管理队伍专业化

据调查表明，从事高校学生管理的工作人员大多数来自不同的岗位，拥有不同的专业背景，且"双肩挑"的现象非常普遍，即不仅担任党政工作还承担着教学、科研任务。但在实际的学生管理中，他们之中的大多数没有接受过心理学、管理学、教育学方面的培训，缺乏现代管理理念、管理方法和与之相伴随的管理能力。仅凭借之前的经验和良好的期许从事学生管理工作，其管理能力不能适应目前高校学生管理队伍建设和发展的要求，这使得高校学生管理没有达到理想的效果。

加强学生管理的专业化水平，需要考虑以下问题：首先，学生管理工作的特点是综合性强。因此，学生管理工作所需的能力，除了最基础的能力和素质外，还要与多项不同领域的学生工作相对应。其次是从长远来看，学生管理的未来必将走向专业化，所以在综合性的基础上，还要考虑对职业发展高级阶段的专门能力和标准。

基于以上考虑，高校学生管理工作专业能力框架可以从基础能力、专项能力和支持能力三个维度来构建。

随着时代的快速发展，任何个人、任何岗位都会不断地遇到新的挑战、新的机遇，只有不断地提升能力、完善自我，才能应对时代的挑战。高校应该着力建立完善的管理培训制度，通过培训提升行政管理人员的业务技能，进而提升学校学生的管理效能。

高校的培训可以分为几个模块，分别为入职培训、职后培训和进修培训。入职培训即各岗位的工作人员在入职前必须要进行的培训，主要包括职业道德、岗位认知、专业基础知识等方面的培训，入职培训是为了让工作人员入职后能快速地适应工作岗位的需求，有效地开展工作，这个培训必不可少。职后培训指的是员工入职之后所进行的系列培训，这系列的培训应该按需施教，根据不同的岗位在实际工作中已经遇到或者可能遇到的具体问题进行培训，学校在组织培训时要充分考虑到培训对象的岗位特点，根据岗位职责需要，灵活采取有针对性的方式来开展培训，培训内容也要因工作内容而异。职后培训的主要目的是强化行政人员的岗位认知，提升工作技能、调动员工工作积极性、增强员工工作满意度，使其高效完成工作。进修培训可作为对优秀员工的一种激励手段，由学校创造条件，让优秀的人员到校外甚至国外进行考察、参加进修学习，增长见识，学习先进的管理经验，为员工的长远发展和学校的人才培养打下基础。

高校的培训制度要形成长效机制，要有完善的培训体系，每年做好培训计划，不同岗位均需定期开展培训，而不是胡子眉毛一把抓。此外，高校应充分运用信息化发展的成果，采用网络互通的形式，分享先进的管理经验，在节约学习成本的同时也会达到学习目的。完善的培训制度能提升员工的工作技能，进而高效地开展工作，最终服务于学校学生的行政管理工作服务，为实现学校的战略目标服务。

第八章　高校教育教学创新实践研究

第一节　高校形势与政策教育教学模式创新

形势与政策教育是高校思想政治教育的重要组成部分，因而"形势与政策"课是高校一门重要的思想政治理论课程，其对培养大学生的历史责任感与时代使命感，增强大学生综合素质，引导大学生做合格中国特色社会主义建设者和接班人具有极其重要的作用。但因其时效性、变动性和综合交叉性较强，教学难度较大。因此，要增强高校"形势与政策"课程的教学效果，就必须对其教学理念、教学内容、教学模式和考核机制等进行大胆创新。

一、转变教学理念，提高创新意识

思想是行动的先导，教师的教育教学行为总会受到其教学理念的支配和影响，而且教师的教学理念还会影响学生的发展。目前，一些教师和学生对高校"形势与政策"课程的价值与意义认识不足，因而对"形势与政策"课程教学持有一种应付心理，加之学生对于该课程存在认识上的片面性，致使形势与政策教育教学容易出现走过场、教学效果不尽如人意的现象。因此，更新教学观念是提高形势与政策教育教学实效的前提条件。

首先，教师要重新认识和深刻理解高校开展形势与政策教育教学的目的和使命。高校开展形势与政策教育的根本目的，是让大学生学会用马克思主义的立场、观点和方法，分析并认清形势，做到"识时务"，从而更好地认清社会、认识自我、把握未来；教育和引导大学生全面准确地理解党的路线、方针和政策，坚定在中国共产党领导下走中国特色社会主义道路的信心和决心，积极投身改革开放和现代化建设的伟大事业中。教师要充分认识高校"形势与政策"课程除了具有思想政治教育功能之外，还兼备素质教育和通识教育的功能。形势与政策教育教学要以相关学科知识教育为依托，丰富大学生的理论知识素养，提高其思想理论水平，拓展其视野，提升其境界，为培养大学生科学的世界观、人生观、价值观打下坚实基础；形势与政策教育教学要对大学生进行科学精神和人文精神教育，培养其创新思维能力。

其次，教师要确立现代教育和终身学习的思想理念。现代教育思想的核心内容要求教师在教育教学过程中充分尊重学生的主体地位。高校"形势与政策"课程教师在教育教学活动中，只有坚持以学生为主体，才能充分调动学生的学习积极性，促使学生由被动学习向主动学习转变。由于"形势与政策"课程涉及多门学科，内容庞杂，再加之其变动性特征明显，因此教师必须勤学多思，不断提升自身的政治素质和业务水平，才能适应课程教学的需要，完成自己的教育教学任务。

二、优化教学体系，创新教学内容

教学内容是传递教学信息、发挥课程功能的关键要素。由于"形势与政策"课程自身的特点，国家教育部门并未组编统编教材，因此一些高校在安排"形势与政策"课程的教学内容时，仅根据教师的研究领域或兴趣，显示出一定的随意性，导致课程教学内容的确定缺乏严肃性和合理性。实践证明，这种教学难以实现课程的教学目标，影响学生学习兴趣，教学效果自然难以保障。

高校"形势与政策"课程内容设置应以教育部每学期制定的"形势与政策教育教学要点"为基本依据。当然，不同高校、不同专业、不同年级有自身的个性特征，高校在设置"形势与政策"课程内容时，要照顾学校以及各年级各专业学生的实际情况，考虑学生的认知特点及其对知识的不同需求，既要合理优化，又要大胆创新。例如，对一年级新生的教学内容，可安排"形势与政策"课程的基础理论内容，包括什么是形势与政策，学习"形势与政策"课程的意义，分析形势与把握政策的原则与方法、马克思主义形势与政策观、校情校史与校规校纪介绍等内容，让学生熟悉"形势与政策"课程的基本知识，明确学习"形势与政策"课程的意义与方法，尽快了解和适应新的学习生活环境；对大二、大三年级的学生可侧重安排重大国际国内形势、党和国家大政方针政策与社会热点焦点等内容，帮助学生理性分析和对待形势与政策，提升学生分析辨别的能力；对即将毕业走向社会的学生，可安排一些事关就业创业方面的形势与政策内容，帮助学生树立正确的就业观。总之，对"形势与政策"课程内容的设置，既要体现出严肃性、系统性和科学性，又要体现出变动性和针对性，要不断优化教学体系，创新教学内容，以更好地满足课程教学的需要。

三、改进教学方法，创新教学模式

在高校"形势与政策"课程教学中，采取的教学方式必须有利于增强其教学实效。就目前的情形看，一些高校"形势与政策"课程教学方式单调、陈旧，很难适应新时期大学生个性多样化特征。因此，改进教学方式、创新教学手段就显得十分必要。在教学中，必须遵循教学设计要有新视野，教学过程要充满激情，教学环节要体现教师为主导、学生为主体，教学环境与氛围要开放、民主、和谐等原则。根据这些原则，改革创新高校"形势与政策"课程的教学模式，构建课堂教学、网络教学和实践教学三位一体的高校"形势与政策"课程的教学新模式。

1. 课堂教学

"形势与政策"课程教学的主要途径是课堂教学，因此，课堂教学时数应该不少于"形势与政策"课程总教学时数的三分之二。传统的课堂教学模式习惯于照本宣科式的"满堂灌"，这种教学模式往往陷入填鸭式的教育，教师处于唱独角戏的角色。这种教学模式的优势是教师易于操作，缺陷是学生主体性难以体现，学生大多处于一种被动的地位，参与教学的程度较低，教学效果难以保证。因此要创新课堂教学模式，开展形式多样的课堂教学，如启发式教学、讨论式教学和专题教学。

启发式教学。这种教学模式有利于克服传统教学方式的缺陷，能更好地适应新时期大学生身心特点，有利于增强大学生的学习兴趣和提高大学生分析与解决问题的能力，有利于激发大学生的创新意识和提升大学生的创新素养。启发式教学可以采取案例启发法、讨论启发法、问题启发法、情景启发法等形式。实施启发式教学要注意以下几个环节：一是要充分地了解学生实际，这是实施启发式教学的基础和前提；二是要精讲多练，这是启发式教学的重要手段，也是减轻学生负担的有效方法；三是要做好问题设计，即要弄清问题出现在哪里并注意问题要难易适度，这是启发式教学的重要环节；四是要发扬教学民主，在教学过程中，教、学双方要相互信任、相互尊重、相互配合，这样才能实现相互促进。

讨论式教学。这种教学模式有利于培养创新型人才，体现教学的民主性和差异性，拓展学生的思路，提高学生分析问题的能力，激发学生的学习热情。讨论式教学可分为指导性讨论、交流性讨论、研究性讨论和辩论性讨论等形式。开展讨论式教学要把握好以下几个环节：一是精心选题。教师要精心设计好要讨论的问题并指导学生如何收集材料和自学思考，让学生做好讨论的准备工作；二是展开课堂讨论，化解问题。在组织讨论时，教师要根据学生讨论的程度和进展，适时调整教学目标，把握讨论的节奏，尽量让更多学生有机会参与讨论；三是交叉拓展，深化认识。讨论是学生发散思维的过程，讨论结束时，师生需要进行思维整合，促使学生经过问题交叉融合之后认识得以进一步深化；四是梳理点评，加深体会。学生讨论结束之后，教师要进行集中的梳理点评，对整个讨论过程进行回顾与总结，帮助学生澄清误解、理清思路、加深体验。

专题教学。鉴于"形势与政策"课程内容的时效性和变动性的特点，其教学必须追踪热点、聚焦焦点，就课程内容体系中的重点问题加以梳理，形成若干个专题。开展专题教学是"形势与政策"课程教学的一种很好的形式。开展专题教学必须注意好以下几个环节：一是要认真调查，合理选题，选题时要摸清学生的思想动态和学生关注的热点焦点，再结合相关的形势与政策实际，确立和设定专题教学内容，专题内容要具有针对性。二是实施专题教学之前，课程组要加强集体备课，博采众长，集思广益，形成优质教案，这是开展好专题教学的重要保证。

2. 网络教学

网络技术的出现，促使现代社会人们的生产生活方式和思维方式产生巨大的变革，自然也给"形势与政策"课程教学方式的创新带来了新的机遇。开展网络教学，既能为教学提供丰富多样的教学资源，又能为师生开辟新的学习交流交往方式，同时还能提高学生的学习效率和积极性，加深对教学内容的理解，弥补课堂教学的不足。开展网络教学要注意贯彻以下原则：一要贯彻启发性教学原则。即开辟学习思路，发展多向思维，促进学生广开视野和深入学习。二要贯彻直观性原则。在网络教学环境下，网络上丰富的教学媒体和生动鲜活的教学素材为学生提供了立体的知识背景，通过多种感官刺激，激发了学生的学习热情，增强了"形势与政策"课程教学的吸引力和感染力，让学生轻松愉快地享受学习。三要贯彻循序渐进性和系统性教学原则。通过建立一定的引导和索引机制，使学生依据自身已有的认知水平，由浅入深、循序渐进地系统学习。四要贯彻互动性原则。在"形势与政策"课程传统课堂教学组织形式中，往往存在教学班级规模过大、学生人数众多、师生互动较弱等情形，网络教学可利用网络技术的优势，开辟多个通道，满足师生各类互动的需求，使教学活动更加丰富多彩，从而弥补传统课堂讲授的不足。五要贯彻学生主体性原则。开展网络教学要坚持以教师为主导，以学生为主体，始终围绕学生组织教学，处理好教师与学生、学生与教学媒体、学生与学习内容的关系，促进学生全面素质的提升。六要贯彻巩固性原则。通过有效使用网络，帮助学生整理知识和把握逻辑，增强学生对教学内容把握的系统性和全面性。网络教学可采取网络平台建设、微信公众号、微课、慕课等形式，这些不同形式各有优势，教师可综合运用，最大限度地发挥网络教学的积极效应。

3. 实践教学

实践教学是"形势与政策"课程教学模式的重要组成部分，能够发挥思想政治理论课教学的理论认知、政治导向和思维能力综合提升等多重功能。在"形势与政策"课程教学中开展实践教学，有助于增强课程教学的吸引力，提升课程教学实效。在"形势与政策"课程教学中开展实践教学要贯彻以下几个原则：一是要加强针对性。必须针对教学和大学生的思想实际来确定教学内容和形式，避免盲目性。二是要注重实效性。开展实践教学，要合理确立教学目标，科学选择实践教学形式，避免形式主义，力求取得良好的实践效果。三是要追求时效性。"形势与政策"课程具有突出的时效性特征，根据这一特征的要求，实践教学必须反映社会发展的实际，体现时代特征，以求得理论与实际的统一。四是要坚持灵活多样性。大学生是一个非常活跃的群体，其个性特征鲜明多样，因此，实践教学要灵活多样，避免出现僵化。"形势与政策"课程开展实践教学要抓好以下几个环节：

一是确立合理的教学目标。要结合"形势与政策"课程教学内容和教学实际，制订具体实践教学目标，且具体教学目标的确立要有针对性和可操作性。二是周密制订教学计划。制订教学计划时，要反映教学活动的针对性和实践活动的具体性，包括实践地点的选择和教学时限的安排等。三是精选实践教学方式。选择何种实践教学方式，要由教学规律和原则、实践教学内容和目标以及实践教学的功能等因素来决定，体现实践教学的针对性、适用性和实效性。四是妥善组织管理教学。抓好实践教学的组织管理这一环，是保证实践教学取得良好效果的重要条件。要建立有效的领导机制，制定科学的管理制度和监控体系，为实践教学顺利开展起到保驾护航的作用。五是及时开展总结评估。对实践教学进行总结评估是实践教学的最后一环，及时梳理实践教学过程，评估得失，有助于巩固升华实践教学效果，拓展实践教学的价值。

四、改进考核方式，创新考核机制

鉴于"形势与政策"课程的时效性、变动性等特点，传统的闭卷考核方式很难全面、客观、真实地检测出学生对"形势与政策"课程教学目标掌握的程度，为此，有必要创新"形势与政策"课程考核方式，以更好地发挥考核对评教评学和促教促学的双重功能。考核方式的创新应注重联系实际和灵活多样，做到"两个结合"：一是笔试与口试相结合。笔试易于考查学生对"形势与政策"课程相关知识的识记情况，其突出优点在于便于操作，缺点是容易导致学生为考而学，临时抱佛脚，对学生养成勤于分析、深入思考的习惯和能力帮助有限；口试便于考查学生分析思考和解决问题的能力。将两者结合起来，能更好地发挥两种考核方式的长处，弥补彼此的不足。二是全面性与全程性相结合，即将教学过程考核与教学结果考核统一起来。鉴于"形势与政策"课程教学班级规模较大、人数较多、课堂教学时间集中、课程教学内容综合复杂性强等特点，有些内容的教学只能安排在课堂集中教学时间之外去进行。考核不能只局限于集中课堂教学结束时的闭卷考核，还要采取相应形式对学生在集中教学时间之外的学习环节加以考核，做到对学生在整个教学过程的表现进行考核，以体现考核的全面性与全程性。考核学生对课堂集中教学内容和知识的掌握情况，可用闭卷考试，在集中教学结束前安排时间进行。对学生集中课堂教学之外的学习情况和学习内容的考核，可用更加灵活多样的方式进行，如开卷论题式考核和互评式考核。实施开卷论题式考核时，教师应联系当下国际国内实际和学生的兴趣，确立主题，要求学生围绕主题收集资料，独立思考，形成自己的观点和想法，言之成理，佐证有据，不能抄袭。互评式考核，即将考核权的一部分下放给学生。互评分为小组长考评和小组成员互评，具体做法是每个班分成若干个小组，每个组由小组长负责，先由小组长对每个小组成员日常参与教学的情况、承担的项目实施情况（包括小组成员在项目中承担的角色、教学活动参与以及完成的情况）进行考评，形成每个学生的小组长考评成绩；然后小组成员之间进行互评，小组所有成员对小组每个学生考评出一个成绩，在此基础上由小组长汇总计算出每个小组成员的小组考评成绩，这两个成绩综合起来就形成每个学生的互评式考核成绩。互评式考核有利于克服教师无法直接掌握集中教学之外的教学环节中学生学习情况的不足，也有利于发挥学生相互促学、彼此监督的作用。将笔试与口试、过程考核与结果考核等考核形式综合运用起来，建立多元化的考核机制，最后综合形成学生该课程学期总成绩。这样的考核评价有利于克服传统单一考核方式所产生的弊端与不足，最大限度地发挥考核对教学的促进作用。

第二节　教育机制在高校艺术设计教学中的应用与创新

教育机制是指教师在教育教学过程中的一种特殊定向能力，是教师良好的综合素质和能力的外在表现。它是指教师能根据学生出现的新的、特别是意外的情况，迅速而正确地做出判断并及时采取恰当而有效的教育措施解决问题，并由此表现出的一种敏感、迅速、准确的判断能力。范梅南认为教育机制是教师用来克服理论与实践相分离的概念，而不是促使理论转化成实践的工具。教育教学不是教条的说教，也不是道德的劝诫，而是在教育实践活动中将学生引向好的方面。笔者认为，教育机制首先要求教师坚守教育初心，正如习近平总书记所说，教师是人类历史上最古老的职业之一，也是最伟大、最神圣的职业之一。人们常说："教师是太阳底下最崇高的职业。"因此，保持教育初心尤为重要。它意味着责任和担当，意味着遇到问题时不退缩，主动去解决问题，不能事不关己，高高挂起，也不能破罐破摔。由此出发，为教育教学事业贡献光和热，并且要坚持终身学习，积极为教育教学事业做好充足的准备，是教育机制成熟的两个基本点。保持初心，终身学习，才能让教育机制在教育教学中发挥出最大的能效。

一、宏观环境中的准备工作

新时代背景下，对于教育教学的准备阶段，笔者认为主要有三个：收集与共享资源；筛选与学习资源；引入与利用资源。具体体现为：首先是通过各种渠道最大限度地收集相关资源，建立属于自己的数据库，这是对专业人士自身的学术科研和教育教学的双重要求。然后学会共享资源，把资源通过各种平台再次分享给同行们，促进沟通与交流。其次是针对教育教学方面，系统地筛选符合教学大纲的资源，进一步深入学习和研究，为教育教学做足准备。最后是将资源引入课堂，并利用相关资源辅助课件，达到多维度的教育目的。

二、微观环境中的实践工作

导入话题，打破壁垒。由于"三观"的不断建立与完善，大学生具有青春期末期的叛逆思想和成年期的单纯的自信及逆反心理，所以在教与学之间，要及时打破壁垒。而第一手段就是教学引导。事实上，教学引导并不是陌生的话题。传统的引导方法多达20种，最常用的就是直接和直观引导，即第一时间明确教学的重点和目标。然而，笔者认为，教师准备开始的时候，学生未必准备好，而例行公事的导入，只会让学生产生"有了任务"的负重感和恐惧感。一节课45分钟，笔者将其分为三个阶段，每个阶段15分钟。学生注意力的高潮期往往在开始和结束的阶段，中间会进入一个低潮期，所以把握开始和结束两个阶段的时间尤为必要。对于开始的15分钟用来导入话题，笔者采用的方式是以聊天的方式随意提出几个近两天发生的新闻，尤其是学生比较关注的范畴，以此开始调动学生的注意力和积极性，进而见缝插针地真正导入一个知识点，引发疑问，开始本节课的教学工作。重点和难点则集中在15分钟之内分别教授，在学生进入低潮期的15分钟期间，尽量进行"手机互动和课外案例拓展"，最后在剩下的15分钟内总结和回顾本节课的重点与难点。

利用同理心，拉近距离。其实，教师与学生之间并不存在敌对关系，也不存在领导与被领导的关系，但存在意识形态的代沟和个人对集体的客观矛盾。因此，教师应该站在学生的角度考虑问题，消除学生意识中的所谓敌对关系，利用同理心，将学术与生活分开，在学术上严肃认真，在生活上"变回"正常人，不要总端着所谓为人师表的架子，应拉近师生之间的关系，取得学生的信任，这是增强学生对教师传授知识权威性和接受度的教育机制手段。

弱化教育主体与客体的关系。在传统的教育教学环境中，教师是主体，学生是客体，二者是一种主动与被动的关系，教师讲什么，学生听什么，缺乏选择性。在网络不发达的年代，教师教授内容的对与错，很难及时得到鉴定和辨别，教师的权威性得到了最大限度的维护。这并不利于教育教学的良性循环。互联网文化盛行的今天，学生可以在课堂随时查看教师所表达的只言片语，甚至读错一个字，都会被无限放大在网络上，这也成为当今的教育工作者最大的焦虑之一。笔者认为，教师应该变劣势为优势，要认识到学无止境，不断提升自身专业素质和能力。同时，也要变被动为主动，弱化掉教育主体与客体之间的界限，放低身段，放下所谓的权威，与学生互相学习，共同进步。

教学环境的多元化。艺术设计类教学的环境一直是多元化的，如从理论课堂到画室或者绘图室，从校内操场写生到校外写生，从街区考察到调查问卷，从教师示范到学术交流。高校应该开拓更加灵活新鲜的教学环境，如利用联网教学，使同一时间同一门课的两个教室的教师与学生互相联网进行视频交流教学，形成一种映射和参照，把有限的空间提升到一个无限的沟通领域中。一方面，教师之间可以互相取长补短，相互学习；另一方面，学生之间也能形成好奇心和约束感。共同促进教学环境的活跃和互动。

手机的利与弊。手机在大众群体中的普遍应用，无疑是新时代的利好消息，但对于学生群体，社会上普遍存在着很大的争议，尤其是在教育领域，这是很多教育工作者最担忧的问题之一。首先，手机比电脑更加方便携带，各种社交软件和新闻媒体平台，最大限度地分散着学生们的注意力。其次，网络内容的新鲜感和爆炸性内容令学生更感兴趣，阻碍了学生对于教学内容的关注度和接受度。上课期间低头看手机而不听课的普遍情况，使得教师非常痛心。既然是无法避免的普遍事实，不如变劣势为优势，加以利用。教师可以将每节课的教学内容，都尽最大可能地与网络链接，让学生随时通过手机获取相关内容，形成教育教学中一种新型的互动方式。

教材与课件。在很多高校，院系考虑到要避免教师之间的恶性竞争、学生之间的心理不平衡等因素对于专业的具体课程要求课件统一、作业统一。然而，教材不断更新，但课件很难同步，里面的图例大多是像素偏低的图片，案例也缺乏时代性，很难引起学生的记忆点和共鸣性。教材的更新主要偏重于理论的更新，课件的更新在于图例和案例的更新，二者并不矛盾，教材指导课件，课件解释教材，二者可同时更新，与时俱进。在此基础上，教师还应准备除课件之外的拓展资料加以辅助，尤其是艺术设计类教学，需要大量的实际案例。

教学形式（板书与幻灯片）。传统的教学以板书为主，通常是教师讲授与板书同时进行，学生的期待感很强，也可以与教师同时思考和互动。这是传统板书的优势。随着时代的发展，电脑幻灯片的教学形式逐渐成了主流教学形式，其原因在于：第一，教学内容的承载量巨大；第二，教学内容的表现形式多元化，各种彩色图片、动态图片以及影像影音资料，为教育教学提供了更加便利的条件，教学成果显著提高。然而，在艺术设计类教学当中，笔者认为二者应该结合起来开展教育教学工作，以免造成"照本宣科"的教学环境，避免"忽视"了教材在课堂的主导性，又换汤不换药地"开启"幻灯片课件在课堂的主导性。传统板书与学生之间的互动优势并不过时，也绝不可丢弃。

实践课与理论课的矛盾。比起理论课，艺术设计类专业的学生更加喜欢实践课，这是不争的事实。主要原因有两点：首先，就业的大环境决定了技术类人才更加热门，受欢迎程度更高。新时代对于劳动力的要求集中在员工的实际操作能力，而非理论研究，只有部分学术科研部门以理论研究为主，且要求学生的学历为硕博以上。因此，对于专本科类的毕业生而言，掌握熟练的实践技能，直接影响着就业出路与薪资待遇。其次，在教育教学的环境氛围中，实践课更能增加师生之间的互动性，也能充分地调动学生的主观能动性，相较于理论课长时间地被动接受系统连续性很强的理论知识，实践课的灵活性更强、操作性更强，学生手脑并用的学习方式，使得教学成果更加显著。通识教育在西方教育领域一直有着不可忽视和无法替代的积极作用。理论课作为通识教育里面一个重要组成部分，在教育教学中具有深远的意义和作用，它能潜移默化地影响学生的意识形态，建立学生的思维模式，加强学生的记忆能力，提高学生的思维能力。正所谓理论指导实践，实践又反作用理论，二者缺一不可。

考核形式的危机。考核主要包括考试与作业两种形式。艺术设计类学生对于考试的反感程度，并非今时今日才出现的新课题。作为教师，在学生时代也一度质疑艺术设计类专业的学生理论考试的意义。理论考试主要考查学生对于系统理论知识点的掌握程度，通过对学生试卷的解答情况，可以分析和判定哪些知识点学生更容易掌握，哪些难以掌握，这也是教育机制的一种隐晦的体现。教学大纲中的重点与难点，并非一成不变的，而是要根据学生的实际反馈情况进行及时的调整。艺术设计类作业的形式多种多样，最受欢迎的无异于考察报告。然而，考查报告可以作为考查方式之一，但绝不能是唯一。

如果说学历是进入教育行业的敲门砖，那么教学经验就是教育行业的试金石。教育机制在教学实践过程中，不仅可以考查作为一名教育工作者是否仍然保留进入教育行业的初心，对教育事业的热情，以及对教学工作的责任感；同时也能检验作为一名教育工作者的教学能力的提升，以及在教育教学工作中的创新精神。因此，教育机制在艺术设计教学中具有重要与深远的意义和作用。

第三节　高校法制教育教学模式创新

高校大学生法制教育是以育人为中心的思想政治教育工作，其根本目的是培养高素质人才，就目前来说，依然是一项任重道远的工作。

一、高校法制教育工作的背景

当前，我国全面依法治国的道路正逐步推进，执法懂法理念渗透于社会生活的方方面面，在不断完善的法治社会背景下，高校法制教育工作面临新的发展机遇。国家的大政方针、法治理念越来越受到大学生的普遍关注。2010年《国家中长期教育改革和发展规划纲要（2010—2020年）》明确提出要提高教育教学发展的质量，促进教学模式的转变，激发学生学习的积极性，实现育人理念的创新。2016年《全国教育系统开展法治宣传教育的第七个五年规划（2016—2020年）》再次指出高校是培养大学生的主阵地，而青少年的法制教育是国民教育的基础性工作，应科学规划法制教育工作，实现学以致用，切实增强法制教育工作成效。可见，国家一直把育人工作放在高校教育工作的首位，非常重视法制教育与法制宣传工作，希望高校能够在育人的过程中，促进法制教育工作落地生根，全面深化，开花结果。

在此背景下，为进一步弘扬社会主义法治，高校要积极推进法制教育工作的进一步规划与发展，健全全面育人机制，把培养创新型高素质人才作为高校的首要任务执行，逐步完善大学生的法治理念，提升个人法治素养，落实依法治国理念，实施依法治校思维，以此为契机推动社会主义法治建设快速发展，构建高校成熟的法制教育环境，切实全面提升大学生的法律知识和法治观念。

二、高校法制教育的重要性

高校法制教育是指高校通过开展教学活动，实施法治思维理念的引导式教育。大学生通过课堂学习，理解社会主义法治理念，认识到法治国家和新时代全面依法治国理念的重要性，培养法治思维和法治素养，促进法治行为的养成。目前，高校的法制教育主要是通过教育资源和手段实施的。法制教育的本质是利用现有的一切教育资源和手段，使学生掌握法治脉络，了解法律在国家体系中的设置，理解国家的立法理念、司法制度、执法行为等法治基础问题，进一步培养遵法守法的理念。这也是高校开展法制教育的根本目的所在。

高校依托现有的人文环境，以法治素养的养成为基础，探索大学生法制教育工作中遇到的困难，改革高校法制教育工作方法，借鉴国外法制教育工作模式，完善自身教育工作的不足，对促进高校思想政治教育工作的全面发展，提升全面育人效果具有深远意义。

三、高校法制教育存在的问题

（一）法制教育师资水平有待提高

高校从事法制教育工作的教师虽具备较高的学历，有着丰富的教学经验，但普遍缺乏法律素养。绝大多数高校的法制教育课程从属于公共课教研室，导致教师法律知识储备不充足。为了解决这个问题，多数教师自学法律知识或利用课余时间学习法学专业的相关课程。但由于时间短，且本身没有系统接受过法律教育，理解起来难免不够深入，使得其在涉及法律相关内容的讲解时，教学思路不清晰，教学内容讲述含糊不清。

这种法制教育教学模式造成一些教学内容出现走马观花的现象，学生对法制体系的理解一头雾水，无法深入理解法制教育的知识点。有的高校师资力量匮乏，一名教师要承担多个教学班级的教学任务，每周的教学工作任务繁重，备课时间少，教学经验不足，教学手段应用不理想，缺乏积极的思考能力，不善于改革教学模式，导致课堂教学效果不佳；有的高校甚至不重视集中备课环节，对于课前教学计划和相关准备要求甚少，不重视专业课教师的对外交流和培训，使得教师的教学方式和教学技巧无法改进。

（二）法制教育教学形式单一

目前，法制教育的课堂教学设计以讲授教材中的知识点为主，重点分析法治的逻辑关系，启发学生理解学习内容。高校教学活动仍以教师为实施主体，其主导课堂活动，教学分为课前准备、课堂讲解、课中互动、课后温习、期末考试等阶段，学生仍处于被动接受的地位，缺乏自主学习的环境。当课堂互动缺乏时，课堂教学便变成"灌输式"的教学形式，学生完全脱离自主思考模式，教学模式弊端凸显，课堂教学缺乏新意。

2016年《关于中央部门所属高校深化教育教学改革的指导意见》明确指出，高校要致力于重塑本科教学课程内容和教学体系改革，依托教学硬件条件，建设优质的在线开放课程，开展线上线下混合式教学，推进教学方式方法的变革。

四、法制教育教学模式创新策略

（一）完善法制教育网络在线课程

高校法制教育的目标是希望通过教育手段引导学生提升自主分析和解决问题的能力。为了实现该目标，高校教师要考虑采用学生喜闻乐见的方式，充分利用手机、电脑等载体开展教育活动。目前，每名大学生都有一两部手机，并且每天使用手机至少2个小时。因此，学校可以建立网络在线课堂，将在线教学融入学生的学习生活中，学生可以利用碎片化时间，通过手机或电脑进行学习，这种方式顺应了学生的需求，是他们喜闻乐见的教学形式，有助于提升学习效果。

高校要加强法制教育在线开放精品课程的建设，通过MOOC和超星学习通等网络教学平台，开发《思想道德修养与法律基础》在线课程。在建设课程时，教师应根据教学目标设计学习任务，使学生能够理解所学内容；应把所要学习的内容拆分为多个知识点，每个知识点录制10分钟左右的教学视频，并设置学生参与互动和回答问题的环节，在教学视频中设定启发式的任务点，启发学生参与知识点的提问回答环节，激励学生对视频教学内容进行回顾和总结。

在网络教学平台上，可以建立教学班级，以4~8人为一组分成多个学习小组。通过学习视频中的知识内容，以小组学习的方式开展在线讨论和在线交流。教师预先设计问题并制定评价标准，在网络课程中设置学生参与学习以及在线讨论的权重分数，方便检验小组学习的学习效果。同时，教师要在小组学习中加入实际案例对所学内容进行补充，通过视频、音频和文本形式在线发放给小组进行讨论，及时地在线解决学生学习过程中的困惑，实现学生在线自主学习，增强学习效果。每次学习后教师都要鼓励学生参与课程章节中的课后测验，这些测验能够在第一时间检验学生学习的效果，测验以选择题和简答题为主，答题数量在10道左右，便于学生通过手机或电脑迅速完成。

（二）开展法制教育混合式教学模式

首先，在课前教学环节中，教师要进行法制教育教学前的准备。课前，利用网络发布通知，要求学生在网络平台上预先学习教师转发的网络教学资源，内容可以涵盖最新的法律案例、时政要闻、国家法治建设大事等，同时，告知学生教师要在课堂上对这些内容进行检验，并要求学生在课堂上进行分析和讨论，进而充分发挥学生的自主性。

其次，在课堂教学过程中要充分发挥学生的主体性地位，通过设计课堂互动教学环节，检验学生课前学习的效果，让学生评述案例，然后由教师引导在课堂上进行分组讨论，通过案例加强对法制教育内容的理解。教师作为整个课堂的引导者和协调者，职责是充分调动学生主动分析问题的积极性，引导学生积极参与教学活动，总结知识点并讲授给学生，促进学生熟练掌握法制教育教学内容中的知识点，并对积极参与课堂互动的学生给予相应的课堂分数，计入平时成绩。

再次，课后教学环节需利用网络教学平台建立课后测验题库，督促学生课后进入平台，随机抽取预先布置的课后测验。测验题可以设计为填空题、简答题等，每个人随机抽取的测验题均不相同。学生在线完成测验后，形成测评分数，学期末进行综合排名，形成测评总分计入平时成绩。同时，平台也设置了讨论区和答疑区，学生如有任何与课堂教学有关的建议和问题，都可以在线进行讨论、学习和交流。教师也可以通过平台与学生进行即时互动。

总之，法制教育课程的混合式教学有利于激发学生学习的热情，使枯燥的法制教育课堂变得灵活生动，充分调动学生学习的积极性，引导学生认真学习。

第四节　Web2.0时代高校教育教学的创新

在Web2.0时代，学习已不是传统课堂学习模式，而是建立在互联网技术手段基础上的广阔范围的学习。本节旨在探索如何在开放式的社会化网络条件下建构教学平台和教学模式，并针对实际操作过程中存在的教学方法的滞后、学习方式的困惑、硬件设施和网络资源建设的薄弱等问题，提出高校要更新观念，加强培训，提升信息应用的整体能力；搭建移动学习平台，构建评价和控制体系；加大投资力度，推进校园数字化建设的改进措施。

近几年，随着被称为Web2.0的新一代互联网信息技术的不断发展，以信息化为特征的教学环境的构建和教学资源的建设，正不断改变着传统高校教育教学的思维、观念和方法。以教师、课堂、书本为"三中心"的传统教学模式被广大教师和学生所质疑。教师不但要传授学生以知识，还要培养学生以自主学习能力。学生也逐渐由过去单纯的信息接收者和使用者，转变为信息的传递者和创造者。为适应这种高度共享信息化资源的变化趋势，传统的教育教学模式必须要改革，而改革的重要途径就是构建新型的信息化教育教学模式。

在Web2.0环境下，网络的社会化程度非常高，博客、微博、社会书签、资源分享网站、社交网络等应用层出不穷，为学生提供了极为丰富的学习资源和强有力的技术保障。在开放式的社会化网络中，教师与学生可以进行充分的交流沟通，形成参与性、动态性的学习环境，个性化、开放式、共享型的学习活动不断出现。

一、Web2.0时代教学理论依据和现实需求

（一）建构主义教学理念和Web2.0特性不谋而合

进入Web2.0信息时代以后，主张以学生为中心，强调师生交互手段的建构主义学习理论在教育教学技术实践发展中逐渐占据主流位置。构建主义理论的中心思想认为，学生的知识获取并不仅仅是通过教师的讲授，还应借助外部（包括教师、学生、社会）的支持，在一定的社会文化背景下，积极利用必要的技术手段，通过自身主动的学习构建获得。Web2.0技术可以把不同媒体、新旧信息进行整合，学生可以按照自己的实际情况选择学习内容，以提高学习的主动性和自觉性。Web2.0技术还有利于学生进行合作化学习。师生都可以把自己的研究成果在信息化平台上进行共享，不受时间和空间制约进行信息交流，以培养学生的合作精神和良好的人际关系能力。

（二）激发学生学习兴趣，培养学生自主学习能力

在传统的高校课堂中，学生只能被动地接受专业教师的程序化知识传授，无法选择课堂教学内容，更无法接触其他高校优秀教师、企业职业经理人的知识传授。Web2.0时代的互联网可以解决这个难题。Web2.0互联网打破了时间和空间的局限，改变了单纯从教师或课本获取知识信息的单一格局。学生通过Web2.0互联网可以获取更多新的知识，进而培养了学生能动学习和比较好地利用网络知识的能力，使其在更大范围内获取知识，扩宽了知识视野，进一步激发了学习兴趣，培养了参与意识。

（三）教学资源的共享教学成本相对较低

知识传授、互动及创造活动需要多方互动，在传统的学习及知识创造场景下，需要知识传递方和接收方共同在场，因而对时间有着严格的要求。计算机网络所具有的信息容量

大、信息传播快等优点，是其他教学设备没有办法比拟的。通过网络的资源共享，高校实现了低成本的知识互动，使得知识供应方一次分享、知识获取方不受时间限制的多次、多人受益；同时对场地、设备等没有额外要求，成本更低。

（四）跨越师生空间距离，链接行业直通教学

现在很多高校新校区远离市区，远离教师居住区，使得以前教师课后深入教室和寝室当面指导学生的优良传统难以坚持，但移动数字课堂利用互联网络和数字传播技术可以解决师生难以普遍化、持续性当面交流的问题。数字媒体传播在新闻界和企业界的应用最为直接和广泛，通过数字媒体可以建立起连接行业资讯与专业教育的数字媒体课堂，大大缩短了专业教育与行业实践的距离，大大加强了专业教育与行业实践的联系。

二、Web2.0时代教学平台设计和教学模式构建

（一）教学平台设计

教学平台是一个面向学校教务管理人员、教师和学生，为其提供服务的教学管理系统。教学平台建设与设计会促进教师改革教学内容与教学方法，引发学生学习方式的变革，提高高校教学质量。笔者把基于Web2.0技术的教学平台分为两大模块：教学共享资源库、互动交流系统。

教学共享资源库是一个以学习资源库和实训项目资源库为基础的共享型专业教学资源库，涵盖了专业标准资源、IT信息资源及工具、网络课程资源、项目案例及实训资源、多媒体素材及教学视频、专题特色资源、核心能力测试题库等，以数字化校园网络平台为支撑，为师生、合作企业和社会学习者提供资源检索、信息查询、资料下载、教学指导、学习咨询、就业支持、人员培训等服务。所有教师与学生均可以在网络平台上建立个人空间，实时上传教师教学过程资料、学生学习过程资料，实现教学资料的积累与共享。

互动交流系统是教学平台的主要部分，其功能包括学生作业上传与批阅、师生在线答疑与交流等功能，主要包括在线交互（虚拟社区）、作业管理和在线评测等子系统。该系统为客户提供博客、Wiki、BBS、网上调查等读者交流、互动的个性空间。博客既可以系统表达自己的观点、看法，也可以浏览其他博客作者的文章，获取系统化的显性知识。微博的内容篇幅短而丰富，阅读时间成本更低，提供了一个日常"观察"和"聆听"知名学者、企业家和经理人所做、所思、所察、所闻的机会，通过"耳濡目染"的方式学习显性知识和大量需要观察、互动、体悟才能获得的专业性隐性知识。维基百科是一个任何人都能参与、有多种语言的百科全书协作计划，通过它可以获取相关的定义、分类、描述、理论介绍等文献知识。社交网络主要是熟人之间在社交网络平台建立朋友关系，用户发表自

己日常的行动、观察、思考，同时也了解朋友的行动、观察和思考。

（二）教学模式的构建

基于Web2.0的教学模式主要有以下几种类型：

传授型教学模式。为促进学生对课程理论的理解，可以采取传授型教学模式，即把教学计划、课程内容、讲义或课件放到Web2.0平台上，供同学下载学习。同时发布学习要求和作业，采用同步式或异步式的方法进行课程指导，提高学生的参与度。

问题型教学模式。教师把教学内容设计为具体的责任和任务，要求学生通过完成任务实现对课程内容的学习；教师利用博客提供课程背景资料和评价，要求学生在学习和思索中形成对问题的看法和见解。

协作型教学模式。以学习社区或团队的形式，利用共享的学习资源，教师仅起到引领作用，主要依靠学生的主动性来完成项目，最后教师给团队做出总结性评价。

自主型教学模式。充分发挥学生的自主学习能力，让学生建立自己的博客和微博，加入社区，充当管理员，发起讨论。运用自己所学知识拓展自身的知识领域，完善知识结构，构建自主化的知识体系，把研究成果传入学习社区，丰富教学资源。

三、Web2.0时代教育教学存在的问题

（一）教师教学方法的滞后

教师由于长期采用传统的教学方法，形成了固定的教学思维定式，未能深刻理解Web2.0时代的教育教学特征，他们只是机械地把课本的内容简单复制到电子课件上，使用多媒体进行讲解传授，却没有真正实现与学生的互动，并未激发学生主动学习的热情。或者，部分教师过于关注教学节奏，追求课堂内容的"多、快、新"，导致学生无法消化吸收课堂内容，学生在学习过程中没有自己独立思考和寻找知识的时间和空间。

（二）学生学习方式的困惑

学生不适应新的教学平台的应用，许多学生未能掌握新的学习方法，不知道怎么使用Web2.0的相关教学工具，由于缺乏自主学习和与人沟通的能力，他们无法把线上学习和线下学习进行有机组合，达不到预期的学习效果。虽然网络环境虽然对学生自学非常有帮助，但是网络学习材料并没有进行科学合理的分类，大多数学生主要还是依靠教师进行课程的指导和分派任务，还不是真正意义的自主学习。

（三）硬件设施和网络资源建设的薄弱

部分高校的硬件设施不完善，环境嘈杂，监督机制不完善，校园网覆盖率尤其是无线网络覆盖率和带宽不足，使得学习效果大打折扣。另外，多媒体的使用频率过高，使得多媒体变成了Web2.0教学的主角，自主学习知识反而成了配角；多媒体课堂教学也逐渐形成一种固定的Web2.0教学模式，导致学生产生厌烦情绪。虽然部分高校积极开展网络资源建设和软件开发，但网络资源获取比较困难，且受多媒体课件制作工艺水平的制约，网络课件普遍质量不高。

四、Web2.0时代教学改革的对策

（一）更新观念、加强培训，提升信息应用的整体能力

面对信息技术的飞速发展，学生的需求呈现出多样化和个性化趋势。这就要求作为传道授业的广大教师必须更新教育理念，优化教学内容、课程体系、教学方法和手段，熟悉并掌握各类信息交流工具，充分利用Web2.0平台与学生进行交流沟通。高校可以采取岗位技能培训、专题讲座的形式，对教师的信息软件应用能力进行培训，提高教师的教学水平；同时，也应加强对学生的信息素质教育，提升学生应用信息工具的能力，从而促进教学质量整体提高。

（二）搭建移动学习平台，构建评价和控制体系

积极采用基于云计算的数字移动学习平台，实现全天候的自由个性化学习与沟通。平台的设计可以根据学校和学生的实际情况进行选择，如利用博客、微博、BBS等社交工具，让学生畅谈学习的苦和乐，交流学习资源。针对Web2.0环境，制定人才培养方案、教学实施细则、学习评价体系和教学质量控制系统，注重与传统的教学评价控制体系的融合，保证Web2.0教学与传统教学取长补短，互为补充，形成一个相辅相成的有机系统。

（三）加大投资力度推进校园数字化建设

Web2.0教学改革离不开数字化校园建设工作。各级教育主管部门和电信通信企业应加强对校园信息工程建设的支持。可以采取以点带面、分步实施的方法，从重点教学区域开始实现数字化网络覆盖，再推进到生活服务区，最终实现校园网络的全覆盖。同时，做好资源整合，利用已有的相关移动通信设备，在移动互联网和智能手机快速发展趋于普及的背景下，实现随时随地访问校园网络资源，通过账户的形式实现从公共网络访问校园网络；根据使用者的主观操作和各级别用户的需要，如教师账户、学生账户、行政管理人员

账户，对校园的资源和权限进行分类管理。

第五节 基于高校教学改革的教育教学协同创新

现阶段，高校教学改革仍然是教育领域不可忽视的重要研究课题。在以创新为核心的教育改革发展进程中，高校应积极探索教学发展的新形式，进而在教育教学协同创新视野下，重新定位教学管理目标，促进教育创新与教学改革创新的协调发展。高校教学创新改革发展的有效生成体现在知识观、教学策略的转变以及教育制度和教学体系创新的全过程，这需要教育思想、教育理念和教育方法上相互贯通，并渗透在课堂教学的各个方面、各个环节之中。

21世纪，随着云计算、大数据、物联网和人工智能等新一代信息技术的飞速发展和深入应用，人类已经步入信息社会和智能社会。知识经济和信息技术不仅在改变着现在的教育，同时也在塑造着未来的教育。新的时代背景不仅对教育改革发展提出了新的要求。同时也对人才培养提出了更高的目标。中共中央、国务院印发的《关于深化科技体制改革加快实施创新驱动发展战略的若干意见》明确指出："创新驱动实质上是人才驱动，要开展启发式、探究式、研究式教学方法改革试点，尊重个性发展，强化兴趣爱好和创造性思维培养"。高校是人才培养基地，因此，必须紧跟时代发展潮流与趋势，将教育教学协同创新真正作为高等教育改革的突破口和重中之重。

一、基于教育教学协同创新背景的高校教学改革发展

教育发展正面临着新机遇与新挑战。从根本上讲，高校教学改革建设就是在技术时代发展的道路上谋求"学校教育教学协同创新发展"的过程。教育教学协同创新作为一种新的教育理念，并不是独立于德、智、体、美之外的一种实体性存在，而是渗透在学校教学的方方面面，为学校的创新发展提供契机与动力。

（一）教育创新是时代发展的内在要求

教育是服务社会需要的基本制度，教育体系的演进本身具有系统性、一致性和可伸缩性的特点，它不仅应该是全面的、可持续的，而且是与时俱进、不断发展的。在知识经济的时代，我们呼唤创新的教育。"创新"一词来源于英文"innovation"，一般解释为科技上的发明、创造，后来意义发生推广，用于指代在人的主观作用推动下产生所有以前没有的设想、技术、教育、文化、商业或者社会方面的关系。奥地利经济学家约瑟夫·熊彼

特首次提出创新理论，他认为"所谓创新，就是建立一种新的生产函数，也就是把一种从来没有过的关于生产要素和生产条件的组合引入生产系统"。虽然熊彼特的创新理论侧重于经济发展视角，但"创新"一词的提出无疑为今后学者们的进一步研究奠定了基础。现代管理学之父彼得·德鲁克认为创新是对既有资源和财富的重新分配。他在《创新与企业家精神》一书中提到："创新是一个过程，是一项有组织、有系统且富有理性的工作。作为企业家展现其创业精神的工具，创新本身就能创造资源，因为它能赋予资源一种全新的能力并使之成为物质财富的一种创造性活动"。高级院士吉恩·梅莱（Gene Meieran）认为，创新有三种类型：一是突破性创新，其特征是打破陈规，改变传统和大步跃进；二是渐进式创新，指采取下一逻辑步骤，让事物越来越美好；三是再运用式创新，即采用横向思维，以全新的方式应用原有事物。作为人类进步的首要力量，作为社会经济发展的一种全新模式，创新在某种程度上被赋予了一种战略意义，它不仅构成了一个国家经济发展战略的支点，同时也蕴含了对创新类型、制度、组织、活动等要素的系统规划。正因为创新是建立在人们高度自觉的精神基础上的，才会在国家社会经济发展中的作用才不断加强。

　　创新时代赋予教育教学协同创新的使命。教育教学协同创新在创新型国家建设和高校发展中起到了不可替代的作用。当前，经济与社会高速发展所积累的民生与社会问题凸显，人民日益增长的美好生活的需要同不平衡不充分发展之间的矛盾成为国内社会的主要矛盾。在教育上主要表现为优质教育资源紧缺，城乡、区域教育发展不均衡，升学压力与日俱增等问题。面对教育资源尤其是优质教育资源的供需矛盾，高校教育教学改革必须跨越制约高校发展的"瓶颈"，积极转变教学思维，革除旧的教学发展模式，寻求高校创新发展的新途径，以满足社会对优质创新型人才的要求。高校教育教学改革是在开放与控制、解放与适应中孕育和发展的，它所强调的包括教育体制与教育管理模式的创新、教学方法与教学内容的变革以及教育功能与教育目标的重新定位，不仅具有全局性、结构性、发展性的特点，更是新时代背景下高等教育教学发展的价值与追求。本节所说的高校教育教学协同创新，主要是指在创新概念提出的背景下，教育体制与高校教学内部各要素之间基于共同的价值观，在相互影响和相互作用过程中所产生的方法、制度以及实践层面上的变革。

（二）实现教育教学协同创新与高校教学改革的协调发展

　　21世纪是一个创新的时代，经济社会的创新发展对教育提出了新的要求。教育从经济发展的边缘位置开始走向中心，教育教学协同创新由此构成了创新结构范畴中最核心的内容之一。自古以来，高等教育就负有培养高素质人才、提高全民族综合创新能力的使命。在当前这样一个紧迫的发展背景下，高等教育改革必须实现教学体制创新，及时剔除不合时宜的、呆板僵化的教育制度，摒弃"以课堂知识为本"的传统教学思想，破除重知识轻实践、重分数轻素质的传统教学弊端。如果继续紧守传统的教育模式，就会束缚创新的手脚，教育教学协同创新就难有生存的土壤。从这个意义上来讲，教育教学协同创新以其特有的号召力与影响力推动着高校教学改革的发展，促进高校教学体制不断适应教育教学协同创新的需求。

高校教学改革水平的高低影响着教育教学协同创新的成效。当今，高校教学改革已发展成为一种结构性变革，这种变革不是在既定系统结构内进行的维持性革新，而是一种"破坏性革新"。这种"破坏性革新""不仅需要信念、价值观和承诺的转变，同时也需要规则、角色和关系的变革，更重要的是，这种革新需要关键性组织功能的执行方式的变革"。高校教学改革是一项复杂的工程，需要各方面的协同配合，要在创新中快速找到教学改革的切入点，必须立足未来，根据社会对人才素质的要求以及发展新趋势，精确选准方向。在教学方面，要落实好"学校本位"课程的开发，在探索、调整、改进、优化的过程中形成相对优势，为有特殊才能的学生创造良好的条件，形成具有自身特点的教学体制，而不是机械地强调"人无我有"。作为教学最重要的主体之一，高校教师的创新素养是教育创新的关键。在基础层面，要求高校教师爱岗敬业、乐于奉献；在知识经济时代塑造创新人格的具体化层面，具体包括教学方法创新的自觉性、开发和利用教育资源的创造性、科学揭示创新人才成长的规律等。

总而言之，教学改革水平成效高，教育教学协同创新的效果就好；如若教学改革混乱，势必会影响教育教学协同创新的效果。可以看出，高校教学改革离不开教育教学协同创新这片沃土，因此，高校有必要在充分理清两者关系的基础上，实现教学改革与教育教学创新的协调发展。

二、高校教学改革的紧迫性

科学技术与时代的变迁给教育尤其是高校教育带来了巨大的冲击与挑战。人类社会的生产生活方式，乃至思维、行为和学习方式都受到了不同程度的影响。互联网通过其强大的云计算和数据处理功能，能够及时有效地对信息知识进行新的加工、组合和整理，从而加快了教学内容更新的速度，扩大了知识的含量，为学生提供了一个资源丰富、方便快捷的学习环境。网络所带来的大量的知识和最新的信息，使得高校开始对传统课堂进行重新考量，越来越多的教师也逐渐倾向于网络信息化教学。为了适应信息化社会发展的要求，更新教育理念、变革教育模式、重构教育体制、培养创新创业人才，已成为高校教学改革的必然要求和现实选择。

21世纪是知识、经济、科技相互交织的时代，同时也更加追求人才的高质量与高效益。党的十九大对人才培养提出了新要求：建设教育强国是中华民族伟大复兴的基础工程，必须把教育事业放在优先位置，深化教育改革，加快教育现代化，办好人民满意的教育。教育部部长陈宝生强调,从十九大开始,教育的主题变了,教育改革开始进入"全面施工,内部装修"的阶段。教育现代化的本质是人的现代化,核心是教育思想和教育理念的现代化。中共中央办公厅和国务院办公厅联合印发了《关于深化教育体制机制改革的意见》,提出要营造健康的教育生态,大力宣传普及"适合的教育才是最好的教育""全面发展""人人皆可成才""终身学习"等科学教育理念,系统推进育人方式、办学模式、管理体制、保障机制改革,使各级各类教育更加符合教育规律、人才成长规律,更能促进人的全面发展。在这种形势下,必须进一步重视对高校教学改革的研究,以提升高校的整体教学水平,为社会培养具有可持续创新能力的人才。

三、高校教学改革发展的视角

(一)高校教育教学的创新价值

有学者提出,"教学活动作为学生认知发展的实现机制,在学生个体的发展过程中发挥着三种基本功能,即认识的起源和发生、认识的建构与形成以及认识的改进与转换"。现代的教学不仅仅是师生互动的双边活动,还代表着一种建构性与生成性的文化,并要以一定的主体形态进入教学过程,承担起培养学生的创造与建构意识、能力及文化主体身份的使命。任何一种教学思想与教学模式,都是经济社会发展到特定阶段时内在要求的产物。实施教育与教学创新的协调发展,是当代高校改革与发展的一个重要课题。

高校教学的核心价值取向理应从培养创新精神入手,以提高创新能力为核心,促使个体在实践教学活动中自我展示、自我实现、自我创造的不断生成。人的创新精神和能力大致分为两部分:一部分是与生俱来的先天禀赋,可以称为人的"初始创新资源";另一部分是后天习得的,可称为"积累性创造资源",这是构成人的创新能力的主体。值得注意的是,这种原生的、天然状态的创新资源是不稳定的,如果后期得不到合理的开发与训练,极容易流失,从而造成一种无形的人才资源的浪费;而后天习得的这部分创新资源虽然是社会和实践的产物,也必须进行深度开发,只有经过科学的提炼与升华,才能真正转化为创新素质。面对经济社会对创新型人才的迫切需求,高校教学改革必须统筹兼顾,在课程体系和教育教学的实践活动设计中,着重培养和开发学生的创新精神与自我创造能力,为社会主义建设提供高质的劳动力和智力支持,满足教育创新时代的需求。

(二)高校教学改革发展的目标

教学目标是连接教育现实与教育理想的重要桥梁。一方面,高校教学改革要立足实践,抓重点、攻难点;另一方面,高校在开展课堂教学活动时,只有环环紧扣教学目标,才能真正实现学生从浅层学习向深层学习的转变。

1. 以人为本，实现人本化教学

"人本"理念强调在自然、社会与人的关系中，人是主体，是目的和标准。"以人为本"的教育理念主张在教育教学中要把人放在第一位，强调以人的发展特别是作为教育对象的具体的个人的发展为根本。"以人为本"观念最初出现在文艺复兴运动时期，但真正从哲学上把对抽象"人"的关注转移到对个体生命价值的"人"的关注则经历了漫长的过程。随着马克思主义的产生与发展，"以人为本"的理念逐渐得到真正的科学解释，并广泛地渗透到政治、经济、教育等领域。

传统的教育形式习惯把文本知识与学习成果凌驾于人的本性之上，把学生机械地看作被塑造、被加工的对象。事实证明这种主客体关系的错位，在很大程度上影响了教学的效果，使教学远离人性而成为程序化、模式化的工具，由此导致我国教育体制偏离轨道，教育功能异化，忽视了以人为本的基本价值取向。杜威曾指出："教育并不是一件被告诉和被告知的事情，而是一个主动性和建设性的过程，在理论上，这个原理几乎没人承认，而在实践中却又没人敢违反。"因而，教学要遵循学生的主体性原则，尊重学生受教育的权利，帮助学生真正理解和掌握知识技能。高校是培养人才的重要基地，在高校的教学管理中，教学目标的实现既要靠学生自主学习，同时也要靠教师辅助实施，其中包括优化课堂教与学的行为分析，探讨学生的学习能力、创新能力以及合作与交往能力，这就要求教师采用全新的人才培养模式，注重尊重和调动学生积极性，提高教育教学的效益。

2. 把握教学规律，尊重学生个体差异

正如马克思所说："人们在实践中，通过大量的外部现象，可以认识或发现客观规律，并用这种认识指导实践。要想在活动中获得预期的目的，就要从实际出发，坚持实事求是，认识和尊重客观规律，按照客观规律办事。"学生作为受教育者，由于其个体智能发展的多元性，决定了学生之间存在不同的个性特征，具备不同的知识建构能力。《国家中长期教育改革和发展规划纲要（2010—2020年）》明确指出："坚持以人为本、推进素质教育是教育改革发展的战略主题，是贯彻党的教育方针的时代要求。其核心是解决好培养什么人、怎样培养人的重大问题，重点是面向全体学生、促进学生全面发展，着力提高学生服务国家人民的社会责任感、勇于探索的创新精神和善于解决问题的实践能力。"高校培养的人才应多元化，对于不同特点的学生要采取不同的衡量标准。教师要及时转变角色和态度，最大限度地利用学生的个性特点和潜能实施分层教学，不以个人期望改变学生，而是因势利导，用发展的眼光看待学生。

3. 培养高阶能力，鼓励自我创新和自我发展

现阶段，以科学知识为代表的经济社会的发展对人才素质提出了更高的要求。强调在不忽视基本素养（读、写、算）的前提下，特别强调人才尤其是创新型人才的学习、问题求解、决策、批判性思维、信息素养、团队协作、兼容能力、获取隐性知识、自我管理和

可持续发展能力。在教学目标分类中，这些能力主要表现为较高认知层次上的心智活动及认知能力，如分析、综合、评价、创造、演绎、推理等。这些能力相互关联、相互作用，共同为促进人才的可持续发展提供导向。未来的信息社会充斥着各类复杂的需求和矛盾，能力的培养和思维的多元性就显得十分必要。哈佛大学著名的心理学教授伯金斯认为："日常思维就如我们普通的行走能力，是每个人与生俱来的，但是良好的思维能力就像百米赛跑一样，是一种技术与技巧上的训练结果。"因此，高校在教育教学过程中，要运用恰当的工具，采取相应的教学支持，实行一系列有针对性的强化练习，着重培养学生的高阶思维能力，踏实有力地帮助学生实现人生价值。

（三）大学生学习的内在机制

苏联心理学家列昂节夫等人认为，人的心理、意识等一切活动的结构都是环状的。在与环境对象的实际接触中，人们借助内导作用和返回机制，调整并充实初始导入的映像。学习作为一种特殊的社会性活动，也近似一种环状结构，由定向、执行、反馈三个环节共同组成。探讨大学生学习的内在机制，能够更加深入准确地把握高等教育阶段学习的实质，进而采取有效措施促进高校大学生学习。借鉴已有研究成果，笔者认为应聚焦到以下几个方面：

第一是大学生学习的特征。大学生作为社会成员之一，其学习活动具备人类学习的一般特点，但在整个教育系统中，大学生处于一种特殊地位，使得大学生的学习活动不同于一般人类的学习。研究当代大学生学习的内在特点是实践研究的热点问题，初步得出的结论是：必须基于现代学习观，结合大学生自身学习的特征，通过接受性和建构性的学习模式促进个体的内在发展。

第二是大学生对活动的认识方式。教学活动就其本质而言是一种特殊的认识性活动，学生的认识活动的方式基本是在教师的指导下进行的掌握学习。无论是探究型活动还是创造性活动，均强调学习的自主性，从而建立对外部世界的符号化的认知与理解，更好地引导学生深层、深度、深刻的学习。

第三是学习动机与学习积极性。学习动机可通过外在的学习行为反映出来，而学习积极性则是学习动机最直接的外在表现。不同水平的学习积极性直接影响着学习的实际效果。教师要经常通过观察，有意识地识别学生可能存在的动机问题。根据个体在注意状态、情绪状态和意志状态这三方面的情况，如学生是否注意教师，能否迅速开始某项活动，能否主动地选择具有挑战性的学习活动等，来判断学生是否存在动机问题。

四、高校教学创新改革发展的有效生成

教学改革是一项受新教育思想发展影响的动态观念，具备综合性、全面性和技术性的

特点，直接服从于人才素质培养模式。高等学校教学管理在实现创新发展的道路上形成了诸多理论与实践经验，不同形式的观点的呈现不仅为深化研究提供了充足的思考空间，还推动了高校教学改革不断迈上新的台阶。

（一）转变知识观，提升课堂教育涵养是高校教学创新发展的根本条件

要提升课堂教育涵养，必须革除静态的、固象化的知识观，建立以知识价值为主的教育学立场，克服对象化教学的局限性。严格意义上的高校课堂教学要同时实现教学运作方式、课堂授课手段的更新，更要从思想认识观念及教师教学素质上实现创新。高校管理者要深刻思考在教育创新条件下，高校的教育教学需要遵循什么原则，树立哪种观念，实现何种目标，现行的教学方式是否符合创新发展的要求，等等。

传统的教学思想侧重的是学生对于书本知识的掌握，认为教学是传授人类科学文化知识的"特殊的认识过程"，是以知识为中心建立起来的一种传与授的活动。一直以来，传统的课堂把知识作为唯一的对象和结果来传授，教师一味地教，学生一味地背，不去关注学生在习得后发生了怎样的变化与发展，这显然是一种静态、僵化的知识观。高校教学改革创新不是为所有的学生统一确立一个必须实现的终极性目标，而是不断地培植、挖掘学生发展的可能性与潜力。真正具备教育涵养的课堂不仅仅是浅层的方法与技术性的改革，而是以创新为使命，实现观念乃至系统内部的根本性变革。知识只是实现个体发展的工具和形成创新能力的基础。学生学习和掌握知识并不仅仅是为了知识本身，而是在掌握客观知识的基础上，基于个人生命和生活体验，学会自主建构，并把所学的知识转化为能力，形成处世的价值观和方法论。

（二）转变教学策略，强调课堂的创新性、发展性品质，为创新人才培养奠定基础

课堂教学策略的实施最终落在教与学的行为分析上。在日常学习活动中，教学应重点体现学生的自我监控、自我管理、积极探索、表达交流以及合作探究的能力，因此，高校教师在选择和采用教学策略时应主要体现以下几点：第一，学会理解。理解是与学生交往的基础，为理解而教是教学的出发点。教师要积极创设学习情境，适时开展情景对话、课堂活动，帮助学生理解特定事物的本质、规律、价值、思想、方法和意义。第二，任务导向。教师应建立清晰、明确的课程学习任务，将完整的课程目标、学习过程和学习方式任务化，引导学生主动探索任务活动的价值与意义。第三，启发式教学。启发，是启发学生独立思考，让学生能够自己思考问题的答案以及解决问题的方法。这种教学方法强调教师是主导，教学过程虽然由教师组织，但学生依旧是学习的主体。大学课堂尤其重视学生的逻辑思维和灵活应变能力，启发式教学承认学生是有灵性、有理性、有感性的能动主体，其主动性特征有助于学生行为协调和智力发展。

（三）推进高校教育制度和教学体系创新，建设有利于创新型人才成长的制度环境

现代社会经济结构的调整要求高等教育转向以提高质量为中心的内涵式发展，实行更加灵活的教育教学制度，从而提供适合学生个性发展和自主创新的空间。让学生参与管理是高校教育制度改革不可忽视的一面。高校教育制度是为了满足全体教师和学生的需求，为全体成员谋福祉。推动高校教育教学制度创新，让学生积极参与制度建构的过程，并没有否定高校管理制度的权威性，相反，学生的参与体现了一种尊重、一种责任感，给学生更多的自主管理权，能更有效地唤起学生主体责任感，培养公民意识，促进学生自由而全面发展。但是，仅有参与是不够的，更重要的是提升学生参与制度建设的品质。高校要建设开放化、多样化的教育制度和教学管理体系，一方面要更新观念，转变学生对制度建设"事不关己""流于形式"的态度，为学生提供更多自觉选择和自由表达的空间，使教育教学制度的设计更具科学性和有效性；另一方面要提高学生基本的协商民主精神，强化公民意识，保证学生参与的高品质与高质量，从而营造有利于人才培养的和谐的制度环境。

要有效地实现教育创新目标，建立适应知识经济时代要求的人才创新模式，必须正确处理好高校教学改革和创新的关系，正确诠释高校教育教学发展的目标与内涵，这对教育教学协同创新理论的推进以及高校教学体制的进一步深化，具有十分重要的意义。

第六节　慕课背景下的高校教学管理创新

在高等教育信息化背景下，慕课浪潮席卷全球，对高校的教学管理提出了挑战。本节分析了慕课对高校的教育生态、教学理念、教学管理制度、科层管理模式、基于专业的教学管理范式以及传统的教学模式等方面的挑战。探索了慕课背景下，应对这些挑战的高校教学管理创新策略：积极推进慕课本土化，优化师资队伍，更新教学理念，构建新型的教学团队，建立、完善慕课发展的规范与标准，由科层管理转向共同治理，构建"课程管理"的教学管理范式，并创新混合式教学模式。

一、研究背景

高校教学管理是高校教学行政人员为完成教学任务，提高教学质量，运用一定原理和方法，通过一系列特有的管理行为，组织协调和指挥、控制教学工作，以实现教学目标的过程。教学工作是学校的中心工作，而教学管理是教学工作正常运行的基础，科学合理的教学管理是提高教学质量的保障，并能够促进教师不断地发展和提高，直接影响着学校的

人才培养质量和育人目标的实现。高校教学管理的主要内容有教学计划管理、教学质量管理、教学运行管理、教学评价、以及课程管理、教材管理、专业管理、教师管理、学生管理、教学管理制度等。

《国家中长期教育改革和发展规划纲要（2010—2020年）》明确提出，要加快教育信息化进程，信息技术对于教育发展具有重要影响，要促进教学内容、教学手段和教学方法的现代化。应充分利用优质资源和先进技术，创新运行机制与管理模式，优化整合现有资源，构建先进、高效、实用的数字化教育基础设施。高等学校要利用信息技术创新教学管理方式，将教学管理与信息技术相融合，提高教学管理的水平，从而提高教学管理质量。

慕课，简称MOOC，是英文Massive Open Online Course的缩写，又称为大规模开放在线课程，是一种基于计算机技术和互联网应用的新型教学模式，它通过网络平台，把课程的教学录像、课程简介、教学大纲、参考资料、作业、重点难点指导等教学活动必需的资源全部上传至网络，学习者通过在线学习和互动交流，达到获取知识和技能的目的。慕课这种大规模的在线课程掀起的风暴开始于2011年，美国《纽约时报》将2012年称为"慕课元年"。随着美国Udacity、Coursera和edX三大慕课平台的相继组建和更多课程的在线发布，慕课的发展态势呈现"井喷式"，2014年5月，"爱课程"网的"中国大学MOOC"正式上线，标志着我国高等教育开始进入慕课时代。慕课的规模庞大，资源丰富，由众多国家的著名高校提供，发布慕课的教师多为业内权威教师，教学经验丰富，课程门类繁多，内容精致，参与慕课的学生规模庞大，来自世界各地的成千上万名学习者可以在线学习，互动交流。慕课将课程资源发布在网络上，学习者可以根据自己的喜好和需要，选择适合的课程。课程内容公开透明，形式多样，时间和地点不受限制，学习者的身份和人数也无要求，因此，学习者只要有时间，人人都可以自由学习。慕课实现了以学习者为中心的学习方式。教育的作用体现在教师的教是为了学生更好的学，慕课真正还原了学的本质，体现了师生互动、生生交流，重视学生的学习体验，对知识的认识和理解在互动交流的过程中逐步加深。慕课是基于互联网平台的教学模式，没有师生之间的面对面交谈，更多的是人机对话，缺少监督和约束机制。难以保证是学习者本人在学习，作业是否抄袭，学业水平的真实性无法考证。因此，慕课对学习者的自主性和自我约束力提出了更高的要求。慕课在很大程度上促进了信息技术与教育的融合，加快了教育信息化进程，并为跨国界校际交流与合作提供了桥梁与纽带，推动了全球优质教育的资源共享，有利于促进教育公平，养成终身学习的理念。

二、慕课背景下高校教学管理面临的问题和挑战

慕课的出现对我国的高等教育带来了重要的机遇。慕课不仅是对教育技术的革新，更重要的是对传统的课堂教学模式的颠覆。慕课的兴起必然会带来教育体制、教育观念、教

学模式、人才培养等方面的深刻变化。这些变化又会给教学管理带来一系列问题和矛盾，成为高校教学管理面临的新问题、新挑战。

（一）慕课对高校的教育生态提出了挑战

慕课的出现对现有的高等教育生态带来了冲击，高校将面临全球化竞争的压力。任何人在任何地方只要通过网络就可以在线学习，与名校名师交流，教育生态向开放转型，高等教育的大众化、普及化转变是大势所趋。慕课的机会均等，促进了教育公平，也改变了高校的竞争模式，高校面临前所未有的压力。慕课带来了教育成本的降低，对高校的管理体制也带来了挑战。慕课可以免费学习，如果要得到学分或证书，只需缴纳少量费用，相对而言，高等学校的学生学习成本要高得多，每年数千数万元的学费以及同质化的课堂教学模式已引起了对高校教育教学改革的思考。慕课打破了高校的围墙，同时也打破了世界范围内的国界限制，高校面临全球化的竞争。一些名校或具有优势资源的学校，通过慕课，可以扩大知名度和社会影响力，在竞争中占有绝对优势，而生源和师资力量相对薄弱的应用型高校在竞争中明显处于劣势。

（二）慕课对高校的教学理念提出了挑战

目前我国的高校普遍存在着重科研轻教学的传统，评价一所大学的优劣也往往以科研指标来衡量，教师在职称评审和待遇方面也和科研直接挂钩。因此，大部分教师将主要精力用在项目申报和发表论文上，无暇顾及教学质量。教师对学生的学习关注不够，教学方式单一，教学效果很难得到提高。慕课作为一种全新的教学模式，对高校教师的教学计划、课程设计、教学大纲、教学内容和教学投入提出了更高的要求，对学生的主动性、积极性、参与性，对教学管理的科学性、规范性、先进性等方面提出了更高更严格的要求。来自国内外名校名师的慕课，无疑会对学生有着更高的吸引力，这对于一些师资力量相对薄弱的高校必将带来巨大的压力和冲击。因此，高校教师和管理者必须改变"重科研轻教学"的理念，把教学工作作为高校的中心工作，树立以学生为中心的教学理念，提高教学水平和人才培养质量。

（三）慕课对高校的教学管理制度提出了挑战

高校的教学管理制度是高等学校对教学工作有效管理、对师生员工的行为规范进行约束引导，从而实现高校教学目标和人才培养目标的重要保障。教学管理制度在高校中具有约束、激励和导向功能。慕课的到来，对高等学校的管理者来说是一个新鲜事物，在慕课建设与推广过程中会出现新的问题和矛盾，传统的教学管理制度已无法适应慕课背景下的教学管理，需要建立相应的教学管理规章制度来实现慕课的顺利开展。这包括如何制定慕课课程的认证标准，如何引导教师积极参与慕课建设，如何计算慕课的学分，如何共享慕课的优质资源，如何改革慕课背景下的教学管理方式，如何评价慕课的教学质量，如何调动学生的学习积极性阻止学生的抄袭与作弊，以及如何建设本土化慕课课程，如何计算慕课的教学工作量等，这些都对传统的教学管理制度提出了挑战。

（四）慕课对高校传统的科层管理模式提出了挑战

传统的教学管理是建立在科层制管理基础上的。科层管理强调的是程序化、系统化的方法，在严密设计的各种组织中有很多规定好的程序，通过成员执行规定的程序完成任务。科层管理追求效率和逻辑，以自上而下的管理作为运行机制，关注的是控制而不是理解，强烈的科层制导致的是从属而不是创新。科层制管理下容易形成管理主义意识和控制情结。因此，科层制的教学管理模式与慕课背景下的教学管理模式有着严重冲突，慕课突破了跨国界的校际界限，对封闭式的科层制教学管理提出了挑战。

（五）慕课对高校基于"专业"的教学管理范式提出了挑战

高校传统的教学管理范式是"专业管理"，这种管理模式导致高校的教育资源被各个专业分割，课程资源在同一学校甚至同一学院内都不能共享。专业管理范式下，以固定的课程组成明确口径的专业，形成一种固定的批量人才培养模式，这是与计划经济体制相适应的。专业管理的范式导致各个专业的教学资源只为本专业服务，不能实现有效共享，学生被限制在一个固定的专业领域，转专业非常困难，这并不利于培养社会需要的复合型人才。在教育信息化和慕课的背景下，大量优质的课程资源在全球范围内共享，促进了学习方式和教学方式的改革，各个高校希望通过慕课平台来提高自己的影响力和知名度。基于专业的教学管理范式已不能适应慕课背景下的教学管理需求，高校需要构建适应慕课发展的课程管理新范式，以实现复合型和多元化人才的培养。

（六）慕课对传统的教学模式提出了挑战

当前的教学模式反映的是工业革命时期的特点，为了提高标准化教学的效率，在生产流水线上使学生接受教育，教师在台上讲，学生在下面听。在这种传统的课堂教学模式下，所有的学生接受同样的教育。其缺点在于：学生的认识、能力、水平各有差异，有的学生学得快，有的学生学得慢。教师对一个概念解释多少遍，有的学生还是不能掌握，许多学生情况相反，当教师在课堂上不断重复地解释一个概念时，他们会感到厌烦。因此，慕课的到来对传统的教学模式带来了冲击，但是并不意味着慕课可以完全代替传统的课堂教学，慕课本身也有许多不足，只能作为传统课堂的补充。传统的课堂教学在创新思维、创新能力、批判思维、团队合作精神和意识、人文素养等方面具有慕课不可相比的优势。

因此，如何实现慕课与传统课堂教学的无缝对接，对高校的教学管理提出了挑战。

三、慕课背景下高校教学管理的创新策略

（一）积极推进慕课本土化，将在线教育纳入高校发展战略

在教育信息化的环境下，在线教育已经成为教育国际化的重要途径。高等学校要从战略上重视在线教育，将其纳入到学校长远发展的规划。抓住信息技术高速发展的机遇，以慕课为契机，大力发展在线教育。首先，借鉴国外先进的慕课经验，建立自己的慕课，推进慕课本土化。高校内部应制定相关政策，鼓励教师进行慕课建设，对教师开展培训，推动在线教育平台建设，为慕课建设提供技术支持。在本校慕课建设能力不足的情况下，可以结合学校和专业实际，引进适合自己学校人才培养目标的优质慕课。高校还应积极创造条件并和其他高校联盟，合作共建慕课平台，共享优质高校教育资源，建立区域性的高校联盟。目前，高校区域联盟有上海交大等C9高校和一些985高校组建的"中国慕课联盟"等。建立高校慕课联盟有利于制定统一的慕课标准和共享机制，缩小校际之间教育资源的差距，有助于推进教育国际化，提高教育质量。

（二）优化师资队伍，更新教学理念，建立新型的教学团队

信息技术的高速发展给高校教师带来了严峻的挑战，同时，也带来了难得的发展机遇。高校应加强教师队伍建设，采取各种措施更新教学理念。对于在慕课建设和教学改革中出现的优秀教学成果，可以在职称评审、岗位聘任时作为重要的依据，引导教师将更多的精力用在教学上。以教学发展为中心，对教师开展培训。一方面，聘请相关专家和技术人员就慕课平台的建设和使用开展专题培训；另一方面，鼓励教师走出去，观摩学习国内外优秀的慕课课程，深入了解慕课，亲身学习完成一门慕课课程。慕课的建设需要优秀的教学团队合作共建，高校要加强教学团队建设，推进教师分工和多元化发展，将教师的个体劳动向团队协作转变。在慕课背景下，教师要对自己的角色与职能进行调整，使学生成为教学活动和课堂的中心，教师不再是单独的知识传授者，而是个性化学习的指导者和服务者，教师的职能和角色应朝向多元化、专业化方向转变。师资结构要适应慕课的发展，教师的个体角色向"三位一体"的专业化团队角色转变，主讲教师负责慕课视频的制作设计，辅导教师负责慕课的课堂教学活动的答疑讨论，助理教师负责线上的辅导和对数据材料的收集整理。新型的教学团队需要分工合作、各司其职，这样既提高了教学环节的专业化程度，也不会出现因工作量繁重而手忙脚乱的局面。

（三）建立、完善慕课发展的规范与标准，创新教学管理制度

标准化与规范化是慕课在高校顺利开展的基础与保障。高校教学管理部门要组织专家，尽快制定慕课环境下的教学管理制度，建立和完善慕课课程教学标准、课程运行标准、学分认证标准、工作量计算标准、教学评价标准、网络技术标准等。在慕课课程建设方面，不仅要重视慕课课程规模，更要重视质量建设，制定严格的课程认证标准，达到标准才能上线，对于上线的课程，要定期评估，对教学评价低、学生完成率低的课程要下线停开。制定适当的激励制度，一方面激励教师积极地投入到慕课建设中；另一方面，引导学生适应慕课的教学方式，调动学生学习的积极性，制定学习效果评价标准和学生诚信奖惩制度。通过大数据分析学生的学习过程和学习成绩，提出有针对性的指导和解决方案。可以尝试与学生签订诚信保证书，使学生承诺不在学习与考试中作弊，对于诚实守信的学生给予褒奖，对于违反诚信制度的给予开除学籍等严重处罚。在学分认证和学籍管理方面，高校要创新管理制度。上海市19所高校在2014年签订了慕课共享合作协议，学生通过网络选课，高校之间互认学分，并可以拿到外校的第二专业学位证书。这种学分互认的制度打破了高校之间的壁垒，实现了优质教育资源共享，推动了高校的学分制、学位、学籍管理制度改革。

（四）力争多主体参与，由科层管理转向共同治理

治理强调的是多元主体的共同管理，是一种协作、互动的过程，而不是自上而下的管。高校的教学管理不在于控制与约束师生，而是激励与鼓舞师生。我们需要树立教学管理是服务师生的理念，发挥专业权力，发挥教授专家治教的作用，充分体现师生的主体地位，激发和引导师生共同参与到教学管理工作中来。对教师和学生给予决策、建议和监督的权利，发挥教师学生的反馈与评价作用，使教师、学生、教学管理部门之间相互监督相互制约。要推动慕课的积极开展，仅靠单一的行政力量远远不够，要突破封闭式的管理，让利益相关者成为教学管理的主体，力争多元主体参与，主要包括校长、院系领导、教师、教学管理部门、学生、家长、社区等。积极创造机会，提高教师的领导能力，并充分发挥校院两级教学指导委员会、学术委员会、教学督导委员会的教学管理与监督功能。

（五）建立"课程管理"的教学管理范式

建立新的教学管理方式，使"专业管理"向"课程管理"转变。在"课程管理"范式下，专业是课程的组织形式，教师通过组织课程来确定教学内容，学生通过选择课程，去获取一定的知识能力。高校应突破传统的"专业"内涵，以劳动力市场为导向，提供与社会需求、个人需求相适应的课程，学生根据自己的意愿选择合适的课程，确定自己的主

修专业，从而完成高等教育的学习。"课程管理"的重心在于课程，高校可以建设不同类型、不同层次的教学内容和课程结构，通过不同的课程组合实现不同的专门化，从而打破专业的固化和静止。在慕课背景下，高校应该充分地利用慕课的优势和特点，积极开发建设本土化的优质慕课。在本校慕课建设能力不足的情况下，可以根据学校的人才培养方案和培养目标，引进适合本校学生的优质慕课。

（六）试点翻转课堂，创新混合式教学模式

慕课对传统的教学模式影响很大，但是也不能解决所有问题，更不能完全取代课堂教学，因此，线上教育与线下教育相结合的混合式教学模式成为各大高校的探索方向。混合式教学模式就是将传统的课堂教学的优势和数字化教学的优势结合起来，这样，既能发挥教师的启发、引导教学过程的主导作用，也能体现学生作为学习主体的主动性、积极性。在混合式教学模式下，学生自己安排学习进度，自己决定学习的深度和内容，遇到疑问可以通过线上向老师或者其他学习者求助，也可以通过课堂教学直接向老师求助。这样教师从重复性的讲课中解放出来，有更多的时间和学生沟通、交流和互动。而学生从被动接受向主动学习转变，授课模式从传授式学习向探究式学习转变。

"翻转课堂"（Flipped Classroom）是混合式教学模式的主流形式。它指的是把传统的教学模式"课堂教师讲课，课后学生作业"翻转为"课前学生自主学习，课堂教师答疑解惑"。具体的教学流程就是，学生在家里通过观看视频自主学习，查找资料完成练习，发现疑难问题。在课堂上，学生提出疑难问题，教师组织交流讨论，共同解决问题。翻转课堂聚焦于每一个需要帮助的学生，让能力各异的学生变得更加优秀，使真正的差异化教学成为可能。学生在观看视频时可以随时暂停，直到完全掌握，不用再为跟不上教学进度而焦虑。翻转课堂使师生之间、学生之间的交流增加了，有助于建立积极互动的学习氛围。

参考文献

[1]杨刚，王新，刘丹作.高校教育教学与学生管理[M].长春：吉林出版集团股份有限公司，2022.

[2]方晓明.新时期高校继续教育与教学管理研究[M].北京：中国农业出版社，2022.

[3]张茂红，莫逊，李颖华.高校教育管理与教学研究[M].北京：台海出版社，2022.

[4]韦兵余，陈迎春，闫俊凤.学校教育管理与教学艺术[M].长春：吉林科学技术出版社，2022.

[5]周芸作.高校教育教学管理模式创新研究[M].北京：中国财政经济出版社，2021.

[6]王慧.现代教育理念下的高校教育教学管理研究[M].北京：化学工业出版社，2021.

[7]覃柳云.高校教育教学管理研究[M].长春：吉林出版集团股份有限公司，2021.

[8]张雯雯.高校教育教学管理艺术与创新发展[M].长春：吉林教育出版社，2021.

[9]道靖.高校教育教学管理理论与实践[M].长春：吉林教育出版社，2021.

[10]杨明.新媒体理念下的高校教育教学管理的理论与实践应用研究[M].长春：吉林出版集团股份有限公司，2021.

[11]赵玉玲.高等教育管理与教学模式创新探索[M].长春：吉林教育出版社，2021.

[12]孙天罡，杨瑞，何士文.高校教育教学及档案管理研究[M].哈尔滨：哈尔滨出版社，2020.

[13]陈凤.新时代教育教学管理探究[M].汕头：汕头大学出版社，2020.

[14]张朝敏.高等教育管理与教学实践研究[M].长春：吉林美术出版社，2020.

[15]李卫娜.当代高校教育教学管理理论与实践[J].食品研究与开发，2023（8）：238.

[16]佟艺峰.人文关怀视域下高校教育教学管理研究[J].科教导刊，2023（32）.

[17]钱小莉.基于创新能力培养目标的高校教育教学管理分析[J].太原城市职业技术学院学报，2023（7）：34-37.

[18]孙跃轩.人工智能背景下高校教育教学管理的创新发展[J].产业与科技论坛，2023（13）：287-288.

[19]周莉鸿.民办高校教育教学管理信息化建设创新研究[J].四川工商学院学术新视野，2023（1）：93-95.

[20]陈锴.新时代高校教育教学管理革新及可行性研究[J].河北开放大学学报，2023（5）：68-71.

[21]殷瑛，宁少雄.基于信息化背景的高校教育教学管理的发展研究[J].中文信息，2022（6）：197-199.

[22]王莹.高校教育教学管理工作特性研究[J].产业与科技论坛，2020（9）：283-284.

[23]王帅.高校教育教学管理观念的改革探讨[J].山西青年，2020（4）：228-229.

[24]金妍.大数据时代高校教育教学管理的变革与创新[J].科教导刊（电子版），2022（7）.

[25]李效宽，王文平.人工智能背景下高校教育教学管理的创新发展[J].科技资讯，2022（9）：187-190.

[26]徐芬芬.高校教育教学管理之观念变革和实践创新的探讨[J].山西青年，2021（20）：100-101.

[27]胡江山.高校教育教学管理的观念变革和实践分析[J].四川工商学院学术新视野，2021（2）：9-11.

[28]陆菁菁.基于创新能力培养的高校教育教学管理[J].科教导刊，2021（5）：24-25，73.

[29]林晓玲.混合教学模式下高校教育教学管理创新探究[J].教育观察，2021（1）：64-66.

[30]张越."以人为本"构建高校教育教学管理新模式[J].新教育时代电子杂志（教师版），2020（50）：124.

[31]康喜彬.大数据视域下高校教育教学管理创新路径研究[J].林业科技情报，2023（4）：171-173.

[32]张登倩.云大数据背景下高校教育教学管理信息化策略探究[J].教育教学论坛，2023（6）：50-53.

[33]李莉.高校教育教学管理信息化改革探讨[J].爱情婚姻家庭，2020（32）.

[34]刘蓉.新形势下成人高校教育教学管理模式创新研究[J].新教育时代电子杂志（教师版），2022（25）：91-93.

[35]闵杰."以人为本"理念下的高校教育教学管理研究[J].淮南职业技术学院学报，2020（5）：90-92.

[36]李振利.高校教育教学管理工作中对情感激励的运用研究[J].山西青年，2022（23）：163-165.